# Die strafrechtlichen Bestimmungen des Handelsgesetzbuchs

betreffend die Ordnungsstrafen, die Mäklervergehen, die Delikte des Aktienrechts und das Seestrafrecht.

Mit Kommentar in Anmerkungen

von

Dr. Edwin Katz,
Rechtsanwalt am Landgericht I Berlin.

Berlin und Leipzig.
Verlag von J. Guttentag
(D. Collin).

1885.

# Vorwort.

Der Rechtsstoff, welchen das Handelsgesetzbuch umfaßt, hat in seinem wesentlichen Gehalt so wenig Zusammenhang mit demjenigen des Strafrechts, daß es für den ersten Blick befremdlich erscheinen mag, die Materien des Handelsrechts vom kriminalistischen Gesichtspunkt aus betrachten zu wollen. Die Normen des Handelsrechts beugen sich dem Willen der Einzelnen; sie dienen nur zu seiner Auslegung, wo er zweifelhaft, zu seiner Ergänzung, wo er lückenhaft ist; die Normen des öffentlichen, insbesondere des Strafrechts, aber stehen gebietend über dem Willen und den Verträgen der Privatpersonen, und können von diesen nicht geändert werden. Gleichwohl hat das Gesetzbuch, welches seinem eigentlichen Zweck nach nur zur Fixirung handelsrechtlicher Bestimmungen erlassen ist, auch solche des Strafrechts in sich aufgenommen, welche neben den Bestimmungen des Allgemeinen Strafgesetzbuchs, gleichsam als ein besonderes Handelsstrafrecht, mit der unabänderlichen Strenge der Sätze des öffentlichen Rechts dem Willen der Einzelnen da Schranken auferlegen, wo er die Interessen der Gesammtheit der handeltreibenden Personen verletzt oder zu verletzen droht. Ausschließlich den Interessen des Handels dienen die privatrechtlichen Bestimmungen des Handelsgesetzbuchs, ausschließlich zum Schutze dieser Interessen sind seine strafrechtlichen Bestimmungen errichtet, und diese Interessensphäre, in der sich die beiden innerlich sich widerstrebenden Materien vereinigen, wird der Ausgangspunkt sein, von dem aus die kriminalrechtliche Interpretation an die Untersuchung der handelsrechtlichen Delikte herantritt. Es ist selbstverständlich, daß auch bei dieser Art der Betrachtung die Grundsätze des gemeinen Strafrechts über Dolus und Fahrlässigkeit, Anstiftung, Theilnahme, Versuch u. s. w., kurz die Lehren des allgemeinen Theils des Strafrechts zur Anwendung gelangen, aber in derjenigen Beschränkung, welche die Rücksichtnahme auf den speziellen, allein die Interessen des Handels begreifenden Rechtsstoff auferlegt.

*

Die hier zur Erörterung gebrachten strafrechtlichen Bestimmungen des Handelsgesetzbuchs umfassen im Einzelnen zunächst die Ordnungsstrafen wegen unterlassener oder unrichtiger Firmenführung und wegen unterlassener oder nicht ordnungsmäßiger Anmeldung der der Eintragung bedürfenden geschäftlichen Vorgänge zur Eintragung in's Handelsregister. Diese Vorschriften sind nicht eigentlich strafrechtlicher Natur; sie gehören in das Gebiet der präventiven Polizeimaßregeln, durch welche verhütet werden soll, daß diejenigen Ereignisse des geschäftlichen Lebens, deren Veröffentlichung der Gesetzgeber zum Schutze des handeltreibenden oder am Handel interessirten Publikums für nöthig erachtet, verdunkelt werden. Auch in der Form des Verfahrens — für welche das Preußische Einführungsgesetz zum Handelsgesetzbuch vom 24. Juni 1861 im Wesentlichen noch maßgebend ist — weichen sie von den eigentlichen Handelsdelikten ab; sie bilden aber einerseits einen Theil der Bestimmungen des Handelsgesetzbuchs, andrerseits wird auch ihre Interpretation vorwiegend von strafrechtlichen Grundsätzen beherrscht, so daß ihre Aufnahme in diesen Kommentar hiernach gerechtfertigt erscheint.

Im Weiteren sind die Mäklervergehen behandelt. Die bezüglichen Strafvorschriften des Handelsgesetzbuchs sind durch die Praxis des geschäftlichen Lebens insoweit längst über Bord geworfen, als die hier bezeichneten Delikte an allen Börsen täglich ungesühnt begangen werden, und die wissenschaftliche Prüfung derselben kann sich nur noch den Werth beimessen, daß sie den grellen Widerspruch dieser unter völlig veralteten Verhältnissen erstandenen Gesetzgebung mit den nothwendigen Bedürfnissen des heutigen Geschäftsverkehrs, insbesondere dem schnellen und sofortigen Abschluß der Börsengeschäfte zur Erkenntniß bringt. Aber diese Vorschriften bestehen noch, und die Möglichkeit der Bestrafung wegen Verübung der Mäklerdelikte schwebt täglich über dem Haupt des Mäklers, der, wenn er nicht seinen Erwerb gänzlich verlieren will, gezwungen ist, den Anforderungen des Börsenpublikums nachzukommen und — z. B. durch eigene Intervention bei den von ihm zu vermittelnden Geschäften — seine Pflichten strafbar zu verletzen. Wenn daher durch die Kommentirung der Strafbestimmungen über die Mäkler ein kleiner Beitrag für eine künftige Revision dieser Gesetze nach der Richtung geliefert werden könnte, daß dieselben eine den veränderten Börsenverhältnissen entsprechende und darum gerechte Latitude erfahren, so wäre das zur Zeit Mögliche damit erreicht.

Der Kommentirung der Strafvorschriften der Aktiennovelle von 1884 fehlt natürlich noch wegen des kurzen Bestehens des Gesetzes die belehrende Ergänzung der Rechtsprechung; die Interpretation stützt sich daher vorwiegend auf die allgemein geltenden Grundsätze des Strafrechts und die aus den Motiven und den Kommissions- und Reichstagsverhandlungen erkennbare Absicht des Gesetzgebers.

Es mag hier noch ein in der allerneuesten Praxis aufgetauchter Zweifel Erwähnung finden, der über die zeitliche Anwendung der Vorschriften der Novelle, insbesondere der Strafvorschriften, belehrenden Aufschluß und zu einer allgemeinen Bemerkung Anlaß giebt. Eine im Jahre 1873 gegründete Aktiengesellschaft hatte bei der Gründung Aktien zum Nominalbetrag von 600 M. ausgegeben, die voll eingezahlt waren. Sie beabsichtigt jetzt neue Aktien auszugeben, und es fragt sich, ob sie verpflichtet ist, für diese neuen Aktien den Nominalbetrag von M. 1000 (Art. 207a. H.G.B.) innezuhalten, beziehentlich ob die Mitglieder des Vorstandes und des Aufsichtsraths eine nach Art. 249b. H.G.B. strafbare Handlung (Gefängniß bis zu Einem Jahre und zugleich Geldstrafe bis zu zwanzigtausend Mark) begehen, wenn sie die Aktien zu dem alten Nominalbetrage von M. 600 ausgeben. Für die Zulässigkeit der Ausgabe von Aktien unter M. 1000 ist von hervorragender Seite (Laué, Gutachten für den Verein zur Wahrung wirthschaftlicher Interessen. Berlin 1885, Verlag der Norddeutschen Druckerei, S. 13) geltend gemacht worden, daß Art. 207a. H.G.B. für diejenigen Gesellschaften, welche bereits vor dem Tage des Inkrafttretens der Aktiennovelle bestanden haben, durch §. 2 des Ges. betr. die Kommanditgesellschaft u. s. w. außer Anwendung gesetzt sei. Dieser Ansicht muß aus zwei durchgreifenden Gründen die Anerkennung versagt werden. Erstens: Der citirte §. 2 will die Institutionen der zur Zeit des Inkrafttretens der Novelle bereits bestehenden oder zur Eintragung angemeldeten Gesellschaften nur soweit aufrecht erhalten, als durch dieselben bereits Rechte begründet sind, die nach allgemeinen Rechtsgrundsätzen den Schutz der wohlerworbenen Rechte für sich in Anspruch nehmen; §. 2 spricht also insoweit der Novelle die rückwirkende Kraft ab. Auf diejenigen Rechtshandlungen aber, durch welche für die Zeit nach dem Inkrafttreten der Novelle neue Rechte begründet werden, findet somit §. 2 keine Anwendung; diese unterstehen dem Gesetze, welches zu der Zeit, zu der sie vorgenommen werden, gilt. Die Motive zum Entwurf der Novelle bestätigen dies ausdrücklich, indem sie sagen (S. 393): „Die Bestimmungen des Gesetzentwurfs sind auch auf die beim Inkrafttreten des Gesetzes bereits bestehenden Gesellschaften für anwendbar zu erklären, soweit nicht deren Rechtsverhältnisse auf vertragsmäßiger Grundlage beruhen und dadurch bereits begründete Rechte verletzt würden.“ Zweitens: Die Bestimmung des Art. 249 b. Ziff. 4 ist eine Strafbestimmung, für deren Anwendung §. 2 Reichsstrafgesetzbuchs maßgebend ist. Danach wird eine Handlung dann mit einer Strafe belegt, wenn diese Strafe gesetzlich bestimmt war, bevor die Handlung begangen wurde. Hieraus folgt, daß jede Handlung, welche durch die Novelle mit Strafe bedroht ist, und welche nach dem Inkrafttreten der Novelle begangen wurde, auch den durch dieses Gesetz bestimmten Strafen unterliegt. Die Mitglieder des Vorstandes und des Aufsichtsraths jener Aktiengesellschaft wären daher nach Art. 249 d. strafbar, wenn sie die neuen Aktien unter dem Betrage von M. 1000 ausgäben. (Derselben Meinung ist Esser II, Kommentar zum Aktiengesetz Anm. 4 zu Art. 207 a.) Der hier zur Darstellung gebrachte Fall zeigt zur Evidenz, wie sehr die Verquickung der handelsrechtlichen mit der strafrechtlichen Gesetzgebung zuweilen dem natürlichen Rechtsgefühl widerstrebt. Es ist gerechtfertigt, wenn die Ausgabe von Aktien unter dem Betrage von M. 1000 die Nichtigkeit der ausgegebenen Aktien zur Folge hat; für die Bestrafung der Ausgabe aber liegt, außer handelspolitischen Gründen, kein ersichtlicher Grund vor; handelspolitische Gründe vermögen aber eine Strafe in dieser Höhe, Gefängniß- und Geldstrafe zugleich, nimmermehr zu rechtfertigen.

Es soll endlich hier noch dem Wunsche Ausdruck gegeben werden, daß die Aburtheilung der handelsrechtlichen Delikte den ordentlichen Strafkammern entzogen, und den Kammern für Handelssachen anvertraut werde. Nicht als ob damit den Kaufleuten für die ihnen zur Last gelegten Vergehen ein besonderes Pairsgericht geschaffen werden sollte, sondern aus Gründen, welche in der Sache liegen. Das Gerichtsverfassungsgesetz hat die Rechtsprechung der ersten Instanz in Civilhandelssachen einem Gericht übertragen, das aus einem gelehrten und zwei kaufmännischen Richtern zusammengesetzt ist, weil die Beurtheilung der vielen einschlägigen, rein technischen Handelsfragen schneller und zutreffender von den sachverständigen Kaufleuten gelöst wird, wie von den gelehrten Richtern, welche meistens genöthigt sind, sich durch die Gutachten der Sachverständigen belehren zu lassen, und beim Mangel eigener Sachkunde gezwungen sind, sich denselben zu unterwerfen. Dieselben reintechnischen Handelsfragen spielen aber auch in das Gebiet der Handelsdelikte hinein, und derselbe Grund, welcher den Gesetzgeber bereits einmal bestimmt hat, für die Civilhandelssachen besondere Gerichte mit sachverständigen Beisitzern zu schaffen, liegt auch für die Strafhandelssachen vor. Die Revision unserer ganzen Gesetzgebung ist im Fluß begriffen, und ändert in rühmlich anerkennenswerther Weise auch an den erst jüngst erlassenen Gesetzen dasjenige, was eine kurze Praxis bereits als der Aenderung bedürftig erkannt hat. Möge sie auch diesen sachlich gerechtfertigten Wunsch bald zur Erfüllung kommen lassen!

Von den bereits erschienenen Kommentaren zur Aktiennovelle konnte von dem Kommentar von Ring leider nur die erste Lieferung benutzt werden, da bei dem Erscheinen der folgenden Lieferung diese Arbeit bereits dem Druck übergeben war.

Das Seestrafrecht des Handelsgesetzbuchs ist abgeändert durch die Gesetze betr. die Nationalität und die Registrirung der Kauffahrteischiffe und die Seemannsordnung, auf welche sich der Kommentar gleichfalls erstreckt.

Berlin, im Mai 1885.

Edwin Katz.

# Inhalt.

## Allgemeines Deutsches Handelsgesetzbuch.

### Erstes Buch. Vom Handelsstande.



### Zweites Buch. Von den Handelsgesellschaften.

**Dritter Titel. Von der Aktiengesellschaft.**
(Ges. vom 18. Juli 1884.)

# Abkürzungen.

Busch's Archiv f. Hand. = Busch's Archiv für Theorie und Praxis des Allgemeinen Deutschen Handels- und Wechselrechts.

BGBl. = Bundesgesetzblatt.

CPO. = Reichscivilprozeßordnung.

EG. (Einf.G.) = Einführungsgesetz.

GKG. = Gerichtskostengesetz.

GS. S. = Gesetzsammlung.

HGB. = Allgemeines Deutsches Handelsgesetzbuch.

JMBl. = Justizministerialblatt.

Johow A. = Jahrbuch der endgültigen Entscheidungen der Appellationsgerichte, herausgegeben von Johow.

Johow K. = Jahrbuch für Entscheidungen des Kammergerichts in Sachen der nichtstreitigen Gerichtsbarkeit und in Strafsachen, herausgegeben von Johow und Küntzel.

Komm.Ber. z. Akt.ges. = Verhandlungen des Reichstags von 1884.

Mot. z. Pr. EG. z. HGB. — Mot. z. Pr. Entw. d. HGB. = Entwurf eines Handelsgesetzbuchs für die Preußischen Staaten. Nebst Motiven.

Mot. z. Akt.ges. = Entwurf eines Gesetzes betreffend die Kommanditgesellschaften auf Aktien und die Aktiengesellschaften nebst Begründung und Anlagen. Berlin. Carl Heymann. 1883.

Mot. z. Ges. betr. d. Nat. d. Kauffahrteisch. = Anlagen zu den Verhandlungen des Norddeutschen Bundestages von 1867.

Mot. z. SO. = Anlagen zu den Verhandlungen des Reichstages von 1872.

Ob.Tr. = Entscheidungen des früheren Preußischen Obertribunals, herausgegeben von Mitgliedern dieses Gerichtshofs.

Pr.Ausf.Ges. = Preußisches Ausführungsgesetz.

Prot. = Protokolle der Kommission zur Berathung eines Allgemeinen Deutschen Handelsgesetzbuchs. Nebst Sammlung der Einführungsgesetze der Deutschen Staaten zum Allgemeinen Deutschen Handelsgesetzbuch. Herausg. v. J. Lutz.

RG. Str. = Entscheidungen des Reichsgerichts in Strafsachen;

RG. Civils. = Entscheidungen des Reichsgerichts in Civilsachen, herausgegeben von Mitgliedern des Reichsgerichts.

ROHG. = Entscheidungen des Reichsoberhandelsgerichts, herausgegeben von Räthen dieses Gerichtshofes.

RGBl. = Reichsgesetzblatt.

RStGB. = Reichsstrafgesetzbuch.

SO. = Seemannsordnung.

Sten.Ber. z. Akt.ges. = Verhandlungen des Reichstags von 1884.

Sten.Ber. z. SO. = Verhandlungen des Reichstags von 1872.

StPO. = Reichsstrafprozeßordnung.

Zschr. f. Hdr. = Zeitschrift für Handelsrecht, herausgegeben von Goldschmidt, Laband u. A.

Allgemeines

# Deutsches Handelsgesetzbuch.

## Erstes Buch.

## Vom Handelsstande.

### Erster Titel.

### Von Kaufleuten.

#### Art. 4.

Als Kaufmann im Sinne dieses Gesetzbuchs ist anzusehen, wer gewerbemäßig [1]) Handelsgeschäfte [2]) betreibt [3]).

#### Zu Art. 4.

Anm. 1. Gewerbemäßig heißt: in der Absicht auf Erzielung von Gewinn durch eine zusammenhängende Reihe abzuschließender Handelsgeschäfte. Zum Nachweise der Kaufmannseigenschaft ist nicht erforderlich, daß bereits mehrere Handelsgeschäfte abgeschlossen sind, sofern nur der Richter aus dem Abschluß bloß eines Handelsgeschäfts und den nebenliegenden Umständen erkennt, daß die Absicht auf den Betrieb einer zusammenhängenden Reihe von Handelsgeschäften gerichtet war. Vgl. Makower, Komm. z. HGB. N. 6 zu Art. 4.

Obgleich die vom Staat betriebenen Handelsgeschäfte, wie der Post- und Eisenbahnbetrieb, prinzipiell nicht auf die Erzielung von Gewinn, sondern auf die Förderung des allgemeinen Wohls gerichtet sind (vgl. Dambach, Das Gesetz über das Postwesen des Deutschen Reichs N. 6 zu § 1), hat das Reichsoberhandelsgericht gleichwohl in wiederholten Entscheidungen die Kaufmannsqualität des Staats in Bezug auf den Eisenbahnbetrieb und den Postbetrieb, letzteren soweit er das Postfrachtgeschäft betrifft, anerkannt (ROHG. III S. 405, XII S. 311, XIV S. 118, XVII S. 127, XXIII S. 11); in Bezug auf die Reichsbank und die Staatsbanken ist es durch das Handelsgesetzbuch Art. 5 Abs. 2 selbst anerkannt. Gleichwohl aber kann dem Staat die Pflicht zur Registrirung der Firmen und Eintragung der Prokuren nicht auferlegt werden, da diese vom Gesetze nur aus dem einzigen Grunde gefordert werden, um dem Publikum Aufklärung über die wesentlichsten Verhältnisse eines Geschäftes zu verschaffen (vgl. auch Anschütz und v. Völderndorff, Kommentar zum Handelsgesetzbuch, Band I S. 92); gegen die Registrirungspflicht staatlicher Institute spricht demnach die ratio legis.

Anm. 2. Art. 271 HGB.: Handelsgeschäfte sind:

1) der Kauf oder die anderweite Anschaffung von Waaren oder anderen beweglichen Sachen, von Staatspapieren, Aktien oder anderen für den Handelsverkehr bestimmten Werthpapieren, um dieselben weiter zu veräußern; es macht keinen Unterschied, ob die Waaren oder anderen beweglichen Sachen in Natur oder nach einer Bearbeitung oder Verarbeitung weiter veräußert werden sollen;
2) die Uebernahme einer Lieferung von Gegenständen der unter Ziffer 1 bezeichneten Art, welche der Uebernehmer zu diesem Zweck anschafft;
3) die Uebernahme einer Versicherung gegen Prämie;
4) die Uebernahme der Beförderung von Gütern oder Reisenden zur See und das Darleihen gegen Verbodmung.

Art. 272: Handelsgeschäfte sind ferner die folgenden Geschäfte, wenn sie gewerbemäßig betrieben werden:

1) die Uebernahme der Bearbeitung oder Verarbeitung beweglicher Sachen für Andere, wenn der Gewerbebetrieb des Übernehmers über den Umfang des Handwerks hinausgeht;
2) die Bankier- oder Geldwechslergeschäfte;
3) die Geschäfte des Kommissionairs (Art. 360), des Spediteurs und des Frachtführers, sowie die Geschäfte der für den Transport von Personen bestimmten Anstalten;
4) die Vermittelung oder Abschließung von Handelsgeschäften für andere Personen; die amtlichen Geschäfte der Handelsmäkler sind jedoch hierin nicht einbegriffen;
5) die Verlagsgeschäfte, sowie die sonstigen Geschäfte des Buch- und Kunsthandels; ferner die Geschäfte der Druckereien, sofern nicht ihr Betrieb nur ein handwerksmäßiger ist.

Die bezeichneten Geschäfte sind auch alsdann Handelsgeschäfte, wenn sie zwar einzeln, jedoch von einem Kaufmann im Betriebe seines gewöhnlich auf andere Geschäfte gerichteten Handelsgewerbes gemacht werden.

Art. 275: Verträge über unbewegliche Sachen sind keine Handelsgeschäfte.

Anm. 3. selbst betreibt oder durch Andere in seinem Namen betreiben läßt. Makower, Komm. z. HGB. N. 7 zu Art. 4.

## Art. 5.

Die in Betreff der Kaufleute gegebenen Bestimmungen gelten in gleicher Weise in Betreff der Handelsgesellschaften, insbesondere auch der Kommanditgesellschaften auf Aktien und der Aktiengesellschaften.[1])

Dieselben gelten auch in Betreff der öffentlichen Banken in den Grenzen ihres Handelsbetriebs, unbeschadet der für sie bestehenden Verordnungen.

### Zu Art. 5.

Anm. 1. und der eingetragenen Genossenschaften, § 11 des Bundes-Gesetzes vom 4. Juli 1868, betreffend die privatrechtliche Stellung der Erwerbs- und Wirthschaftsgenossenschaften vom 4. Juli 1868 (Bundes-Ges.-Bl. S. 415): „Genossenschaften gelten als Kaufleute im Sinne des Allgemeinen deutschen Handelsgesetzbuchs, soweit dieses Gesetz keine abweichenden Vorschriften enthält." — Nach Art. 174. 208 HGB. gelten die Kommanditgesellschaften auf Aktien und die Aktiengesellschaften als Handelsgesellschaften und demnach als Kaufleute, auch wenn der Gegenstand des Unternehmens nicht in Handelsgeschäften besteht.

## Art. 10.

Die Bestimmungen, welche dieses Gesetzbuch über die Firmen, die Handelsbücher und die Prokura enthält [1]), finden auf Höker, Trödler, Hausirer [2]) und dergleichen [3]) Handelsleute von geringem Gewerbebetriebe, ferner auf Wirthe [4]), gewöhnliche Fuhrleute, gewöhnliche Schiffer [5]) und Personen, deren Gewerbe nicht über den Umfang des Handwerksbetriebes hinausgeht [6]), keine Anwendung [7]). Den Landesgesetzen bleibt vorbehalten, im Falle es erforderlich erscheint, diese Klassen genauer festzustellen.

Vereinigungen zum Betriebe eines Handelsgewerbes, auf welches die bezeichneten Bestimmungen keine Anwendung finden, gelten nicht als Handelsgesellschaften.

Den Landesgesetzen bleibt vorbehalten, zu verordnen, daß die bezeichneten Bestimmungen auch noch für andere Klassen von Kaufleuten ihres Staatsgebiets keine Anwendung finden sollen. Ebenso können sie aber auch verordnen, daß diese Bestimmungen auf einzelne der genannten Klassen, oder daß sie auf alle Kaufleute ihres Staatsgebiets Anwendung finden sollen.

### Zu Art. 10.

Anm. 1. Die Bestimmungen über die Firma und die Prokura s. Artt. 15 ff. 45.

Anm. 2. Höker, Trödler und Hausirer sind von der Anwendung dieser Bestimmungen unbedingt ausgeschlossen, auch wenn ihr Gewerbebetrieb als ein geringer nicht zu erachten ist.

Höker sind Personen, welche Lebensmittel und die Bedarfsgegenstände des Haushalts auf der Straße an festen Stellen feilhalten.

Trödler sind Personen, welche gebrauchte Gegenstände, deren Werth durch den Gebrauch geringer geworden ist, gewerbsmäßig anschaffen und verkaufen; Antiquare, d. i. Personen, welche gebrauchte Gegenstände, deren Werth durch das Alter derselben bedingt oder erhöht wird, gewerbsmäßig anschaffen und verkaufen, sind demnach nicht als Trödler zu erachten. Vgl. auch Anschütz und v. Völderndorff, Komm. z. HGB. Th. I S. 78 ff.

Hausirer sind Personen, welche Waaren von geringem Werth in der Weise verkaufen, daß sie von Haus zu Haus, oder von Ort zu Ort wandernd, dieselben anbieten; hierzu gehört auch das in der geschilderten Weise erfolgende Kolportiren von Büchern und Bildern. a. M. v. Hahn, Komm. z. HGB. § 8 zu Art. 10.

Anm. 3. Handelsleute, welche ein ähnliches Gewerbe wie die Höker, Trödler oder Hausirer betreiben, und zwar in geringem Gewerbebetriebe; der Begriff des geringen Gewerbebetriebes ist eine Thatfrage, die nach freiem richterlichen Ermessen zu beurtheilen ist.

Anm. 4. Wirthe aller Art: Schankwirthe, Vermiether von Meubles, Diensten, Wohnungen, Hotelwirthe, selbst wenn sie in ihrer Eigenschaft als Wirthe Speisen und Getränke zum Zweck der Weiterveräußerung anschaffen. Prot. 1261, 1276, 1281. Vgl. auch Makower, Komm. z. HGB. N. 41 zu Art. 10. a. M. v. Hahn, Komm. z. HGB. § 9 zu Art. 10.

Anm. 5. Gewöhnliche Fuhrleute und gewöhnliche Schiffer sind solche, welche das Fuhrmanns- oder Schiffergewerbe in geringem Umfange betreiben; die Frage, ob die Transportwerkzeuge, das Fuhrwerk oder das Schiff, eigene oder gemiethete sind, ist für die Beurtheilung des Umfangs des Gewerbebetriebes ohne Bedeutung. Prot. S. 1275, 533; v. Hahn a. a. O. § 11; Makower a. a. O. N. 42. 43; Anschütz und v. Völderndorff a. a. O. S. 83.

Anm. 6. Doch muß das Gewerbe selbst zugleich ein Handwerk sein; ein kaufmännisches Geschäft, von noch so geringem Betriebe, kann nicht unter die Befreiungen des Art. 10 HGB. fallen. Rg. Str. VIII, 148. Das Reichsgericht scheidet ferner in Beziehung auf den Geschäftsbetrieb der Handwerker solche, welche sich darauf beschränken, Stoffe anzuschaffen, um dieselben nach vorgängiger Bearbeitung zu veräußern, die gar nur auf Bestellung arbeiten, ohne einen offenen Laden zu halten, von solchen, die neben dem Vertrieb eigener Arbeitsprodukte fremde Waaren feilhalten. In Beziehung auf die letztgedachte Klasse kommt die Abgrenzung vom kaufmännischen, in Beziehung auf die erstgedachte Klasse die Abgrenzung vom Fabrikbetrieb in Frage. In letzterem Falle entscheiden nicht sowohl die Art und der Umfang des Absatzes, als die Art und der Umfang der Herstellung, die Größe der Anlage, die Zahl der beschäftigten Arbeiter und ähnliche Verhältnisse. Rg. Str. I 381, IV 120 ff.

Anm. 7. Wenn aber der Handwerker oder Minderkaufmann neben seinem zu den in Art. 10 bezeichneten Klassen gehörigen Hauptgeschäft noch als Nebengeschäft ein wirklich kaufmännisches Geschäft betreibt, wenn z. B. ein Wirth neben seiner Wirthschaft einen selbstständigen Wein- und Cigarrenhandel betreibt, so gilt er in Bezug auf diese als Kaufmann und hat der Pflicht der Firmenregistrirung, der Buchführung und eventuell der Prokurenanmeldung bei Vermeidung von Ordnungsstrafen zu genügen. Rg. Str. IV 282.

Wenn nun auch der Minderkaufmann zur Firmenregistrirung u. s. w. nicht gezwungen werden kann, so ist er doch berechtigt, eine Firma zu führen, und kann nicht etwa wegen unbefugter Firmenführung zur Unterlassung der Firmenzeichnung durch Ordnungsstrafe angehalten werden. a. M. ohne ersichtlichen Grund v. Hahn a. a. O. § 3 zu Art. 10.

## Zweiter Titel.

## Von dem Handelsregister.

### Art. 12.

Bei jedem Handelsgericht ist ein Handelsregister zu führen, in welches die in diesem Gesetzbuch angeordneten Eintragungen aufzunehmen sind.

Das Handelsregister ist öffentlich. Die Einsicht desselben ist während der gewöhnlichen Dienststunden einem Jeden gestattet. Auch kann von den Eintragungen gegen Erlegung der Kosten eine Abschrift gefordert werden, die auf Verlangen zu beglaubigen ist.

**Einführungsgesetz zum Allgemeinen Deutschen Handelsgesetzbuch vom 24. Juni 1861. (GS. S. 449.)**

### Art. 4.

Jede zur Eintragung in das Handelsregister bestimmte Anmeldung [1]) muß auch in denjenigen Fällen, für welche das Handelsgesetzbuch dies nicht besonders vorschreibt [2]), entweder persönlich [3]) vor dem (Handels-) Amtsgericht [4]) erklärt, oder in beglaubigter Form [5]) beim (Handels-) Amtsgericht eingereicht [6]) werden.

Die Anmeldung gilt als vor dem (Handels-) Amtsgericht erklärt, wenn sie von einem dazu bestellten Richter des (Handels-) Amtsgerichts .... aufgenommen ist. [7]) Unter der beglaubigten Form ist die gerichtliche oder notarielle Form zu verstehen. Geschieht die Anmeldung durch einen Bevollmächtigten, so hat dieser eine gerichtliche oder notarielle Vollmacht [8]) beizubringen.

Dieselben Formvorschriften gelten in Bezug auf die Zeichnung oder Einreichung der Zeichnung einer Firma oder Unterschrift [9]), welche nach Vorschrift des Handelsgesetzbuchs bei dem (Handels-) Amtsgericht bewirkt werden soll. [10])

**Zu Art. 4 des Einführungsgesetzes.**

Anm. 1. Nur diejenigen Rechtsakte, für welche das HGB. es ausdrücklich fordert, bedürfen der Anmeldung und Eintragung. Dieselben sind in den nachfolgenden Artikeln des HGB. zusammengestellt.

Anm. 2. Diese Vorschrift ergänzt die Bestimmungen des Handelsgesetzbuchs dahin, daß in allen Fällen, wo das Handelsgesetzbuch von der Pflicht zur Anmeldung oder Eintragung spricht, ohne zugleich festzusetzen, wer die Anmeldung oder Eintragung zu bewirken hat (Art. 21, 129, 171, 200 n. F., 210 n. F.), die Anmeldung auch nur von den Inhabern der Einzelfirma, den Gesellschaftern bez. den Vorständen der Aktiengesellschaften erfolgen darf. Mot. z. Pr. Einf.Gesetz. Verh. über die Entw. S. 258.

Anm. 3. Durch mündliche vor dem Gericht abgegebene Erklärung; die persönliche Ueberreichung eines Schriftstücks, welches die Anmeldung in nicht beglaubigter Form enthält, reicht nicht aus.

Anm. 4. Nach § 25 des Preuß. Ausführungsgesetzes zum Deutschen Gerichtsverfassungsgesetze vom 24. April 1878 sind nunmehr für Preußen die Amtsgerichte zuständig für die auf die Führung der Handelsregister bezüglichen Geschäfte.

Anm. 5. Die beglaubigte Form ist gewahrt, wenn auch nur die Unterschrift auf dem die Anmeldung enthaltenden Schriftstück vom Notar oder durch das Gericht beglaubigt ist (JMBl. 1862 S. 162). Hierdurch erwächst für den Anmeldenden der Vortheil, daß bei notarieller Beglaubigung der Notar wider dessen Willen von dem Inhalt des Schriftstücks keine Kenntniß nehmen darf (§ 21 Ges. vom 11. Juli 1845 betr. das Verfahren bei Aufnahme von Notariats-Instrumenten, Ges.S. S. 487), daß ferner das Verfahren ein sehr abgekürztes ist, daß es weder der Zuziehung von Zeugen noch der Aufnahme eines Protokolls bedarf (§ 5 Ges. enthaltend Bestimmungen über das Notariat vom 8. März 1880, Ges.S. S. 177), und daß endlich in allen Fällen die Gebühr erheblich niedriger ist (§ 9 Ges. vom 8. März 1880; § 8 Nr. 3 des Kostentarifs für Grundbuchsachen, Beilage zur Grundbuchordnung vom 5. Mai 1872, Ges.S. S. 446), nämlich

bei einem Werthe des Gegenstandes bis zu 600 M.
von je 150 Mark . . . . . . . . . M. 0,25
von dem Mehrbetrage bis zu 3000 M.
von je 600 Mark . . . . . . . . . M. 0,25
von dem Mehrbetrage bis zu 60,000 M,
von je 3000 Mark . . . . . . . . M. 0,25
und bei Werthen über 60,000 M.
zusätzlich noch . . . . . . . . . . . M. 3,00

Anm. 6. Durch einfache schriftliche Zustellung.

Anm. 7. Die mündlichen Erklärungen sowie die schriftlichen Einreichungen können mit gleicher Wirkung auch vor dem Gerichtsschreiber des Amtsgerichts erfolgen (§ 69 Pr. Ausf.Ges. z. GVG.).

Anm. 8. Auch die Vollmacht bedarf nur der Beglaubigung der Unterschrift, vgl. Anm. 4.

Anm. 9. Firma ist der Name des Geschäfts, Unterschrift der Name des Geschäftsinhabers oder des berechtigten Geschäftsvertreters.

Anm. 10. Ist der zur Zeichnung oder zur Einreichung der Zeichnung Verpflichtete schreibensunkundig oder schreibensunfähig, so treten die landesgesetzlichen Vorschriften über die Form der gerichtlichen und notariellen Verträge bei Schreibensunkundigen in Anwendung; danach hat im Gebiete des Allgemeinen Landrechts der Schreibensunkundige oder -unfähige einen glaubhaften Mann mit zur Gerichtsstelle zu bringen, der entweder dessen Handzeichen durch eigene Unterschrift beglaubigt, oder überhaupt statt desselben die Unterschrift leistet (§ 5 Anh. zu § 178 I, 5 ALR.; § 70 Anh. zur AGO. I, 10; Ob.Tr. Bd. 14 S. 3). Die Funktionen des Beistandes kann aber auch der Gerichtsschreiber wahrnehmen (A.KO. vom 20. Juni 1816, GS. S. 203), ebenso wie bei notariellen Aufnahmen der Notar oder einer der Zeugen an die Stelle des Beistandes tritt (§ 13 Ges. vom 11. Juli 1845 GS. S. 487). — Makower, Kommentar zum HGB. S. 41 N. 12 empfiehlt in diesem Falle, daß das Gericht dafür zu sorgen habe, daß nach gehobenem Hindernisse möglichst die vorgeschriebenen Formen nachgeholt werden; allein er giebt nicht an, wie es zu halten sei, wenn das Hinderniß unmöglich gehoben werden kann. Vgl. auch Centralorgan für den Handelsstand von 1862 S. 140 und von 1863 S. 116, Behrend, Lehrbuch des Handelsrechts I, S. 261 N. 44.

## Art. 5 [1]) Einf.Ges.

Die Vorschriften des Handelsgesetzbuchs, gemäß welchen die (Handels-) Amtsgerichte von Amtswegen die Betheiligten zur Befolgung der gesetzlichen Anordnungen über die Anmeldung zur Eintragung in das Handelsregister und über die Zeichnung oder Einreichung der Zeichnung der Firmen oder Unterschriften durch Ordnungsstrafen anhalten sollen, sind nach folgenden Bestimmungen in Ausführung zu bringen. [2])

### Zu Art. 5 des Einführungsgesetzes.

Anm. 1. Die nunmehr folgenden Bestimmungen gelten mit den im Text hervorgehobenen Abänderungen für den ganzen Umfang der Preußischen Monarchie, § 28 Pr. Ausf.G. z. CPO. v. 28. März 1879. Danach sind beseitigt die bezüglichen Bestimmungen der Einführungsgesetze für Hannover, Nassau, Kurhessen, Landgrafenthum Hessen, Frankfurt, Schleswig-Holstein. Die diesbezüglichen Bestimmungen für die nichtpreußischen Gebiete des Deutschen Reichs sind enthalten in den Einführungsgesetzen für Württemberg vom 13. August 1865 Art. 13, 14, 17 (Württemberg. Ges. betr. die Errichtung von Handelsgerichten vom 13. August 1865, Art. 129, 130, 132, 135), 18—21, 23, 26—28, 30, 31, 33; für Bayern vom 10. November 1861 Art. 8 bis 24, 28, 31, 33, 34, 36; für das Königreich Sachsen vom 30. Oktober 1861 nebst Verordnung vom 30. Dezember 1861 §§ 22, 23; für das Großherzogthum Hessen vom 29. September 1862 Art. 5, 6,

7, 9, 29, 31; für Baden vom 6. August 1862 Art. 19, 26, 28; für Sachsen-Coburg vom 19. Februar 1862 Art. 6—9, 11; für Sachsen-Meiningen vom 25. Juni 1862 §§ 7—10; für Sachsen-Gotha vom 11. Juli 1862 Art. 6—9, 11; für Schwarzburg-Sondershausen vom 30. Mai 1862 §§ 7—10; für Anhalt-Dessau vom 30. September 1863 §§ 7—10; für Braunschweig vom 7. Oktober 1863 §§ 6, 7, 10—19, 27; für Bremen vom 6. Juni 1864 §§ 6, 8, 9, 12; für Hamburg vom 22. Dezember 1865 §§ 8, 12—16; für Lippe-Detmold vom 20. April 1864 §§ 3, 4, 6; für Lübeck vom 26. Oktober 1863 Art. 3, 6, 9; für Mecklenburg-Schwerin vom 28. Dezember 1863 §§ 11, 12, 15, 18, 22; für Mecklenburg-Strelitz vom 28. Dezember 1863 §§ 11, 12, 15, 18, 22; für Oldenburg vom 18. April 1864 Art. 7 § 2, Art. 9, 10, 14; für Reuß ä. L. vom 20. April 1862 Art. 6—9; für Reuß j. L. vom 23. Februar 1863 Art. 6—9; für Sachsen-Altenburg vom 21. November 1863 §§ 6—9; für Sachsen-Weimar vom 3. September 1862 §§ 6—9; für Schwarzburg-Rudolstadt vom 13. Mai 1864 §§ 6—9; für Waldeck vom 11. Februar 1862 §§ 2, 3, 6.

Anm. 2. Das Verfahren selbst ist nicht gleichzustellen dem Verfahren in bürgerlichen Rechtsstreitigkeiten, obgleich der Verlauf desselben einige Aehnlichkeiten mit dem Rechtsgang im Beschwerdeverfahren des Civilp.ozesses aufzuweisen hat; denn es stehen hier nicht zwei im Streit befangene Parteien einander gegenüber, sondern nur eine Partei, ein Beklagter, hat sich vor der zum Schutz und zur Förderung des Handelsverkehrs eingesetzten Staatsbehörde zu rechtfertigen. Ebensowenig aber können die Vorschriften über das Verfahren in Strafsachen und die Normen des Strafgesetzbuchs hierauf Anwendung finden, denn es handelt sich hier nicht um die Beurtheilung eines Delikts, d. i. einer Handlung, welche vorsätzlich oder fahrlässig den Bestand des Staates oder die Rechtsgüter des Menschen, Leben, Gesundheit, Freiheit, Ehre, Vermögen angreift oder anzugreifen sucht; sondern um die Beurtheilung einer Handlung, welche einigen zur Erleichterung des Handelsverkehrs gegebenen administrativen Bestimmungen widerstrebt, welche nicht deshalb bestraft wird, weil sie begangen ist, sondern damit sie in Zukunft unterlassen werden soll. Gerade in dieser letzten Unterscheidung offenbart sich die Eigenart der Ordnungsstrafe als eines rein polizeilichen Mittels zur Erzwingung eines vom Gesetze gewollten Zustandes, im Gegensatze zu der eigentlichen Strafe des Strafgesetzbuchs, welche die Aufhebung der durch die strafbare That eingetretenen nachtheiligen Folgen und die Wiederherstellung des durch das Delikt verletzten Zustandes weder bewirken will noch kann, die vielmehr nur in ihrem vornehmsten Zweck durch Zufügung eines Uebels die begangene That an dem Verbrecher zu sühnen bestimmt ist. Es kommen daher auch bei der Abmessung der Ordnungsstrafen die technischen Grundsätze des Strafgesetzbuchs nicht zur Anwendung, so daß der Richter, welcher über zwei selbstständige durch Ordnungsstrafe bedrohte Handlungen (Nichtanmeldung der Zweigniederlassung und Nichtanmeldung eines Prokuristen) zu gleicher Zeit zu erkennen hat, an die Vorschriften des Strafgesetzbuchs über die nothwendige Kumulation der Geldstrafen nicht gebunden ist, und nach freiem Ermessen der jeweiligen Sachlage für jeden Einzelfall eine Einzelstrafe festsetzen und diese im Sinne des § 74 RStGB. reduziren oder auch ohne Arbitrirung der Einzelstrafen für beide Handlungen eine Gesammtstrafe erkennen kann; nur ist der letztgedachte Modus nicht empfehlenswerth, weil im Beschwerdewege, wenn nur wegen des einen Falls die Beschwerde eingelegt, und diese gerechtfertigt befunden wird, der zweite Richter genöthigt wäre, über den andern nicht angegriffenen Theil des erstrichterlichen Beschlusses nochmals selbstständig zu erkennen, und denselben daher von Neuem zu prüfen, um für diesen die Einzelstrafe festzusetzen.

Das Ordnungsstrafverfahren hat daher auch vom Gesetz seine besondere Regelung erhalten, die eine gewisse Annäherung zu dem polizeilichen Administrativverfahren zeigt. Die Bezeichnung „Disciplinarverfahren", mit der dieses Verfahren vielfach (z. B. Makower a. a. O. S. 41 N. 136) in Anlehnung an die Motive zum Pr. Einführungsgesetz des HGB. benannt wird, ist weniger korrekt; denn durch die Ordnungsstrafe soll nicht die Vernachlässigung des amts- oder pflichtmäßigen Verhaltens von Standesgenossen bestraft und dadurch die Gefährdung von Standesinteressen verhütet werden, und ebensowenig ist die die Ordnungsstrafen festsetzende Behörde, das mit der Führung der Geschäfte des Handelsregisters betraute Amtsgericht, als Standesgericht anzusehen. Bei der Berathung des Entwurfs des Einführungsgesetzes in der Nürnberger Konferenz mag allerdings der Gedanke leitend gewesen sein, daß die Ordnungsstrafe, wie eine Disciplinarstrafe, von mit Kaufleuten besetzten Handelsgerichten erkannt werden soll, denn die Konferenz stellte durch diese Bestimmung eine Vermittelung her zwischen dem Preußischen Entwurf, welcher die Ordnungsstrafen ganz beseitigt wissen wollte, und dem von anderer Seite gemachten Vorschlag, statt der Ordnungsstrafen die gewöhnlichen vom Strafrichter zu verhängenden Strafen eintreten zu lassen. Mot. z. Einf.Ges. a. a. O. S. 259, 366. — Da aber die jetzt geltende Gesetzgebung die Verhängung der Ordnungsstrafen in allen Instanzen den ordentlichen Gerichten zuweist, kann von einem disciplinaren Charakter des Verfahrens füglich nicht mehr gesprochen werden.

Das Verfahren beginnt mit einem obrigkeitlichen Befehl des zur Führung der Geschäfte des Handelsregisters zuständigen Amtsgerichts, welches unter Androhung einer Ordnungsstrafe die Befolgung der gesetzlichen Vorschrift aufgiebt. Wird dem Befehl nicht Folge gegeben, so setzt das Amtsgericht die Ordnungsstrafe durch Beschluß fest; es ist hierbei in sein Ermessen gestellt, ob es vor der Festsetzung der Strafe noch nähere Ermittelungen über den Sachverhalt vornehmen lassen will oder nicht. Gegen diesen Beschluß hat der Betheiligte das Rechtsmittel der sofortigen Beschwerde, welche innerhalb vierzehn Tagen nach der Zustellung des Beschlusses eingelegt werden muß, an die Civilkammer des dem Amtsgericht übergeordneten Landgerichts. Enthält die Entscheidung dieses Gerichts eine Verletzung des Gesetzes im Sinne der §§ 512, 513 CPO., so ist gegen dieselbe innerhalb vierzehn Tagen nach der Zustellung (§ 54 Pr. Ausf.G. z. GVG.) das Rechtsmittel der weiteren Beschwerde zulässig, welches für die ganze Preußische Monarchie vor einem Civilsenat des Königlich Preußischen Kammergerichts zu verhandeln ist. Das Reichsgericht ist weder in Bezug auf die Festsetzung der Strafe selbst, noch in Bezug auf Werths- und Kostenfestsetzungen zuständig. Rg. Civils. Bd. II S. 225.

Dieses eigenartige, in sich nicht konsequente Verfahren, das Theile des Strafprozesses und Theile des Civilprozesses und weder eine Anklage noch eine kontradiktorische Verhandlung enthält, in welchem der Richter in einer Person erst die Funktionen der Polizeiverwaltung, sodann die des erkennenden Richters wahrnimmt, rechtfertigen die Motive durch zwei überaus praktische Gründe (a. a. O. S. 259, 260). Auf der einen Seite, sagen sie, wird bei dem größten Theile der Fälle, welche zum Einschreiten des Handelsgerichts Veranlassung geben werden, nur Versäumniß vorliegen, ohne daß die betheiligte Person einen Grund des Widerspruchs hat. Es würde daher zu einem ganz unverhältnißmäßigen Aufwande von Arbeitskräften und Kosten führen und auch für die Betheiligten selbst sehr beschwerend sein, wenn in der Regel nach erlassener Aufforderung an den Säumigen im Falle des Ungehorsams ein förmliches Prozeßverfahren vor Gericht, mit Vorladung und Gehör des Beschuldigten eingeleitet und ein Straferkenntniß abgefaßt werden sollte. Auf der andern Seite werden indeß ohne Zweifel auch manche Fälle vorkommen, in welchen der Betheiligte mit der faktischen oder rechtlichen Auffassung, welche bei der Verfügung des Gerichts obgewaltet hat, nicht einverstanden ist, und ein möglicher Weise sehr bedeutendes pekuniäres Interesse daran hat, sich der Aufforderung nicht zu fügen, vielmehr seine Gründe, sowie die zu seiner Rechtfertigung dienenden Beweise dem Gericht zur Einsicht und Prüfung zu unterbreiten.

Aus dieser Rücksicht ist dem Betheiligten auch das Recht zur Beschwerde an das obere Gericht gewährt und ein ähnliches Verfahren bei dem letzteren angeordnet worden.

Das Ordnungsstrafverfahren fällt aber natürlich weg, wenn das Recht zur Eintragung überhaupt oder zur Eintragung in einer bestimmten Form von einem Betheiligten bestritten wird. In diesem Falle muß erst über das streitige Recht im Wege des ordentlichen bürgerlichen Rechtsstreits entschieden und erst nach der rechtskräftigen Entscheidung kann die durch dieselbe rechtlich anerkannte Eintragung oder Eintragungsform durch Ordnungsstrafen erzwungen werden. Vgl. Keyßner im Archiv für Theorie und Praxis des Handelsrechts Bd. 31 S. 287, ebenda Bd. 5 S. 30 ff., ROHG. Bd. 10 S. 437 ff.

### Art. 5 § 1 Einf.Ges.

Wenn das (Handels-) Amtsgericht in glaubhafter Weise davon Kenntniß erhält, daß die gesetzliche Anordnung nicht befolgt worden ist, so hat es eine Verfügung an den Betheiligten [1]) zu erlassen, durch welche derselbe unter Androhung einer angemessenen [2]) Ordnungsstrafe aufgefordert wird, innerhalb einer bestimmten [3]) Frist entweder die gesetzliche Anordnung zu befolgen oder die Unterlassung mittelst Einspruchs gegen die Verfügung zu rechtfertigen.

Der Lauf der in der Verfügung bestimmten Frist beginnt mit dem Tage, welcher auf den Tag der Zustellung der Verfügung folgt. [4])

Der Einspruch geschieht durch schriftliche Eingabe an das (Handels-) Amtsgericht oder zu Protokoll bei demselben. [5])

### Zu Art. 5. § 1 des Einf.Ges.

Anm. 1. Betheiligter ist derjenige, welcher zur Zahlung der Strafe verpflichtet ist; wenn also ein Prokurist unterlassen hat, seine Firmenzeichnung bei Gericht einzureichen, so ergeht die Verfügung nicht an den Prokuristen, sondern an den Prinzipal. — Wird für Personen, welche durch Handelsgeschäfte sich nicht verpflichten können, der Handel durch Vertreter betrieben, so findet das Einschreiten gegen die letzteren statt.

Wenn es sich um die Anmeldung des Erlöschens einer Prokura oder einer Firma oder um die Anmeldung der Auflösung einer offenen oder einer Kommanditgesellschaft oder einer Kommanditgesellschaft auf Aktien handelt, und die betreffende Person mit Tode abgegangen, oder zur selbstständigen Vermögensverwaltung rechtlich unfähig geworden ist, wird gegen die Erben oder Vertreter derselben eingeschritten. § 90 Instruct. des Just.Min. vom 12. Dezember 1861, JMBl. de 1861 S. 328 ff.

Anm. 2. Mot. z. Einf.Ges. a. a. O. S. 366: „Man darf erwarten, daß die Gerichte, wenngleich sie von Amtswegen einzuschreiten haben, ihre Befugniß nicht in einem kleinlichen, buchstäblichen Sinne auffassen und nur da eintreten werden, wo die Interessen des Handelsverkehrs durch die Nichtbefolgung der Vorschriften eine Beeinträchtigung vernünftiger Weise befürchten lassen."

Anm. 3. Die Frist ist nicht vom Gesetz bestimmt; der Richter ordnet sie nach freiem Ermessen an, wobei er die leichtere oder schwerere Möglichkeit der baldigen Ausführung seines Befehls zu berücksichtigen hat.

Anm. 4. Die Frist endet mit dem Ablauf des hiernach sich ergebenden letzten Tages, d. i. mit dem Ablauf der gerichtlichen Geschäftsstunden an diesem Tage; ist der letzte Tag ein Sonntag oder allgemeiner Feiertag, so endet die Frist mit Ablauf des nächstfolgenden Werktages, § 200 CPO.

Anm. 5. Einspruch zu Protokoll des Gerichtsschreibers genügt. Vgl. Rudorff, die Vorschriften über die Führung des Handelsregisters S. 14 N. 10.

### Art. 5. § 2 Einf. Ges.

Wird binnen der durch die Verfügung bestimmten Frist weder die gesetzliche Anordnung befolgt, noch Einspruch gegen die Verfügung erhoben, so hat das (Handels-)Amtsgericht die angedrohte Strafe gegen den Betheiligten festzusetzen[1]), und gleichzeitig die Verfügung unter Androhung einer anderweiten Ordnungsstrafe zu wiederholen[2]).

**Zu Art. 5. § 2 des Einf. Ges.**

Anm. 1. Durch einen mit Gründen versehenen Beschluß. In dem Beschluß sind zugleich auch die Kosten festzusetzen. Dieselben regeln sich nach § 3 des Ausf. Ges. z. deutschen Gerichtskostengesetz vom 10. März 1879 (GS. S. 145) dahin, daß der erste amtsrichterliche Befehl, welcher die Androhung der Strafe enthält, gebührenfrei ist, auch weder Schreib- noch Zustellungsgebühren erfordert (§ 80a, § 80b des G.K.Ges.); für die erste Straffestsetzung dagegen außer den gewöhnlichen Schreibgebühren (§ 80 des G.K.Ges.) noch zwei Zehntheile der im § 62 G.K.Ges. normirten Gebührensätze zu entrichten sind.

Die Gebührensätze des § 62 G.K.Ges. sind:

für eine Geldstrafe

| | | |
|---|---|---|
| von Mark | 1 bis 20 . . . . . . . . | 5 M. |
| „ | 20 bis 30 . . . . . . . . | 10 „ |
| „ | 30 bis 60 . . . . . . . . | 20 „ |
| „ | 60 bis 150 . . . . . . . . | 30 „ |
| „ | 150 bis 300 . . . . . . . . | 45 „ |
| „ | 300 bis 500 . . . . . . . . | 60 „ |
| „ | 500 bis 600 (1000) . . . . . | 75 „ |

Die Kosten eines Verfahrens, durch welches eine Geldstrafe verhängt worden ist, werden durch den Gerichtsvollzieher gleichzeitig mit der Geldstrafe beigetrieben und bei der Steuerhebestelle eingezahlt, Anweisung vom 30. August 1879 § 5. Rudorff a. a. O. S. 15.

Anm. 2. Bei Festsetzung der anderweiten Ordnungsstrafe wird sich die Straffumme, welche bis zu 600 M. erstreckt werden kann, selbstverständlich erhöhen, um den ohne Grund Widerstrebenden nachdrücklich zur Erfüllung der Ordnungsvorschrift zu zwingen. Die fortdauernde Wiederholung der Verfügungen und Ordnungsstrafen bis dahin, daß die gesetzliche Anordnung befolgt wird, ist unumgänglich, wenn überhaupt der Zweck des Gesetzes erreicht werden soll. Mot. z. Einf. Ges. a. a. O. S. 260. — Bei der Androhung der neuen Ordnungsstrafe ist natürlich auch eine neue Frist vom Richter zu bestimmen.

### Art. 5. § 3 Einf. Ges.

Wird gegen die Verfügung binnen der bestimmten[1]) Frist Einspruch erhoben[2]) so hat das (Handels-)Amtsgericht, sofern nicht aus dem Einspruch die Rechtfertigung des Betheiligten sich ergiebt[3]), einen

Termin zu bestimmen, in welchem mündlich und in öffentlicher Sitzung der Betheiligte über die Verwirkung der Ordnungsstrafe zu hören[4]), im geeigneten Falle Beweis aufzunehmen und zu entscheiden ist[5]).

Der Betheiligte ist zu diesem Termine vorzuladen; er kann in demselben persönlich oder durch einen Bevollmächtigten die Gründe und Beweise seiner Rechtfertigung vorbringen. Wer als Bevollmächtigter zuzulassen sei, ist nach den Vorschriften zu beurtheilen, welche bei dem Gericht für das Prozeßverfahren in Civilsachen maßgebend sind[6]).

### Zu Art. 5. § 3 des Einf.Ges.

Anm. 1. vom Richter bestimmten.

Anm. 2. Ist die Ordnungsstrafe einmal festgesetzt, weil der Einspruch innerhalb der bestimmten Frist nicht erhoben ist, und auch die Verfügung innerhalb derselben nicht erledigt worden ist, so hat es bei dieser Festsetznng sein Bewenden, selbst wenn der Betheiligte bei einer erneuten wegen derselben Handlung wider ihn erlassenen Verfügung eine Rechtfertigung vorbringt, welche, wenn sie zuerst rechtzeitig vorgebracht wäre, die Aufhebung der ersten Verfügung bewirkt haben würde. §§ 93, 98 Instr. vom 12. Dezember 1861.

Anm. 3. Wenn der Inhalt des Einspruchs die Rechtfertigung desselben ergiebt, so hat das Gericht die Verfügung aufzuheben, und den Betheiligten davon in Kenntniß zu setzen.

Erforderlichen Falls kann der Richter von Amtswegen über die Wahrheit der zur Rechtfertigung angeführten Thatsachen durch polizeiliche Recherchen, Ersuchen eines andern Gerichts, Vernehmung von Zeugen vorher Ermittelungen anstellen, § 94 Instr. vom 12. Dezember 1861, § 8 Art. 5 Einf.Ges. z. HGB., zu denen er übrigens auch bereits vor Erlaß der ersten Verfügung berechtigt ist. § 91 Abs. 2 Instr.

Anm. 4. Für das Verfahren sind nunmehr die Vorschriften der Reichs-Civilprozeßordnung maßgebend, arg. § 28 Pr. Ausf.Ges. z. CPO. vom 24. März 1879, Rudorff a. a. O. S. 16 N. 4, soweit nicht das Einführungsgesetz und die Instruktion über dasselbe Bestimmungen getroffen haben, welche mit den Normen der geltenden Prozeßgesetze in Einklang zu bringen sind; dieselben werden stets ausführlich erwähnt werden.

Anm. 5. Die schließliche Entscheidung ergeht in der Form des Urtheils und wird nach den Vorschriften der CPO. verkündet und von Amtswegen zugestellt (§§ 282 ff. CPO., § 1 Ausf.Ges. z. CPO.). Die zu Gunsten des Betheiligten ergehende Entscheidung ist in der Weise abzufassen, daß die Aufhebung der die Strafe androhenden Verfügung ausgesprochen wird, § 97 Instr. v. 12. Dezember 1861. Die Berichtigung der Urtheile erfolgt nach Maßgabe der §§ 290, 291 CPO.

Anm. 6. Danach bedarf der Betheiligte eines bei dem zuständigen Gerichte zugelassenen Rechtsanwalts nur in den Beschwerdeinstanzen

(§ 74 CPO.). Vor dem Amtsgericht kann jede prozeßfähige Person (§ 51 ff. CPO.) als Bevollmächtigter auftreten (§ 75 CPO.). Der Bevollmächtigte hat die Bevollmächtigung durch eine schriftliche Vollmacht nachzuweisen und diese zu den Gerichtsakten abzugeben (§ 76 Abs. 1 CPO); eine gerichtliche oder notarielle Beglaubigung der Vollmacht, wenn diese eine Privaturkunde ist, ist nicht erforderlich.

Das Gericht selbst hat den Mangel der Vollmacht von Amtswegen zu berücksichtigen (§ 84 Abs. 2 CPO.), und es kann Bevollmächtigten, denen die Fähigkeit zum geeigneten Vortrage mangelt, den weiteren Vortrag untersagen, sowie solche Bevollmächtigte, welche das mündliche Verhandeln vor Gericht geschäftsmäßig betreiben, zurückweisen (§ 143 CPO).

## Art. 5. § 4 Einf.Ges.

Erscheint der Betheiligte nicht in dem Termine [1]) oder ergiebt sich bei der Verhandlung, daß die gesetzliche Anordnung von dem Betheiligten hätte befolgt werden müssen, so wird die Ordnungsstrafe gegen denselben festgesetzt, und zugleich mit der Entscheidung, wenn nicht etwa inzwischen [2]) die Verhältnisse sich geändert haben, eine neue Verfügung nach Maßgabe des § 1 erlassen.

### Zu Art. 5. § 4 des Einf.Ges.

Anm. 1 obwohl demselben die Ladung nach den Vorschriften der CPO. gehörig zugestellt ist. Ergiebt sich die gehörige Ladung nicht aus den Akten, so ist der Termin aufzuheben und eine neue Ladung zu erlassen. Die Contumazialentscheidung ergeht auch in der Form des Urtheils (§ 97 Instr. vom 12. Dezember 1861); bei derselben hat der Richter in eine nochmalige Würdigung der im Einspruch zur Rechtfertigung vorgetragenen Thatsachen nicht einzutreten; das bloße Nichterscheinen im Termin bedingt die Festsetzung der Ordnungsstrafe.

Anm. 2. Veränderungen nach dem Ablauf der gerichtlichen Frist verhindern nur den Erlaß einer neuen Verfügung, nicht aber die Festsetzung der einmal angedrohten Ordnungsstrafe, da die mit Strafe bedrohte Handlung eben durch die Nichtbefolgung der gerichtlichen Verfügung während der gesetzten Zeit bereits konsumirt ist. Stirbt dagegen ein Betheiligter nach Ablauf der gerichtlichen Frist, so kann gegen ihn die angedrohte Ordnungsstrafe nicht festgesetzt, und die bereits festgesetzte muß aufgehoben werden, da die Ordnungsstrafe insoweit auch als Strafe im technischen Sinn angesehen werden muß, als sie wegen einer Unterlassung eines richterlichen Gebotes ertheilt wird, für die eben nur derjenige haftbar gemacht werden kann, welcher sie begangen hat, nicht seine Erben. Die Ordnungsstrafe will den gegen die Vorschrift der Behörde sich auflehnenden Willen treffen, und kann sich daher nur auf diejenige Person erstrecken, welche diesen Willen gethätigt hat, und nicht auf andere, welche mit diesem Willen nichts gemein haben. Vgl. Rudorff a. a. O. S. 17 N. 4. Gegen die Erben bez. diejenigen Personen, welche das Handelsgeschäft des Betheiligten übernommen haben, ist von Neuem eine Verfügung nach Maßgabe des § 1 Art. 5 des Einf.Ges. zu erlassen. Da in dieser Beziehung die Normen des Strafrechts auf die Ordnungsstrafe Anwendung finden, so werden die Kosten nur dann von dem Nachlaß des Betheiligten gefordert werden können, wenn er nach der Rechtskraft des Festsetzungsurtheils, oder ohne binnen der gesetzlichen Frist gegen den Festsetzungsbeschluß Einspruch erhoben zu haben, verstorben ist, arg. § 497 Abs. 2 StPO., § 30 RStGB.

## Art. 5. § 5 Einf.Ges.

(§ 28 Pr. Ausf.Ges. zur CPO. v. 24. März 1879.)

Gegen die Entscheidung findet sofortige Beschwerde nach den Vorschriften der Deutschen Civilprozeßordnung mit aufschiebender Wirkung Statt. [1])

Ueber die Beschwerde wird nach den Vorschriften des § 3 verhandelt. [2])

### Zu Art. 5. § 5 des Einf.Ges.

Anm. 1. Ueber die sofortige Beschwerde bestimmt § 540 CPO.: Die Beschwerde ist binnen einer Nothfrist von zwei Wochen, welche mit der Zustellung beginnt, einzulegen. Die Einlegung bei dem Beschwerdegerichte genügt zur Wahrung der Nothfrist, auch wenn der Fall für dringlich nicht erachtet wird. Liegen die Erfordernisse der Nichtigkeits- oder der Restitutionsklage vor, so kann die Beschwerde auch nach Ablauf der Nothfrist innerhalb der für diese Klagen geltenden Nothfristen erhoben werden.

Das Gericht ist zu einer Abänderung seiner durch Beschwerde angegriffenen Verfügung nicht befugt. Das zuständige Gericht ist eine Civilkammer des dem betreffenden Amtsgericht, welches die Festsetzung der Ordnungsstrafe erlassen hat, übergeordneten Landgerichts. Gegen diese Entscheidung findet, sofern in derselben ein neuer selbstständiger Beschwerdegrund enthalten ist, die weitere Beschwerde bei dem Königlichen Kammergericht statt (§ 531 CPO., §§ 40, 51 ff. Pr. Ausf.Ges. z. GVG. vom 24. April 1878); vgl. Johow K. II 15, III 382, IV 14; diese muß auch innerhalb vierzehn Tagen nach der Zustellung des Urtheils der II. Instanz eingelegt werden. Vgl. Anm. 2 zu Art. 5 Einf.Ges. a. E. Auch die weitere Beschwerde hat, wie die sofortige Beschwerde, im vorliegenden Fall aufschiebende Wirkung. Denn wenn auch nach § 55 des cit. Ausführungsgesetzes auf die weitere Beschwerde § 535 CPO. Anwendung finden soll, und dieser nur in ausdrücklich bestimmten Fällen, zu denen der Paragraph des Textes nicht gehört, der Beschwerde aufschiebende Wirkung beilegt, so ist dem gegenüber zu berücksichtigen, daß der kommentirte Paragraph auch für die sofortige Beschwerde ausnahmsweise die aufschiebende Wirkung zuläßt. Der Gesetzgeber wollte also überhaupt für das Beschwerdeverfahren bei der Ordnungsstrafe die aufschiebende Wirkung einführen, ebenso wie die im § 535 CPO. hervorgehobenen Fälle, in denen die Beschwerde mit aufschiebender Wirkung zugelassen ist, vorwiegend Strafen betreffen (§§ 345, 355, 374, 579 CPO.). Da in dem kommentirten Paragraphen der weiteren Beschwerde nicht besonders gedacht ist, ist die für die sofortige Beschwerde gewährte Vergünstigung auch auf die weitere Beschwerde zu übertragen. a. M. Rudorff a. a. O. S. 19 Anm. 2.

Da die Einlegung der sofortigen Beschwerde auch durch Erklärung zu Protokoll des Gerichtsschreibers erfolgen kann (Art. 5 § 9 Einf.Ges.), so bedarf die Beschwerdeschrift nicht der Unterzeichnung eines Anwalts (§ 74 Abs. 2 CPO.), während die Beschwerdeschrift der weiteren Beschwerde, obwohl auch hier die Einlegung zu Protokoll des Gerichtsschreibers erfolgen kann, doch nach der ausdrücklichen Bestimmung des § 53 Abs. 2 Pr. Ausf.Ges. z. GVG. von einem Rechtsanwalt unterzeichnet sein muß.

Anm. 2. Auch hier findet demnach mündliche Verhandlung statt, zu der der Beschwerdeführer von Amtswegen zu laden ist.

## Art. 5. § 6 Einf.Ges.

Für die neuen Verfügungen, welche gemäß § 2 oder § 4 erlassen werden, und für das auf dieselben folgende Verfahren gilt dasselbe, was in den vorstehenden Paragraphen vorgeschrieben ist.

Der Lauf der Frist, welcher in einer gemäß § 4 erlassenen neuen Verfügung bestimmt ist, beginnt mit dem Tage, der auf denjenigen folgt, an welchem die Frist zur Erhebung der Beschwerde abgelaufen ist [1]).

Die Verfügungen und die Festsetzungen von Ordnungsstrafen werden wiederholt, bis die gesetzliche Anordnung befolgt oder ihre Voraussetzung weggefallen ist [2]).

### Zu Art. 5. § 6 des Einf.Ges.

Anm. 1. weil mit diesem Tage die die erste Strafe festsetzende Entscheidung rechtskräftig geworden ist.

Anm. 2. Die fortdauernde Wiederholung der Verfügungen und Ordnungsstrafen bis dahin, daß die gesetzliche Anordnung befolgt wird, ist unumgänglich, wenn überhaupt der Zweck des Gesetzes erreicht werden soll. Mot. z. Einf.Ges. a. a. O. S. 260, vgl. Anm. 3 zu § 2 Art. 5.

## Art. 5. § 7 Einf.Ges.

Die Ordnungsstrafe, welche angedroht und festgestellt werden kann, besteht in Geldbuße von fünf bis zweihundert Thalern (fünfzehn bis sechshundert Mark) [1]). Eine Umwandlung der Geldbuße in Gefängnißstrafe findet nicht Statt [2]). Bei der Feststellung der Ordnungsstrafe ist der Betheiligte zugleich in die Kosten des Verfahrens zu verurtheilen [3]).

**Zu Art. 5. § 7 des Einf.Ges.**

Anm. 1. für jeden einzelnen Fall. Liegen mehrere Handlungen desselben Betheiligten zur gleichzeitigen Beurtheilung vor, so werden die für die einzelnen Fälle zuerkannten Geldstrafen kumulirt und können sonach in der Gesammtstrafsumme sechshundert Mark übersteigen. Auch bei Wiederholungen derselben Handlung (fortgesetzte Nichtbeobachtung der gerichtlichen Verfügungen) kann der Richter in jeder einzelnen Verfügung die Maximalstrafsumme androhen und festsetzen; ein Fall, der freilich nur zur Anwendung gelangen wird, um ein besonders energisches Widerstreben des Betheiligten zu bezwingen.

Anm. 2. Die Vollstreckung der Ordnungsstrafe erfolgt nach den Vorschriften über die Vollstreckung der Urtheile der Civilgerichte, § 495 StPO.

Anm. 3. Die Kosten des Verfahrens betragen, wenn der Straffestsetzung eine Verhandlung vorausgegangen ist, für jede Instanz, in welcher die Terminsverhandlung stattgefunden hat, fünf Zehntheile der Sätze des § 62 des G.K.Ges. (Anm. 2 zu § 2 Art. 5). Für die Beschwerde wird noch außerdem ein Zehntheil dieser Sätze besonders erhoben. § 3 N. 2 u. 3 des Ausf.Ges. z. G.K.Ges. vom 10. März 1879.

## Art. 5. § 8 Einf.Ges.

Die Gerichte sind befugt, zu jeder Zeit, das Verfahren mag bereits eingeleitet sein oder nicht, durch die Beamten der gerichtlichen Polizei oder der Verwaltungspolizei Ermittelungen über den Sachverhalt einzuziehen [1]), auch in Fällen, in welchen dies erforderlich erscheint, durch einen Kommissar des Gerichts oder durch Requisition (Ersuchen) anderer Gerichte die eidliche Vernehmung von Zeugen zu bewirken [2]). Sie können auch die Verhandlung in der Sitzung zu einer andern Sitzung vertagen, sowie von Amtswegen Zeugen zur Sitzung vorladen lassen. Gegen Zwischenverfügungen findet ein Rechtsmittel nicht Statt.

**Zu Art. 5. § 8 des Einf.Ges.**

Anm. 1. Auch den Handelskammern liegt es ob, in dieser Richtung die Gerichte durch Mittheilungen zu unterstützen und diesbezügliche gerichtliche Anfragen oder Ersuchen zu erledigen. § 1 Gesetz über die Handelskammern vom 24. Februar 1870 G.S. S. 134.

Anm. 2. Da § 4 des Ausf.Ges. z. CPO. die Vorschriften der CPO. über den Umfang der Verpflichtung dritter Personen zur Vorlegung von Urkunden (§§ 387, 394), über die Berechtigung zur Verweigerung eines Zeugnisses (§§ 348 bis 350), über die Verpflichtung zur Erstattung eines Gutachtens (§§ 372, 373), über die Vernehmung und Beeidigung von Zeugen und Sachverständigen (§§ 341, 347, 356, 357, 359 bis 363,

375), über die zur Erzwingung eines Zeugnisses oder Gutachtens zulässigen Maßregeln (§§ 345, 355, 374) und über das Verfahren bei der Abnahme von Eiden (§§ 440 bis 446) auch auf solche bürgerliche Rechtsstreitigkeiten anwendet, welche nicht zu der ordentlichen streitigen Gerichtsbarkeit gehören, so wird die analoge Anwendung auf das Ordnungsstrafverfahren gerechtfertigt erscheinen.

## Art. 5. § 9 Einf.-Ges.

(§ 28 Pr. Ausf.Ges. zur CPO. vom 28. März 1879.)

Die Einlegung des Einspruchs und der Beschwerde kann durch Erklärung zum Protokolle des Gerichtsschreibers erfolgen [1]).

Die nach § 4 erlassene Entscheidung wird dem Verurtheilten von Amtswegen zugestellt.

### Zu Art. 5. § 9 des Einf.Ges.

Anm. 1. Zu Protokoll des Gerichtsschreibers des Amtsgerichts oder des Landgerichts, nach Wahl des Beschwerdeführers (§ 540 CPO.). Die weitere Beschwerde darf hingegen nur in dringenden Fällen beim Kammergericht zu Protokoll erklärt werden; sonst bei dem Gerichtsschreiber des Landgerichts, gegen dessen Beschluß sich die weitere Beschwerde richtet (§ 53 Abs. 1 Pr. Ausf.Ges. z. G.V.Ges.).

## Art. 6 Einf.Ges.

In Bezug auf die Ausführung der Vorschrift des Handelsgesetzbuchs, gemäß welcher das (Handels-) Amtsgericht gegen diejenigen einschreiten soll, welche sich einer ihnen nicht zustehenden Firma bedienen (Art. 26 des Handelsgesetzbuchs), kommen die Bestimmungen des vorhergehenden Artikels mit folgenden Maßgaben zur Anwendung:

1) Die Verfügung (Artikel 5 § 1), durch welche das (Handels-) Amtsgericht einschreitet, sowie die neue Verfügung, welche gemäß Artikel 5 § 4 oder 6 ergeht, ist ohne Bestimmung einer Frist dahin zu erlassen, daß der Betheiligte unter Androhung einer Ordnungsstrafe aufgefordert wird, sich dieser Firma nicht ferner zu bedienen.

2) Das (Handels-) Amtsgericht hat nach Erlaß der Verfügung gemäß Artikel 5 §§ 3 ff. weiter zu verfahren, wenn es in glaubhafter Weise davon Kenntniß erhält, daß der Verfügung, nach Zustellung derselben, zuwider gehandelt worden ist. [1, 2])

### Zu Art. 6 des Einf.Ges.

Anm. 1. Da der Betheiligte hier zu einer Unterlassung, nicht wie in den Fällen des Art. 5 zur Vornahme einer Handlung veranlaßt werden soll, so ergeben sich die unter 1 und 2 aufgeführten Modifikationen aus der Natur der Sache. Mot. z. Einf.Ges. a. a. O. S. 260.

Anm. 2. Nr. 2 Art. 6 regelt das Ordnungsstrafverfahren bei Verletzung des Firmenrechts derart, daß der Richter hier nicht eher zur Festsetzung der Ordnungsstrafe schreiten kann, als bis ihm glaubhaft gemacht ist, daß der Betheiligte fortgesetzt der Verfügung zuwiderhandelt und er den Betheiligten zur mündlichen Verhandlung geladen und in derselben dessen Ansprüche mit ihm erörtert hat, oder durch das Nichterscheinen des Betheiligten im Termin trotz gehöriger Ladung seine stillschweigende Unterwerfung unter die richterliche Strafverfügung dargethan ist. Die Ordnungsstrafe darf hier also nicht deshalb festgesetzt werden, weil der Betheiligte keinen Einspruch erhoben hat. Der Gesetzgeber wollte in diesem Falle jedes gewaltsame Einschreiten des Gerichts verhindern, weil das gerichtliche Gebot, sich des Gebrauchs einer gewissen Firma zu enthalten, wenn es durch fahrlässige Unterlassung des Einspruchs rechtskräftig werden würde, unter Umständen den zeitigen Firmeninhaber mit einem sehr bedeutenden Vermögensverlust belasten könnte. Deshalb stellt der Gesetzgeber den Betheiligten zu dessen eigenem Schutze gewissermaßen zwangsweise vor Gericht, um ihm Gelegenheit zu bieten, im ordentlichen mündlichen Verfahren unmittelbar vor dem Richter und in zwei Instanzen den Nachweis seiner Berechtigung zu führen. Vgl. Mot. z. Einf.Ges. a. a. O. S. 261. Auf der andern Seite ist hierdurch nicht ausgeschlossen, daß das Gericht in Folge einer schriftlichen oder mündlichen Vorstellung des Betheiligten, allenfalls nach näherer Ermittelung, ohne Anberaumung eines Termins zur mündlichen Verhandlung die Verfügung aufhebt und den Betheiligten davon in Kenntniß setzt. § 101 Instr. v. 12. Dezember 1861.

Das Offizialverfahren würde aber doch, trotz der gegebenen Garantieen, zum Schutze des Betheiligten nicht ausreichen, wenn zwischen mehreren Personen mit Bezug auf die Firma Rechte streitig sind. Hier bedarf es zunächst der ordentlichen gerichtlichen Regelung der streitigen Rechte, und in einem solchen Fall muß daher das Gericht das Ordnungsstrafverfahren einstellen und die streitenden Theile auf den Prozeßweg verweisen. ROHG. Bd. X S. 437 ff. Erst nach rechtskräftiger Erledigung des Streits kann das Gericht gegen denjenigen Betheiligten, welcher sich einer ihm rechtskräftig aberkannten Firma bedient, das Ordnungsstrafverfahren wieder aufnehmen.

## Art. 7 Einf.Ges.

Den Beamten der Staatsanwaltschaft und der Polizei liegt ob, darauf zu achten, daß den Vorschriften des Handelsgesetzbuchs, zu deren Befolgung die (Handels-) Amtsgerichte durch Ordnungsstrafen anzuhalten haben, von den dazu verpflichteten Personen genügt wird; dieselben haben die Unterlassungen und Zuwiderhandlungen, welche zu ihrer Kenntniß gelangen,[1]) bei den zuständigen[2]) (Handels-) Amtsgerichten zur Anzeige zu bringen.

Zu Art. 7 des Einf.Ges.

Anm. 1. Zur Erlangung dieser Kenntniß steht der Polizei jedes gesetzliche Mittel zu, welches die Strafprozeßordnung den Polizei- und Sicherheitsbeamten zur Ermittelung von strafbaren Handlungen an die Hand giebt, so insbesondere die Beschlagnahme gemäß § 98 StPO. und die Durchsuchung gemäß § 105 StPO., § 6 Einf.Ges. z. StPO. Hierbei sind natürlich auch die in den Gesetzen vorgeschriebenen Formen zu wahren. Die Verhaftung sowohl wie die vorläufige Festnahme dürften aber unter allen Umständen ausgeschlossen sein, weil die Ordnungsstrafe selbst ihrem Wesen nach wie die Verhaftung und die Festnahme mehr Zwangsmittel als Strafe ist und niemals durch die Entziehung der Freiheit vollstreckt werden darf.

Anm. 2. bei den für die Entscheidung der Sache zuständigen Gerichten, nicht bei den Gerichten, in deren Bezirk der betreffende Polizeibeamte seinen Amtswohnsitz hat.

## Dritter Titel.

## Von den Handelsfirmen.

### Art. 15.

Die Firma[1]) eines Kaufmanns ist der Name[2]), unter welchem er im Handel seine Geschäfte betreibt und die Unterschrift abgiebt.

Zu Art. 15.

Anm. 1. Die Firma ist der Handelsname des Kaufmanns, dessen Eintragung im Interesse der Verkehrssicherheit und des Kredits als allgemeine Pflicht vorgeschrieben ist (ROHG. III. 414, XXII. 73). Ist die Firma im Handelsregister eingetragen, so entscheidet der Wortlaut der Eintragung, und der Inhaber dieser Firma kann, wenn er sich im Geschäftsverkehr eines abweichend lautenden Namens bedient, hieraus kein Recht herleiten, die in solcher Weise modificirte Firma zu führen. ROHG. IV. 254.

Anm. 2. Hat ein Kaufmann mehrere Niederlassungen, selbst an einem und demselben Orte, so kann er mehrere Firmen führen. v. Hahn, Kommentar z. HGB. § 2 zu Art. 15; Keyßner, Kommentar z. HGB. N. 4 zu Art. 15.

### Art. 16.

Ein Kaufmann, welcher sein Geschäft ohne Gesellschafter oder nur mit einem stillen Gesellschafter betreibt, darf nur seinen Familiennamen (bürgerlichen Namen)[1]) mit oder ohne Vornamen[2]) als Firma führen.

Er darf der Firma keinen Zusatz beifügen, welcher ein Gesellschaftsverhältniß andeutet.[3]) Dagegen sind andere Zusätze gestattet, welche zur näheren Bezeichnung der Person oder des Geschäftes dienen.[4])

### Zu Art. 16.

Anm. 1. Dieser Artikel soll das Prinzip der Firmenwahrheit zur Geltung bringen. Der Kaufmann soll, abgesehen von den in Art. 22, 23 aufgestellten Ausnahmen, nur denjenigen Namen zur Bezeichnung seines Geschäfts anwenden, den er selbst im bürgerlichen Leben zu tragen berechtigt ist, den er also auf Grund der Geburt, der Adoption, der Ehe (Handelsfrau) erhalten hat. Auch wenn Jemand gewohnheitsmäßig im bürgerlichen Leben einen anderen, nicht durch Rechtstitel erlangten Namen trägt, als derjenige ist, welchen er wirklich zu führen berechtigt, und dadurch auch verpflichtet ist, so darf er gleichwohl nur mit seinem ihm von Rechts wegen zustehenden Familiennamen firmiren. — Ebensowenig ist es dem Kaufmann gestattet, in seiner Firma überhaupt keinen Familiennamen, weder seinen, noch den eines Anderen zu führen, sondern statt dessen nur die Bezeichnung der Geschäftsbranche in die Firma aufzunehmen (Sachfirma), so z. B. wenn der Inhaber einer Tuchfabrik zu Berlin nur firmiren wollte: „Berliner Tuchfabrik"; hierdurch entstände die Gefahr, daß das Publikum in dem unter einer solchen Firma geführten Geschäft eine Aktiengesellschaft vermuthen, und in Folge dessen zur Annahme eines größeren Geschäftsbetriebes und eines größeren Geschäftskapitals, als wirklich vorhanden, verleitet werden könnte. Vgl. Mot. z. Pr. Entw. d. HGB. S. 16. — Es ist dies die negative Seite des Rechts auf und der Pflicht zur Firmenwahrheit, daß es für den Firmeninhaber nicht nur nicht zulässig ist, einen ihm nicht zustehenden Familiennamen zu führen, sondern daß es ihm auch nicht gestattet ist, überhaupt keinen Familiennamen in der Firma zu benennen. Das Prinzip der Firmenwahrheit bezweckt eben, dem Publikum möglichst genaue Aufklärung über die Verhältnisse eines Geschäfts, insbesondere über die Person des Geschäftsinhabers zu verschaffen, um dadurch die Beurtheilung der Kreditwürdigkeit des Geschäfts zu erleichtern. Aus diesem Grunde hat auch das Reichsgericht in einem Falle, in dem Jemand seinen zweijährigen Sohn als Geschäftsinhaber, und sich selbst als dessen Prokuristen eintragen ließ, um unter dem Namen des Sohnes Geschäfte zu treiben, auf Löschung der Firma erkannt. (Rg.Civils. III 121.) In den Gründen dieser Entscheidung wird, der Tendenz des Gesetzes entsprechend, mit Recht ausgeführt, daß es unzulässig sei, daß Jemand, welcher kein Handelsgeschäft betreibe, seinen Namen als Firma im Handelsregister lediglich zu dem Zwecke eintragen lasse, damit ein Anderer für sein Handelsgeschäft davon Gebrauch machen könne.

Anm. 2. Nur diejenigen Vornamen dürfen in die Firma aufgenommen werden, welche dem Familiennamen des Firmeninhabers als seine Vornamen im Standesregister beigefügt sind. (§§ 22 ff. Ges.

über die Beurkundung des Personenstandes v. 6. Februar 1875, RGBl. S. 23.) Aendert der Firmeninhaber später seine Vornamen, so darf und muß er sich derselben zur Zeichnung der Firma dann bedienen, wenn die neuen Vornamen auf Grund gerichtlicher Anordnung zur Berichtigung der ersten Eintragung im Standesregister vermerkt sind. (§ 65 des cit. Ges.)

Anm. 3. z. B. et Compagnie; eine Bezeichnung, die häufig, und eben mißbräuchlich, angewendet wird, wenn ein Prokurist des Firmeninhabers zum Bezug einer Tantième berechtigt ist. Auch die Benennung eines Gesellschaftsverhältnisses in einer Firma, die thatsächlich kein Gesellschaftsverhältniß enthält, ist geeignet dem Geschäft den Nimbus eines größeren Geschäftsfonds zu geben; was vermieden werden soll. Aus gleichem Grunde ist die Aufnahme des Namens des stillen Gesellschafters in die Firma für unzulässig erklärt; denn der stille Gesellschafter haftet nur in beschränkter Höhe für die Verbindlichkeiten des Geschäfts.

Anm. 4. Der Inhalt dieser Zusätze ist im Allgemeinen in die freie Wahl des Firmeninhabers gestellt; nur darf er nicht wider die Gesetze oder die guten Sitten verstoßen. Nicht nothwendig ist es, daß sich dieser Zusatz ausschließlich auf den von der Firma betriebenen Geschäftszweig bezieht, wie: „Paul Boehme, Gubener Malzfabrik;" „Eduard Cohn, Herren-Kleider-Magazin;" es ist auch ein anderer Zusatz gestattet, der nur den Zweck hat, die Aufmerksamkeit des Publikums auf die Firma zu lenken, um durch besonders auffallende Benennungen diese Firma von anderen zu unterscheiden; so „zur goldnen 110"; „zum Paradies"; „zum Propheten". Das Reichsgericht hat allerdings solche Zusätze für unbefugt erachtet, welche nur zur Reklame dienen sollen, wie z. B. „Einzige Nicotinfabrik" (Rg.Civilſ. III, 166), aber in einer m. E. zu engen Auslegung des Gesetzes. Denn das Gesetz hat allgemein solche Zusätze gestattet, welche zur näheren Bezeichnung des Geschäftes dienen, und es steht daher gesetzlich nichts im Wege, einen Ausdruck als Zusatz in die Firma aufzunehmen, der das so firmirte Geschäft in einer ganz besonders in die Augen fallenden Weise bezeichnet; ein solcher Zusatz wird und soll allerdings zur Reklame dienen; aber es giebt kein Gesetz, das die Reklame verbietet. Nur dann ist eine solche zu versagen, wenn sie auf die Täuschung des Publikums berechnet ist, wenn insbesondere in derselben der Verkauf anderer oder besserer Waaren angepriesen wird, als thatsächlich in dem so firmirenden Geschäft verkauft werden, wenn sich z. B. ein Seidengeschäft, das nur inländische Seiden oder nur Halbseiden verkauft, als Lyoneser Seidenmagazin bezeichnet, und durch dieses unredliche Mittel das Publikum anzieht. Bezeichnungen aber, wie die oben genannten, und auch wie die vom Reichsgericht verworfene, sind zu harmlos, um das Publikum irgendwie über die Qualität des Geschäfts und der in demselben zu verkaufenden Waaren täuschen zu können. Der so firmirende Kaufmann könnte freilich seine Konkurrenten dadurch schädigen, daß er durch diese auffallenden Bezeichnungen das Publikum an sich lockt. Aber das

Gesetz schützt die Konkurrenz nicht, und sie kann daher auch von der Rechtsprechung, welche auf dem Boden des Gesetzes stehen soll, nicht geschützt werden. — Die vom Reichsgericht angenommene Ansicht vertritt auch Anschütz und v. Völderndorff, Kommentar z. HGB. N. 5 zu Art. 16.

Wird der Zusatz bei der Anmeldung zum Handelsregister ausdrücklich als zur Firma zugehörig erklärt, so bildet er einen integrirenden Theil derselben und muß stets in die Zeichnung der Firma mit aufgenommen werden. v. Hahn, Kommentar z. HGB. § 9 zu Art. 16. Dieser Zusatz genießt aber nicht den Firmenschutz des Art. 20 HGB. Es ist also durchaus zulässig, daß neben einer eingetragenen Firma „E. Cohn, Zur goldnen 110" die Firma „Ernst Schulze, Zur goldenen 110" in dasselbe Handelsregister eingetragen wird, denn die Verschiedenheit der Familiennamen genügt, um die beiden Firmen deutlich von einander zu unterscheiden. Vgl. v. Hahn a. a. O.

## Art. 17.

Die Firma einer offenen Handelsgesellschaft muß, wenn in dieselbe nicht die Namen sämmtlicher Gesellschafter aufgenommen sind, den Namen wenigstens eines der Gesellschafter mit einem das Vorhandensein einer Gesellschaft andeutenden Zusatze enthalten [1]).

Die Firma einer Kommanditgesellschaft muß den Namen wenigstens eines persönlich haftenden Gesellschafters mit einem das Vorhandensein einer Gesellschaft andeutenden Zusatze enthalten.

Die Namen anderer Personen als der persönlich haftenden Gesellschafter dürfen in die Firma einer Handelsgesellschaft nicht aufgenommen werden; auch darf sich keine offene Handelsgesellschaft oder Kommanditgesellschaft als Aktiengesellschaft bezeichnen, selbst wenn das Kapital der Kommanditisten in Aktien zerlegt ist.

### Zu Art. 17.

Anm. 1. Wenn sämmtliche Gesellschafter, welche die Firma bilden, in derselben genannt sind, so ist die weitere Hinzufügung eines Zusatzes, der auf ein Gesellschaftsverhältniß hindeutet, wie „et Compagnie", unzulässig. Dagegen ist ein solcher Zusatz zu erfordern, wenn nur einer oder mehrere, aber nicht alle Gesellschafter in der Firma benannt sind. Protokolle S. 36.

## Art. 18.

Die Firma einer Aktiengesellschaft muß in der Regel von dem Gegenstande ihrer Unternehmung entlehnt sein [1]).

Der Name von Gesellschaftern oder anderen Personen darf in die Firma nicht aufgenommen werden [2]).

### Zu Art. 18.

Anm. 1. Die Firma der Aktiengesellschaft darf also nur eine Sachfirma sein; denn die Aktienunternehmung ist Träger der Firma und nicht die einzelnen Gesellschaftsmitglieder. Mot. z. Pr. Entw. S. 17.

Anm. 2. Nach der Meinung von Anschütz und v. Völderndorff a. a. O. N. 2 zu Art. 18 können die in diesem Artikel gegebenen Vorschriften durch die Ordnungsstrafen des Art. 26 nicht erzwungen werden, weil Art. 26 den Art. 18 nicht erwähne. Diese Meinung ist unrichtig; denn Art. 26 Abs. 2 ordnet an, daß auch mit Ordnungsstrafen gegen diejenigen einzuschreiten sei, welche sich einer nach den Vorschriften dieses Titels ihnen nicht zustehenden Firma bedienen. Wenn daher eine Aktiengesellschaft in ihre Firma den Namen von Gesellschaftern oder anderen Personen aufnimmt, so kann das Gericht den Vorstand der Gesellschaft in Gemäßheit des Art. 26 Abs. 2 zur Aenderung der Firma durch Ordnungsstrafen anhalten.

## Art. 19.

Jeder Kaufmann [1]) ist verpflichtet, seine Firma bei dem (Handels-) Amtsgerichte, in dessen Bezirk seine Handelsniederlassung [2]) sich befindet, Behufs der Eintragung in das Handelsregister anzumelden; er hat dieselbe nebst seiner persönlichen Unterschrift vor dem (Handels-) Amtsgerichte zu zeichnen oder die Zeichnung derselben in beglaubigter Form einzureichen [3]).

### Zu Art. 19.

Anm. 1. d. h. jeder Kaufmann, der überhaupt zur Führung einer Firma gesetzlich verpflichtet ist; also nicht die sog. Minderkaufleute des Art. 10 HGB. Ueber Handelsgesellschaften vgl. Artt. 86 ff.

Anm. 2. Ort der Handelsniederlassung ist derjenige Ort, von dem aus der Kaufmann seine Geschäfte betreibt, d. i. gewohnheitsmäßig zum Abschluß bringt, der Ort, wo sich der Mittelpunkt des ganzen geschäftlichen Getriebes des Kaufmanns befindet, sein geschäftlicher Wohnort, der von dem wirklichen Wohnort, wo sich der Mittelpunkt seines häuslichen Lebens befindet, wo er mit seiner Familie lebt, verschieden sein kann. Von dem geschäftlichen Domizil aus leitet der Kaufmann sein Geschäft, und wenn die Art des Geschäfts selbst so beschaffen ist, daß die Mehrzahl der einzelnen Geschäfte durch Reisende an verschiedenen Orten abgeschlossen werden, so bleibt doch immer die Handelsniederlassung dort, wo die Nachrichten über die abgeschlossenen Geschäfte sich vereinigen, von wo aus die Genehmigung zum Abschluß und der Auftrag zur Eingehung neuer Geschäfte gewohnheitsmäßig ertheilt wird.

Betreibt ein Kaufmann an demselben Orte mehrere Geschäfte, welche von einander unabhängig sind, aber unter derselben Firma, so genügt eine einmalige Anmeldung. Führt er die Geschäfte unter verschiedenen

Firmen, so muß er zu demselben Handelsregister jede Firma besonders anmelden.

Ueber die Unterscheidung zwischen Hauptniederlassung und Zweigniederlassung vgl. Anm. 1 zu Art. 21.

Anm. 3. Schreibensunkundige oder =unfähige bedürfen zur Zeichnung der Firma eines Beistandes, der für sie die Firma zeichnet. Vgl. Anm. 9 zu Art. 4 Einf.Ges. Freilich wird hiermit der Zweck des Gesetzes, dem Publikum durch die Eintragung der Zeichnung Kenntniß von der Art der Schriftzüge zu verschaffen, in denen der Firmeninhaber seine Firma zeichnet, nicht erreicht, und man wird daher den vom Gesetz erforderten Beistand eines Dritten nur zum Zweck der Bewirkung der Anmeldung überhaupt für nothwendig erachten müssen. Vergl. Anschütz und von Völdernborff a. a. O. N. 6 zu Art. 19.

Obgleich das Amtsgericht die Geschäfte des Handelsregisters, wie alle seine Geschäfte, grundsätzlich in deutscher Sprache zu führen hat, so müssen doch Firmen, welche nur in fremden Sprachen geführt werden, auch in dieser Sprache (und zwar ohne das Erforderniß einer deutschen Uebersetzung) in das Handelsregister eingetragen werden. z. B. Electric Light Company; Continental Gas Association Company; dagegen ist es nicht zulässig, daß die einem fremden Sprachgebiet angehörigen Bezeichnungen der Geschäfte oder Benennungen der Personen auch in den von der allgemein üblichen lateinischen oder deutschen Schrift abweichenden Schriftzügen der fremden Sprachen eingetragen werden, daß also z. B. ein russischer Kaufmann seine russische Firma und Unterschrift im deutschen Handelsregister mit russischer Schrift oder ein polnisch=jüdischer Kaufmann seine Unterschrift mit hebräischer Schrift zeichnet. Denn das Handelsregister ist zur Belehrung des Publikums geschaffen und da nicht angenommen werden kann, daß dasjenige Publikum, für dessen Einsicht das Handelsregister der deutschen Gerichte vorwiegend bestimmt ist, die abweichenden Schriftzüge einer fremden Sprache zu lesen vermag, so würde die Zulassung solcher Schriftzüge dem Zweck des Registers widerstreiten. Dagegen ist die Eintragung in der fremden Sprache nothwendig, weil die Firma in der fremden Sprache geführt wird und diese, so wie sie geführt wird, dem Publikum bekannt werden soll.

Ist die Firma mit der Unterschrift des Inhabers identisch, so bedarf es natürlich nur der Zeichnung der Firma.

## Art. 20.

Jede neue Firma muß sich von allen an demselben Orte oder in derselben Gemeinde [1]) bereits bestehenden und in das Handelsregister eingetragenen Firmen deutlich [2]) unterscheiden [3]).

Hat ein Kaufmann mit einem in das Handelsregister bereits eingetragenen Kaufmann gleiche Vor= und Familiennamen und will auch er sich derselben als seiner Firma bedienen, so muß er dieser einen

Zusatz beifügen, durch welchen sich dieselbe von der bereits eingetragenen Firma deutlich unterscheidet.

### Zu Art. 20.

Anm. 1. Der Zusatz „oder in derselben Gemeinde" beruht darauf, daß in einzelnen Landestheilen viele kaufmännische Geschäfte außerhalb der Städte in ungeschlossenen Ortschaften betrieben werden, deren Benennung und Begrenzung weder mit allgemeiner Geltung noch unabänderlich feststeht. Mot. z. Preuß. Entw. S. 17. Vgl. auch v. Hahn a. a. O. §§ 7 ff. zu Art. 20; Makower a. a. O. N. 13 zu Art. 20. Es wird stets von den thatsächlichen Verhältnissen abhängen, ob bei mehreren eine Gemeinde bildenden Ortschaften die eng örtliche Trennung nicht ausreicht, um zwei in verschiedenen zur selben Gemeinde gehörigen Orten domicilirte und gleichlautende Firmen von einander zu unterscheiden.

Anm. 2. Eine irgendbeliebige Unterscheidung der neuen Firma von der alten genügt nicht. Die Unterscheidung muß merklich in die Augen fallen, so daß sie ohne besondere Aufmerksamkeit wahrgenommen werden kann.

Anm. 3. Auch wenn eine alte, bereits eingetragene Firma ihren Sitz an einen andern Ort verlegt, in dem eine gleichlautende Firma bereits besteht, so ist sie dieser gegenüber eine neue und bedarf bei der Eintragung eines unterscheidenden Zusatzes. Vgl. Art. 21.

## Art. 21.

Die Firma muß auch für die an einem anderen Orte oder in einer anderen Gemeinde errichtete Zweigniederlassung [1]) bei dem für die letztere zuständigen (Handels-) Amtsgerichte angemeldet [2]) werden.

Besteht an dem Orte oder in der Gemeinde, wo die Zweigniederlassung errichtet wird, bereits eine gleiche Firma, so muß der Firma ein Zusatz beigefügt werden, durch welchen sie sich von jener bereits vorhandenen Firma deutlich unterscheidet. [3])

Die Eintragung bei dem (Handels-) Amtsgerichte der Zweigniederlassung findet nicht statt, bevor nachgewiesen ist, daß die Eintragung bei dem (Handels-) Amtsgerichte der Hauptniederlassung geschehen ist. [4])

### Zu Art. 21.

Anm. 1. Zweigniederlassung ist ein dem Inhaber einer an einem andern Orte belegenen Niederlassung (Hauptniederlassung) gehöriges, von der Hauptniederlassung insoweit abhängiges Geschäft, als die von der Zweigniederlassung abgeschlossenen Geschäfte dazu bestimmt sind, den Interessen der Hauptniederlassung zu dienen. Wesentlich für den

Begriff der Zweigniederlassung ist, daß die von derselben abgeschlossenen Geschäfte dem gleichen Handelszweig (Geschäftsbranche) angehören, wie die der Hauptniederlassung, und daß sie von der Zweigniederlassung aus selbstständig abgeschlossen werden; denn sonst würde im ersten Fall die Zweigniederlassung jeder inneren Verbindung mit der Hauptniederlassung entbehren, und dadurch selbst zu einer Hauptniederlassung werden, und im zweiten Fall würde die Zweigniederlassung, von der aus nicht selbstständig Geschäfte abgeschlossen, sondern nur solche vorbereitet werden, z. B. durch Bearbeitung der Waaren (Fabrik) oder durch Aufbewahrung derselben (Speicher, Stätteplatz, Speditionslager), eine selbstständige Existenz gar nicht führen können; hier wäre also im ersten Fall der Geschäftsinhaber zur gewöhnlichen Anmeldung der Firma in Gemäßheit des Art. 19, im zweiten Fall aber zu gar keiner Anmeldung verpflichtet.

Der Regel nach wird eine Zweigniederlassung dort errichtet, wo der Abschluß der Geschäfte durch die Etablirung eines ständigen Komptoirs und die persönliche Anwesenheit von Vertretern des Geschäfts sich leichter und vortheilhafter gestaltet, wie durch schriftlichen Briefwechsel vom Ort der Hauptniederlassung aus. Ob in der Folge der Umfang der Geschäfte, welche von der Zweigniederlassung aus abgeschlossen werden, den Umfang der Geschäfte der Hauptniederlassung übersteigt, ist irrelevant. Wesentlich ist nur, daß die centrale Leitung des ganzen Geschäfts vom Ort der Hauptniederlassung ausgeht. Vgl. ROHG. XIV. 402, XVII. 315. Lesse in Busch's Arch. f. Handelsr. I S. 259; Keyßner ebenda XVI. S. 268, II S. 55 ff.; Behrend, Lehrb. des Handelsr. I S. 225.

Anm. 2. Zur Anmeldung verpflichtet bleibt der Inhaber des Geschäfts, auch wenn er für die Zweigniederlassung einen selbstständigen Vertreter mit Generalvollmacht zur Vornahme aller Handlungen, welche gesetzlich nur dem Geschäftsinhaber zustehen, bestellt hat. Auch wenn die Gesellschafter einer offenen Handelsgesellschaft sich derart theilen, daß der eine Gesellschafter die Hauptniederlassung, der andere die Zweigniederlassung selbstständig leitet, so sind doch beide Gesellschafter zur Anmeldung auch der Zweigniederlassung bei dem für diese zuständigen Gerichte bei Vermeidung der Ordnungsstrafe verpflichtet.

Die Form der Anmeldung ist die des Art. 19. Vgl. § 35 Instr. vom 12. Dezember 1861.

Anm. 3. Ebenso wenn die Zweigniederlassung, welche bereits mit der Firma der Hauptniederlassung an einem Orte eingetragen ist, von diesem nach einem andern Orte verlegt wird, wo eine Firma gleichen Namens bereits besteht, § 33 Instr. vom 12. Dezember 1861. Dagegen muß die Zweigniederlassung die Firma der Hauptniederlassung ohne Zusatz wieder annehmen, wenn sie von einem Ort, wo sie dieses Zusatzes nach der gesetzlichen Vorschrift bedurfte, an einen andern Ort verlegt wird, in dem eine Firma gleichen Namens mit dem der Hauptniederlassung noch nicht besteht. — Die im Inlande errichtete Zweigniederlassung eines außerhalb des Gebietes des Handelsgesetzbuchs befindlichen Hauptgeschäfts ist als solche in das inländische Handelsregister einzutragen und nicht als Hauptniederlassung, weil das Publikum andernfalls über den wirklichen Charakter der Niederlassung getäuscht werden würde, Johow, K. III S. 11.

Anm. 4. Es ist nicht die Eintragung der Zweigniederlassung in das Register der Hauptniederlassung, sondern die Eintragung der Hauptniederlassung in das Handelsregister des für diese zuständigen Gerichts gemeint. Vgl. Zeitschr. f. Handelsr. XXIII S. 204; die erfolgte Eintragung ist durch ein Attest des Gerichts der Hauptniederlassung bei dem Gericht der Zweigniederlassung nachzuweisen.

## Art. 22.

Wer ein bestehendes Handelsgeschäft [1]) durch Vertrag oder Erbgang erwirbt, kann dasselbe unter der bisherigen Firma [2]) mit oder ohne einen das Nachfolgeverhältniß andeutenden Zusatz [3]) fortführen, wenn der bisherige Geschäftsinhaber oder dessen Erben oder die etwaigen Miterben in die Fortführung der Firma ausdrücklich willigen. [4. 5])

### Zu Art. 22.

Anm. 1. „Handelsgeschäft" ist hier nicht die juristisch-technische Bezeichnung für ein Rechtsgeschäft, welches den Erfordernissen der Art. 272 ff. HGB. entspricht. Der Gesetzgeber hat vielmehr hier den gewöhnlichen Ausdruck des Lebens in die Rechtssprache aufgenommen, und es ist daher hier unter „Handelsgeschäft" zu verstehen der Inbegriff aller Rechtsverhältnisse, welche mit dem Betriebe des Handelsgewerbes in Verbindung stehen, also die Handelsniederlassung selbst, v. Hahn §. 2 zu Art. 22.

Anm. 2. Er verliert aber das Recht auf Weiterführung der Firma wieder, wenn er das Geschäft, welches er zugleich mit der Firma erworben hat, aufgiebt und ein neues Geschäft beginnt, denn die Firma ist nicht ohne das Geschäft übertragbar (Art. 23), und also derart innerlich mit demselben verbunden, daß mit dem Erlöschen des Geschäfts auch die Firma untergeht. Diese Konsequenz wird auch in jedem Falle dem Willen desjenigen, der mit dem Geschäft seine Firma verkauft hat, entsprechen, weil dem Kaufmann die Achtung seiner Firma Ehrensache ist, und er einem Andern daher die Fortführung seines kaufmännischen Namens nur unter Beibehaltung aller der Verhältnisse gestatten wird, welche ihm bekannt sind und welche ihm für die Erhaltung des alten Renommées genügende Bürgschaft geben. Vgl. Rg. Civils. I, 260 ff. A. M. Zeitschr. für Handelsr. XXVI S. 1 ff.

Anm. 3. Geringe Veränderungen des Firmennamens, welche durch die Hinzufügung eines das Nachfolge- oder Erbverhältniß andeutenden Zusatzes veranlaßt sind, sind zulässig; z. B. wenn die Erben der Firma: Friedr. Schulze dieselbe fortführen unter der Veränderung: Friedr. Schulze'sche Erben, oder wenn der Nachfolger der Firma: A. Lehmann, firmirt: A. Lehmann's Nachfolger. Vgl. ROHG. XXIII S. 51.

Anm. 4. In die Fortführung der Firma haben diejenigen Personen zu willigen, welche ein jus quaesitum auf deren ausschließliche Führung haben. Prot. 39. Die Wittwe eines Kaufmanns hat, wenn sie nicht Erbin ist, an sich kein Recht in die Fortführung der Firma zu willigen. Auch der Konkursverwalter ist nach einer Entscheidung des Reichsgerichts (Rg. Civils. IX S. 103 ff.) nicht befugt, mit dem Geschäft des Kridars auch dessen Firma zu veräußern. Diese Entscheidung ist m. E. irrthümlich, soweit sie verkennt, daß die Firma auch für sich einen selbstständigen Vermögenswerth darstellen kann, und immer darstellen wird, wenn, wie in dem zur Entscheidung des Reichsgerichts gebrachten Fall, der Erwerber einen Werth auf die Fortführung der Firma legt, und für dieselbe einen besonders hierfür ausgesetzten Preis bezahlt. Die Firma ist, sobald sie Gegenstand der Bewerthung wird, ein Vermögensobjekt, welches, wie jedes andere Vermögensobjekt von der Person des Inhabers trennbar ist; sie ist nicht ein rein persönliches Recht, das mit der Person entsteht, an ihr haftet und mit ihr untergeht; sie ist vielmehr durch Vertrag übertragbar (Art. 22), somit Gegenstand des Vermögens des Firmeninhabers, und unterliegt daher (zufolge Art. 23 zusammen mit dem Geschäft) auch der Zwangsvollstreckung in Gemäßheit des § 754 CPO., welche sich in der Weise vollzieht, daß das Gericht dem Schuldner die Weiterführung der Firma innerhalb des Orts oder der Gemeinde, für die sie eingetragen ist, verbietet, und die Firma nebst dem Geschäft (im Ganzen) durch den Gerichtsvollzieher, im Konkursverfahren durch den Konkursverwalter veräußern läßt. Ein solcher Fall wird ja nur im Konkursverfahren sich ereignen und die Veräußerung im praktischen Leben daher nur durch den Konkursverwalter, nicht durch den Gerichtsvollzieher erfolgen. Dem Gemeinschuldner verbleibt dann das Recht, seinen bürgerlichen Namen überall außerhalb des Bezirks, für den die verkaufte Firma eingetragen ist, als Firma zu führen.

Anm. 5. In den Fällen der Art. 22 ff. wird meistentheils die Frage, ob der derzeitige Inhaber des Geschäfts sich einer unbefugten Firma bedient, im ordentlichen Rechtsstreit entschieden werden, ehe der Richter zum Einschreiten durch Ordnungsstrafen Anlaß nimmt. Denn zur Androhung und Verhängung der Ordnungsstrafe ist der Richter nur bei offenbarem Zuwiderhandeln gegen die klare Vorschrift der Gesetze befugt, nicht aber, sofern die Möglichkeit noch besteht, daß der Betheiligte zu der von ihm gewählten Firmenführung berechtigt ist.

## Art. 23.

Die Veräußerung einer Firma als solcher, abgesondert von dem Handelsgeschäft, für welches sie bisher geführt wurde, ist nicht zulässig. [1])

### Zu Art. 23.

Anm. 1. Der Erwerber einer solchen Firma genießt also für dieselbe keinen Firmenschutz und wird außerdem wegen Führung einer ihm nicht zustehenden Firma durch Ordnungsstrafen zum Aufgeben der

Firma gezwungen. Der redliche Erwerb der Firma schützt den Erwerber nicht gegen die positive Vorschrift des Gesetzes.

Da die Firma nicht ohne das Handelsgeschäft übertragen werden kann, so kann Jemand, welcher überhaupt kein Handelsgeschäft hat, auch nicht seinen bürgerlichen Namen als Firma auf einen Andern übertragen. Vgl. Makower a. a. O. N. 22 zu Art. 23.

## Art. 24.

Wenn in ein bestehendes Handelsgeschäft Jemand als Gesellschafter eintritt, oder wenn ein Gesellschafter zu einer Handelsgesellschaft neu hinzutritt, oder aus einer solchen austritt, so kann, ungeachtet dieser Veränderung, die ursprüngliche Firma[1]) fortgeführt werden.

Jedoch ist beim Austreten eines Gesellschafters dessen ausdrückliche[2]) Einwilligung in die Fortführung der Firma erforderlich, wenn sein Name in der Firma enthalten ist.[3])

### Zu Art. 24.

Anm. 1. Die bisher geführte Gesellschaftsfirma kann bestehen bleiben, auch wenn nur noch ein Firmeninhaber in der Firma verbleibt, und es bedarf im umgekehrten Falle, wenn ein einzelner Firmeninhaber einen Gesellschafter annimmt, nicht der Hinzufügung eines das Gesellschaftsverhältniß andeutenden Zusatzes. Unter Handelsgesellschaft ist hier ebenso die offene Handelsgesellschaft, wie die Kommanditgesellschaft und die Kommanditgesellschaft auf Aktien zu verstehen.

Anm. 2. Ob eine ausdrückliche Einwilligung vorliegt, ist quaestio facti (ROHG. X 291); es genügt, daß die zwischen dem austretenden und den verbleibenden Gesellschaftern getroffenen Abmachungen erkennbar darauf hindeuten, daß er in die Fortführung der alten Firma willigt.

Anm. 3. Der Name des austretenden Gesellschafters darf in diesem Fall in keiner Form, auch nicht in einem das Nachfolgeverhältniß andeutenden Zusatz in der neuen Firma enthalten sein (Rg. Civilſ. V S. 112 ff.) Die neue Firma bedarf der Anmeldung und Eintragung (Art. 25).

## Art. 25.

Wenn die Firma geändert wird, oder erlischt[1]), oder wenn die Inhaber der Firma sich ändern[2]), so ist dies nach den Bestimmungen des Art. 19 bei dem (Handels-) Amtsgerichte anzumelden.

Ist die Aenderung oder das Erlöschen nicht in das Handelsregister eingetragen und öffentlich bekannt gemacht, so kann derjenige, bei welchem jene Thatsachen eingetreten sind, dieselben einem Dritten nur insofern entgegensetzen, als er beweist, daß sie dem letzteren bekannt waren.

Ist die Eintragung und Bekanntmachung geschehen, so muß ein Dritter die Aenderung oder das Erlöschen gegen sich gelten lassen, sofern nicht die Umstände die Annahme begründen, daß er diese Thatsachen weder gekannt habe, noch habe kennen müssen.

## Zu Art. 25.

Anm. 1. Die Eintragung der Errichtung einer Handelsgesellschaft ins Handelsregister nach der Auflösung zum Zweck der Eintragung der Auflösung ist zulässig (um die Vortheile der Löschung zu sichern). ROHG. XXIII 227. — Die Eintragung der Löschung erfolgt auf Grund einer Anmeldung des bisherigen Firmeninhabers, oder wenn derselbe gestorben ist, seiner Erben, und wenn er zur selbstständigen Vermögensverwaltung rechtlich unfähig geworden ist, seiner Vertreter.

Die Erben und Vertreter haben ihre Legitimation, insofern diese einem Bedenken unterliegt, nachzuweisen; ein weiterer Nachweis ist nicht erforderlich. Die Erben und Vertreter unterliegen bei unterlassener Anmeldung den Ordnungsstrafen. § 26 Instr. vom 12. Dezember 1861. — Wie es mit der Anmeldung der Löschung zu halten sei, wenn der Inhaber einer Firma ohne Erben gestorben oder verschollen ist, ist vom Gesetze nicht vorgesehen. Vgl. darüber Rudorff, Register S. 282 ff. Das Ordnungsstrafverfahren ist in diesem Falle gegen Niemanden anzuwenden. Nach einer Entscheidung des früheren Preußischen Obertribunals (Bd. 80 S. 422) soll allerdings das Gericht nur befugt sein zur Eintragung durch Ordnungsstrafen anzuhalten, nicht aber zur Löschung; diese habe nur auf Antrag des Inhabers der Firma oder auf Grund eines Urtheils zu erfolgen. Dieses Urtheil widerstreitet aber der klaren Bestimmung des Art. 25, nach dem auch, wenn die Firma erlischt, dies in Gemäßheit des Art. 19 zur Anmeldung gebracht werden und also die unterlassene Anmeldung durch Ordnungsstrafen erzwungen werden soll.

Anm. 2. in Gemäßheit der Art. 22 oder 24.

## Art. 26.

Das (Handels-) Amtsgericht hat die Betheiligten [1]) zur Befolgung der Vorschriften der Art. 19, 21 und 25 von Amtswegen durch Ordnungsstrafen anzuhalten [2]).

In gleicher Weise hat es gegen diejenigen einzuschreiten [3]), welche sich einer nach den Vorschriften dieses Titels ihnen nicht zustehenden Firma bedienen [4]).

## Zu Art. 26.

Anm. 1. Betheiligte sind der Einzelinhaber der Firma, die sämmtlichen Mitglieder einer offenen Handelsgesellschaft, die sämmtlichen persönlich haftenden Mitglieder einer Kommanditgesellschaft, die sämmtlichen persönlich haftenden Mitglieder einer Kommanditgesellschaft auf Aktien, sowie der Vorstand einer Aktiengesellschaft; in Bezug auf die Verpflichtung zur Firmenzeichnung richten sich die Ordnungsstrafen bei Handelsgesellschaften, Kommanditgesellschaften und Kommanditgesellschaften auf Aktien nur gegen die zur Vertretung berufenen Gesellschafter, § 88 Instr. vom 12. Dezember 1861. Daß die Art. 19 ff.

auch auf die Gesellschaften des Handelsgesetzbuchs Anwendung finden, bestreitet Rudorff a. a. O. S. 244, 269, 284 mit Unrecht. Die besonderen in Buch 2 und 3 des HGB. über die Gesellschaften gegebenen Vorschriften regeln nur die Form der Anmeldung, die Pflicht zur Anmeldung überhaupt bestimmen Art. 19 ff.

Anm. 2. Ueber das Verfahren vgl. S. 8 ff. Die Ordnungsstrafe ist eine reine Geldstrafe, welche niemals der Umwandlung in Freiheitsstrafe unterliegt; ihr Minimalsatz ist 15 Mark, ihr Maximalsatz 600 Mark.

Anm. 3. Es ist also dasselbe Verfahren anzuwenden, wie bei der unterlassenen Anmeldung.

Anm. 4. sofern dies im Betriebe ihres Handelsgewerbes geschieht (Rg. Civils. V. 112 ff.), d. i. beim Abschluß aller Geschäfte, welche der Betrieb des Handelsgewerbes ergiebt oder welche zur Förderung und Unterstützung des Betriebes abgeschlossen werden (Nebenhandelsgeschäfte Art. 273 Abs. 2), als Anschaffung von Geräthen, Material und anderen beweglichen Sachen, welche bei dem Betriebe des Gewerbes unmittelbar benutzt oder verbraucht werden sollen.

Wer sich außerhalb des Betriebes des Handelsgewerbes eines ihm nicht zustehenden Namens bedient, unterliegt nicht den Ordnungsstrafen des Handelsgesetzbuchs. — Zweifellos ist der Kaufmann, dessen Firmenname anders lautet als sein bürgerlicher Name, berechtigt, außerhalb seines Handelsgewerbes Geschäfte aller Art unter seinem bürgerlichen Namen abzuschließen; wenn diese Geschäfte Handelsgeschäfte im Sinne der Art. 271 ff. sind, so gelten sie allerdings im Zweifel zum Betriebe seines Handelsgewerbes gehörig (Art. 274) und müssen unter dem Firmennamen abgeschlossen werden; aber auch bei Handelsgeschäften genügt der bürgerliche Name, wenn nachgewiesen ist, daß die fraglichen Geschäfte nicht zum Betrieb des Handelsgewerbes gehören (so z. B. bei allen Verträgen über unbewegliche Sachen); denn die Vorschriften über das Firmenrecht und die in denselben gesetzten Ordnungsstrafen finden nur Anwendung auf das bestimmte Handelsgewerbe, für welches die Firma eingetragen ist. A. M. Anschütz u. v. Völderndorff a. a. O. N. 4 zu Art. 15.

Gegenüber einer illegalen Firma ist der Gebrauch der gleichlautenden rechtmäßigen Firma in keiner Richtung gesetzlich beschränkt oder bedingt, ROHG. III. 218.

## Fünfter Titel.

## Von den Prokuristen und Handlungsbevollmächtigten.

### Art. 41.

Wer von dem Eigenthümer einer Handelsniederlassung (Prinzipal) beauftragt ist, in dessen Namen und für dessen Rechnung das Handelsgeschäft zu betreiben und per procura die Firma zu zeichnen[1]), ist Prokurist.

Die Bestellung des Prokuristen kann durch Ertheilung einer ausdrücklich als Prokura bezeichneten Vollmacht oder durch ausdrückliche Bezeichnung des Bevollmächtigten als Prokuristen oder durch die Ermächtigung, per procura die Firma des Prinzipals zu zeichnen, geschehen.

Die Prokura kann mehreren Personen gemeinschaftlich ertheilt werden (Kollektivprokura).

### Zu Art. 41.

Anm. 1. Dies Erforderniß ist für die Anwendung des Ordnungsstrafverfahrens wesentlich. Jede andere Bevollmächtigung, welche nicht mit der Ermächtigung, die Firma per procura zu zeichnen, verbunden ist, verpflichtet zur Anmeldung nicht, selbst wenn die Vollmacht den gesetzlichen Umfang der Prokura übersteigt.

## Art. 45.

Die Ertheilung der Prokura ist vom Prinzipal persönlich oder in beglaubigter[1]) Form beim (Handels-) Amtsgerichte zur Eintragung in das Handelsregister[2]) anzumelden.

Der Prokurist hat die Firma nebst seiner Namensunterschrift persönlich vor dem (Handels-) Amtsgerichte zu zeichnen (Art. 44)[3]), oder die Zeichnung in beglaubigter[4]) Form einzureichen.

Das Erlöschen der Prokura ist von dem Prinzipal in gleicher Weise zur Eintragung in das Handelsregister anzumelden.

Die Betheiligten[5]) sind zur Befolgung dieser Vorschriften von Amtswegen durch Ordnungsstrafen[6]) anzuhalten[7]).

### Zu Art. 45.

Anm. 1. Auch hier genügt Beglaubigung der Unterschrift des Prinzipals bei schriftlicher Anmeldung, Art. 4 Pr. Einf.Ges. z. HGB., Verf. d. Pr. Justiz-Ministers vom 16. Mai 1862 (JMBl. S. 162).

Anm. 2. Die Eintragungen erfolgen in dem Handelsregister des Bezirks, in welchem die Handelsniederlassung ihren Sitz hat, ohne Rücksicht auf das Domizil des Prinzipals. Mot. z. Pr. Entw. S. 29.

Anm. 3. Art. 44: Der Prokurist hat in der Weise zu zeichnen, daß er der Firma einen die Prokura andeutenden Zusatz und seinen Namen beifügt.

Bei einer Kollektiv-Prokura hat jeder Prokurist der mit diesem Zusatze versehenen Firmenzeichnung seinen Namen beizufügen.

Anm. 4. Vgl. Anm. 1.

Anm. 5. Betheiligte sind der Prinzipal, welcher für seine im Bezirk des Gerichts befindliche Handelsniederlassung einen Prokuristen bestellt hat, sofern er unterläßt, die Ertheilung der Prokura oder das Erlöschen derselben anzumelden, sowie der Prokurist, welcher unterläßt, die Firma nebst seiner Unterschrift persönlich vor dem Gericht zu zeichnen oder die Zeichnung derselben in beglaubigter Form einzureichen. Ist der Prinzipal eine Handelsgesellschaft, so findet das Einschreiten statt: bei einer offenen Handelsgesellschaft gegen sämmtliche Gesellschafter, welche von der Geschäftsführung nicht ausgeschlossen sind; bei einer Kommanditgesellschaft und bei einer Kommanditgesellschaft auf Aktien gegen sämmtliche persönlich haftende Gesellschafter, welche von der Geschäftsführung nicht ausgeschlossen sind; bei einer Aktiengesellschaft gegen die Mitglieder des Vorstandes, § 88 Instr. vom 12. Dezember 1861. Wegen unterlassener Zeichnung der Prokurenfirma ist nur der Prokurist, nicht der Prinzipal, wegen unterlassener Anmeldung der Prokura nur der Prinzipal, nicht der Prokurist zu bestrafen.

Anm. 6. Das Verfahren ist das S. 8 ff. dargestellte.

Anm. 7. Die vom Prokuristen innerhalb des Geschäftsbetriebs begangenen strafbaren Handlungen werden nur gegen den Prokuristen selbst geahndet, insoweit nicht der Prinzipal durch Anstiftung, Beihülfe oder Begünstigung sich selbst strafbar gemacht hat. Diese allgemeinen strafrechtlichen Grundsätze gelten für alle strafbaren Handlungen, soweit nicht Spezialgesetze eine Ausnahme konstituiren; eine solche Ausnahme galt früher in Preußen bei den Zoll- und Steuergesetzen, ist aber nunmehr durch die neue Steuergesetzgebung des Reichs beseitigt worden.

## Siebenter Titel.

## Von den Handelsmäklern oder Sensalen.

### Art. 66.

Die Handelsmäkler (Sensale) sind amtlich bestellte Vermittler für Handelsgeschäfte.[1])

Sie leisten vor Antritt ihres Amtes[2]) den Eid[3]), daß sie die ihnen obliegenden Pflichten getreu erfüllen wollen.

### Zu Art. 66.

Anm. 1. Ueber die geschichtliche Entwickelung der Lehre von den Handelsmäklern, und über die Würdigung der diesbezüglichen Bestimmungen des Handelsgesetzbuchs, insbesondere die Konkurrenz von Handelsmäklern und Privatmäklern vergl. Laband, Zeitschrift f. d. R. XX. S. 1 ff.

Anm. 2. Art. 9 § 1 Einf.Ges. z. HGB. Die Handelsmäkler werden an den Orten, für welche kaufmännische Korporationen oder Handelskammern bestehen, von diesen ernannt; die Ernennung bedarf der Bestätigung der Regierung. Die Anstellung von Handelsmäklern an andern Orten geschieht durch die Regierung.

Anm. 3. Vor dem Amtsgericht, welches die Geschäfte des Handelsregisters führt. Die Norm des Eides geht dahin,

daß der N. N., nachdem er zum (Waaren-, Wechsel-, Schiffs-) Mäkler für die Stadt (den Bezirk) X. bestellt worden, die in dieser Eigenschaft ihm obliegenden Pflichten getreu erfüllen wolle.

Die Beeidigung findet nur auf Ersuchen der Regierung statt, welche die Ernennung des Mäklers bestätigt oder denselben angestellt hat. §§ 1, 2, 3 Theil III Instr. vom 12. Dezember 1861.

## Art. 68.

Die Anstellung der Handelsmäkler geschieht entweder im Allgemeinen für alle Arten von Mäklergeschäften oder nur für einzelne Arten derselben.

## Art. 69.

Die Handelsmäkler haben insbesondere[1]) folgende Pflichten:

1) sie dürfen für eigene Rechnung keine Handelsgeschäfte machen, weder unmittelbar, noch mittelbar[2]), auch nicht als Kommissionaire, sie dürfen für die Erfüllung der Geschäfte, welche sie vermitteln, sich nicht verbindlich machen, oder Bürgschaft leisten[3]), alles dies unbeschadet der Gültigkeit des Geschäfts;

2) sie dürfen zu keinem Kaufmann[4]) in dem Verhältnisse eines Prokuristen[5]), Handlungsbevollmächtigten oder Handlungsgehülfen stehen[6]) [7]);

3) sie dürfen sich nicht mit anderen Handelsmäklern[8]) zu einem gemeinschaftlichen Betrieb der Mäklergeschäfte oder eines Theiles derselben vereinigen; zur gemeinschaftlichen Vermittelung einzelner Geschäfte sind sie unter Zustimmung der Auftraggeber befugt;

4) sie müssen die Mäklerverrichtungen persönlich betreiben und dürfen sich zur Abschließung der Geschäfte eines Gehülfen nicht bedienen[9]);

5) sie sind zur Verschwiegenheit über die Aufträge, Verhandlungen und Abschlüsse verpflichtet, soweit nicht das Gegentheil durch die Parteien bewilligt oder durch die Natur des Geschäfts[10]) geboten ist;

6) sie dürfen zu keinem Geschäfte die Einwilligung der Parteien oder deren Bevollmächtigten anders annehmen, als durch ausdrückliche und persönliche Erklärung; es ist den Mäklern weder erlaubt, von Abwesenden Aufträge zu übernehmen[11]), noch sich zur Vermittelung eines Unterhändlers zu bedienen.

**Zu Art. 69.**

Anm. 1. Diese Pflichten können durch die Landesgesetzgebung erweitert oder beschränkt werden, Art. 84 HGB.

Anm. 2. Der Handelsmäkler darf hiernach weder ein eigenes Handelsgewerbe betreiben, noch auch einzelne Handelsgeschäfte zum Zweck der Spekulation in demjenigen Handelszweige vornehmen, in welchem ihm die amtliche Besorgung der Maklergeschäfte übertragen ist. Geschäfte, welche nur den Zweck haben, eine Kapitalsanlage zu machen, sind ihm auch in seinem speziellen Handelszweige gestattet; denn bei Kapitalsanlagen ist die Besorgniß, welche den Gesetzgeber zur Bestimmung der Nr. 1, Art. 69 veranlaßte, daß nämlich der Handelsmäkler nicht mehr der unparteiische Vermittler von Handelsgeschäften sein würde, wenn er ein eigenes Interesse an gewissen Handelsunternehmungen hätte (Mot. S. 38), nicht in gleichem Maße durchgreifend, wie bei reinen Börsenspekulationsgeschäften. Denn diese letzteren finden erfahrungsmäßig zumeist in solchen Effekten statt, die einen täglich variirenden Cours haben; hier würde also der Mäkler, wenn er selbst Spekulationsgeschäfte in solchen Papieren machte, bei der ihm obliegenden Mitwirkung zur amtlichen Notirung der Course schwerlich in allen Fällen diejenige Unparteilichkeit bewahren können, welche für die Sicherheit des handeltreibenden Publikums wünschenswerth, und zu deren Aufrechterhaltung gerade der Makler bestellt ist. Dagegen werden Kapitalsanlagen meist nur in solchen Werthen gemacht, welche von der schwankenden Tagesmeinung der Börse verhältnißmäßig unabhängig sind, deren An- und Verkauf daher weniger durch vorübergehende und wechselnde Zufälle, sondern durch den inneren Werth des Papiers bestimmt wird. Wenn dennoch der Mäkler bei der amtlichen Coursnotirung solcher Papiere mitwirkt, obwohl er selbst durch eigenen Besitz dabei interessirt ist, so ist doch hier sein Interesse durch die — in der Regel nur sehr mäßigen — Veränderungen des Tagescourses nicht in dem Grade bedingt, daß er Gefahr läuft sich bei Festsetzung des Courses zur Verletzung seiner Amtspflicht und seines Eides um seines eigenen Interesses willen verleiten zu lassen. Und selbst Geschäfte in solchen Börsenpapieren, welche meist Gegenstand des sog. Börsenspiels sind (z. B. Russische oder Italienische Renten, Aktien der Diskonto-Kommandit-Gesellschaft zu Berlin, der Oesterreichischen Kreditanstalt), müssen dann dem Mäkler gestattet sein, wenn aus der Art des Geschäftsabschlusses erkennbar ist, daß der Mäkler den An- oder Verkauf eines solchen Börsenpapieres nicht zum Zweck der Tagesspekulation, sondern zum Zwecke der wirthschaftlichen und ordnungsmäßigen Verwaltung seines Vermögens ausgeführt hat. Vgl. auch v. Hahn a. a. O. § 2 zu Art. 69. Es wird allerdings in allen diesen Fällen immer das freie richterliche Ermessen zu entscheiden haben, da aber eine strikte Auslegung der Worte des Gesetzes den Mäkler noch mehr in seiner Vermögensverwaltung beschränken würde, wie jeden anderen Beamten, und eine starre Befolgung dieser Vorschriften den Mäkler zwingen müßte, von jeder andern Kapitalsanlage als derjenigen im Grundbesitz,

Abstand zu nehmen, so erscheint es die gebotene Pflicht des Richters, unter Zuhülfenahme der Motive des Gesetzes nur die Vornahme solcher Handelsgeschäfte zu bestrafen, welche sichtlich geeignet sind, den Mäkler bei seiner amtlichen Thätigkeit, der Mitwirkung zur Festsetzung des Courses, in Kollision zwischen Pflicht und Interesse zu bringen, zumal dies Geschäft ja auch, weil ohne die Absicht der Weiterveräußerung geschlossen, kein Handelsgeschäft ist. Art. 271 Nr. 1. Ganz ungerechtfertigt ist es namentlich, dem Mäkler auch solche Handelsgeschäfte zu untersagen, welche außerhalb der Sphäre seiner berufsmäßigen Thätigkeit liegen (Behrend a. a. O. S. 403, Anschütz und von Völderndorff a. a. O. S. 471), denn hier kann von einer Gefahr der Parteilichkeit des Mäklers, von einer Kollision zwischen Interesse und Pflicht nicht die Rede sein. Jedenfalls bedenklich erscheint es, daß die Entscheidung in die Hand des Strafrichters gelegt ist; die Kammer für Handelssachen würde durch ihre kaufmännischen Mitglieder weit eher geeignet und befähigt sein, über die Bestrafung der Mäklervergehen zu erkennen.

Anm. 3. Diese Bestimmung ist für die Börse in Frankfurt a. M. auf Grund des Art. 84 HGB. durch § 7 des Frankfurter Gesetzes vom 9. Dezember 1864 dahin eingeschränkt: Die Bestimmungen des Art. 69 Nr. 1 HGB., daß die Handelsmäkler für Geschäfte, welche sie vermitteln, sich nicht verbindlich machen oder Bürgschaft leisten dürfen, findet auf Geschäfte in Börseneffekten und Landesprodukten keine Anwendung. Ist ein Handelsmäkler veranlaßt, Kapitalanlagen oder Umsätze für seine eigene Rechnung zu machen, so muß er dies dem andern Kontrahenten vor dem Geschäftsabschlusse anzeigen. Vgl. ROHG. VIII. 264.

Anm. 4. Kaufmann ist auch eine Aktiengesellschaft, eine Kommanditgesellschaft auf Aktien, eine eingetragene Genossenschaft; sie dürfen also weder Mitglieder des Vorstandes solcher Gesellschaften, noch Liquidatoren derselben sein, noch in einem anderen der in Nr. 2 bezeichneten Abhängigkeitsverhältnisse zu den Gesellschaften stehen. Behrend a. a. O. S. 404. Wohl aber dürfen sie Mitglieder des Aufsichtsraths sein und als solche auch an der für den Aufsichtsrath ausgesetzten Tantième Theil nehmen.

Anm. 5. Es ist gleichgültig, ob sie als Prokuristen eingetragen sind oder nicht; auch derjenige Mäkler, welcher, ohne in das Handelsregister eingetragen zu sein, thatsächlich die Funktionen eines Prokuristen auf Grund einer Prokurenvollmacht wahrnimmt, ist strafbar.

Anm. 6. Es ist aber dem Handelsmäkler gestattet, auch neben den ihm obliegenden amtlichen Vermittelungsgeschäften als Agent für einen oder mehrere Kaufleute thätig zu sein, sofern er als solcher die Vorschriften der Nr. 1 Art. 69 nicht überschreitet.

Anm. 7. Dieses Verbot bezieht sich auch auf solche Handelszweige, welche mit demjenigen, in welchem der Mäkler seine amtlichen Vermittelungen besorgt, nichts gemein haben, weil jede Art eines Abhängigkeitsverhältnisses stets die Besorgniß der Parteilichkeit des Mäklers zu Gunsten seines Vorgesetzten erwecken muß.

Anm. 8. wohl aber mit anderen Mäklern, welche nicht als Vermittler für Handelsgeschäfte amtlich bestellt sind. Es ist daher zulässig, daß ein Handelsmäkler mit einer oder mehreren anderen Personen, welche nicht Handelsmäkler sind, eine offene Handelsgesellschaft oder Kommanditgesellschaft zum gemeinschaftlichen Betrieb der Mäklergeschäfte errichtet. Doch kann er aus den in Anm. 4 erörterten Gründen nicht Vorstand einer Aktiengesellschaft sein, welche Mäklergeschäfte betreibt, und auch nicht persönlich haftender Gesellschafter einer Kommanditgesellschaft auf Aktien, da er als solcher eine dem Vorstand der Aktiengesellschaft analoge abhängige Stellung inne hat.

Anm. 9. Falls sie eines Stellvertreters bedürfen, so wird dieser auf nicht länger als ein Jahr von den Aeltesten der Kaufmannschaft ernannt, von der Regierung bestätigt und vom Amtsgericht vereidigt; der vereidete Stellvertreter hat für die Zeit der Dauer der Stellvertretung alle Rechte und Pflichten des Handelsmäklers, dessen Stelle er vertritt. § 10 der Mäklerordnung für Berlin vom 20. April 1866, ebenso § 10 der Mäklerordnung für Danzig vom 27. September 1865, und § 7 der Mäklerordnung für Königsberg und Memel v. 12. Juni 1865.

Nur zur Abschließung der Geschäfte ist die Annahme eines Gehülfen untersagt; außerdem kann sich der Handelsmäkler für den Betrieb seines Gewerbes ohne Einschränkung der Gehülfen bedienen, Mot. S. 39.

Anm. 10. Wie z. B. bei Exekutionsverkäufen, welche der Mäkler vorzunehmen hat.

Anm. 11. Demnach darf der Mäkler nur auf Grund mündlich ertheilter, am Ort seines Geschäftsbezirks ihm aufgegebener Aufträge die Vermittelung eines Geschäftes übernehmen, jeder briefliche Auftrag ist ausgeschlossen. Prot. S. 123. v. Hahn a. a. O. §. 6 zu Art. 69. Jedoch kann der Mäkler, ehe er den endgültigen Auftrag zur Vermittelung erhält und übernimmt, über die Einzelheiten desselben schriftlich mit seinem Auftraggeber unterhandeln. Makower a. a. O. N. 10 zu Art. 69.

## Art. 70.

Handelsmäklern, welche Schiffsmäkelei betreiben[1]), kann gestattet werden, den Schiffern im Einziehen und Vorschießen der Frachten und Unkosten als Abrechner oder in anderer ortsüblicher Weise Hülfsdienste zu leisten.[2])

### Zu Art. 70.

Anm. 1. Hierzu gehören wohl auch die sog. Güterbestätter, in Hamburg Litzenbrüder genannt, deren Geschäft in der Vermittelung des Vertrages zwischen dem Versender von Waaren und dem (Frachtfuhrmann oder) Schiffer besteht. Vgl. Brinkmann-Endemann, Lehrbuch des Handelsrechts S. 478.

Anm. 2. Dann kommen die für den Betrieb des Mäklergeschäfts geltenden Bestimmungen nicht zur Anwendung.

## Art. 84.

Ueber die Anstellung[1]) der Handelsmäkler und über die Bestrafung[2]) der von ihnen im Berufe begangenen Pflichtverletzungen das Erforderliche zu bestimmen, bleibt den Landesgesetzen überlassen.

Den Landesgesetzen bleibt vorbehalten, die Vorschriften dieses Titels nach Maßgabe der örtlichen Bedürfnisse zu ergänzen; es kann insbesondere den Handelsmäklern das ausschließliche Recht zur Vermittelung von Handelsgeschäften beigelegt werden.

Auch kann in den Landesgesetzen oder in örtlichen Verordnungen der in diesem Titel den Handelsmäklern zugewiesene Kreis von Amtsverrichtungen und Befugnissen (Art. 67. 70) oder der Umfang ihrer Pflichten erweitert[3]) oder eingeschränkt[4]) werden.

### Zu Art. 84.

Anm. 1. Vgl. Anm. 2 zu Art. 66.

Anm. 2. S. die folgenden Paragraphen.

Anm. 3. Vergl. die unten citirten Mäklerordnungen.

Anm. 4. § 7 des Frankfurter Gesetzes vom 9. Dezember 1864, vgl. Anm. 3 zu Art. 69.

### Art. 9 § 5 Einf.Ges. z. HGB.

Handelsmäkler, welche eine der nach dem Artikel 69 des Handelsgesetzbuchs ihnen obliegenden Pflichten verletzen, werden mit Geldbuße von fünfundsiebenzig bis fünfzehnhundert Mark bestraft[1–3]); im Rückfalle[4]) kann außerdem auf Entsetzung[5]) erkannt werden. Durch diese Bestimmung wird die Anwendung einer härteren Strafe nicht ausgeschlossen, wenn dieselbe nach sonstigen Gesetzen durch die Handlung begründet ist.[6])

Die Verordnungen, nach welchen kaufmännische Korporationen befugt sind, die Handelsmäkler wegen Pflichtverletzungen anderer Art im Wege der Disciplin zu bestrafen, bleiben in Kraft.[7])

### Zu Art. 9 § 5 Einf.Ges. z. HGB.

Anm. 1. Durch die Normirung der Geldstrafe bis zum Maximalsatze von fünfzehnhundert Mark charakterisiren sich die Verstöße der Mäkler gegen die Vorschriften des Art. 69 HGB. als Vergehen im Sinne des § 1 Abs. 2 des RStGB., und es ist daher für die Entscheidung derselben die Strafkammer des Landgerichts zuständig (§ 73 Nr. 1 in Verbindung mit § 27 Nr. 2 des Gerichtsverfassungsgesetzes);

doch kann die Strafkammer auf Grund des § 75 Nr. 14 GVG. bei Eröffnung des Hauptverfahrens auf Antrag der Staatsanwaltschaft die Verhandlung und Entscheidung dem Schöffengerichte überweisen, wenn nach den Umständen des Falles anzunehmen ist, daß wegen des Vergehens auf keine andere und höhere Strafe als auf eine Geldstrafe von sechshundert Mark zu erkennen sein werde. Diese Maßnahme wird aber um deswillen nicht rathsam sein, weil die das Schöffengericht bildenden Laienmitglieder nur selten in der Lage sein werden, die schwierigen Fragen, deren wir bereits oben S. 36 gedacht haben, sachverständig zu prüfen. Auch aus dem Gesichtspunkt des dreifachen Instanzenzuges empfiehlt sich die Verweisung an das Schöffengericht nicht, da bei dem regelmäßig sehr einfachen Thatbestande eine erneuerte Behandlung des thatsächlichen Materials in der Berufungsinstanz nur überflüssig erscheint.

Wenn die Geldstrafe von dem Angeklagten durch Zwangsvollstreckung nicht beizutreiben ist, so muß dieselbe in Gefängnißstrafe umgewandelt werden, doch kann, wenn die erkannte Geldstrafe nicht den Betrag von sechshundert Mark und die an ihre Stelle tretende Freiheitsstrafe nicht die Dauer von sechs Wochen übersteigt, die Geldstrafe auch in Haft umgewandelt werden. Der Verurtheilte kann sich durch die Erlegung des Strafbetrages, soweit dieser durch die erstandene Freiheitsstrafe noch nicht getilgt ist, von dieser freimachen, § 28 RStGB. Die Geldstrafe kann aber niemals dadurch gebüßt werden, daß ein Dritter anstatt des Verurtheilten die erkannte Strafe zahlt, denn die Geldstrafe ist nicht als eine Schuld nach bürgerlichem Recht zu erachten; sie ist eine Sühne, welche das öffentliche Recht fordert, und welche nur von derjenigen Person, an der die strafbare Handlung gesühnt werden soll, getilgt werden kann. Vgl. Olshausen, Strafr. I. S. 105 N. 10. Zulässig ist nur, daß ein Dritter als Beauftragter des Verurtheilten die Strafe zahlt, so, daß der Verurtheilte selbst immer als der Zahlende erscheint.

Bei der Umwandlung der Geldstrafe in die Freiheitsstrafe muß der Richter von dem Grundsatz ausgehen, daß nach § 29 RStGB. bei Umwandlung einer, wegen Vergehens erkannten Geldstrafe der Betrag von drei bis zu fünfzehn Mark einer eintägigen Freiheitsstrafe gleich zu achten ist; dieser Grundsatz ist dahin zu verstehen, daß der Richter ebensowohl für eine Geldstrafe von drei Mark wie für eine solche von fünfzehn Mark eine eintägige Freiheitsstrafe substituiren kann, daß er also eine Geldstrafe von fünfzehn Mark nach freiem Ermessen in eine Freiheitsstrafe von ein bis fünf Tagen umwandeln kann. Da der Mindestbetrag der Geldstrafe bei Mäklervergehen fünfundsiebenzig Mark beträgt, so ist der Richter in der Lage, bereits für die mindeste Geldstrafe im Umwandlungsfalle eine Freiheitsstrafe von fünfundzwanzig Tagen zu setzen, und er ist jedenfalls an das Mindestmaß einer zu substituirenden Freiheitsstrafe von fünf Tagen gebunden. Bei der Erhöhung der mindesten Geldstrafe ist es ihm gestattet, um jeden weiteren Betrag zwischen drei und fünfzehn Mark die Freiheitsstrafe um mindestens einen bis fünf Tage zu erhöhen. — Ist der Verurtheilte verstorben, ehe das Urtheil rechtskräftig geworden ist, d. i. nachdem gegen das Urtheil ein Rechtsmittel rechtzeitig eingelegt war, über welches noch nicht rechtskräftig entschieden ist, oder ehe die Frist zur Einlegung eines Rechtsmittels abgelaufen ist, ohne daß der Verurtheilte darauf verzichtet hat, so kann die Geldstrafe in den Nachlaß des Verurtheilten nicht vollstreckt werden (§ 30 StGB). Auch ist auf eine Einziehung oder Unbrauchbarmachung des Handbuchs und des Tagebuchs der Handelsmäkler nicht zu erkennen, denn der Inhalt derselben ist für den Abschluß des durch den Handelsmäkler vermittelten Vertrages nicht von Bedeutung; er dient nur zum Beweise desselben (Art. 76 HGB.). Das Tagebuch oder Handbuch kann daher nicht als ein Gegenstand angesehen werden, welcher zur Begehung des Vergehens gebraucht oder bestimmt ist (§ 40 RStGB.). Aber auch der Inhalt des Tagebuchs oder Handbuchs, falls derselbe ein verbotenes Geschäft, wie z. B. eine Bürgschaftserklärung des Mäklers für ein durch ihn vermitteltes Geschäft, enthält, ist nicht strafbar im Sinne des § 41 RStGB., und rechtfertigt die Unbrauchbarmachung nicht; denn das Thatbestandsmerkmal der strafbaren Handlung liegt nicht darin, daß die verbotene Bürgschaftserklärung in dem Tagebuch niedergeschrieben ist, sondern darin, daß sie dem Dritten gegenüber, welchem sich der Mäkler verpflichten wollte, abgegeben ist.

Wenn der Mäkler durch eine und dieselbe Handlung zugleich gegen mehrere Normen des Art. 69 Nr. 1 verstößt, wenn er z. B. ein Kommissionsgeschäft abschließt, und für seinen Kommittenten oder den Dritten das Delcredere übernimmt, so kann der Richter in Gemäßheit des § 73 RStGB. nur eine Strafe gegen den Mäkler festsetzen, die er allerdings bei der weiten Ausdehnung der Strafgrenzen des Art. 9 § 5 Einf.Ges. den ideal konkurrirenden Handlungen entsprechend schwer bemessen kann. — Die einzelnen strafbaren Handlungen des Art. 69 sind in ihrem Thatbestand derart von einander verschieden, daß sie nur in seltenen Fällen durch eine und dieselbe That begangen werden können; wenn z. B. ein Handelsmäkler, der Prokurist eines Kaufmanns ist, ein Handelsgeschäft vermittelt, auf Grund des schriftlichen Auftrages eines Kontrahenten, so übertritt er nicht durch e i n e selbstständige Handlung zugleich die Vorschriften der Nr. 2 und 6 des Art. 69; er hat sich vielmehr zweier selbstständiger strafbarer Handlungen schuldig gemacht, der einen, daß er Prokurist ist, obwohl er zugleich Handelsmäkler ist, und der anderen von dieser ganz unabhängigen, daß er als Handelsmäkler eine Vermittlung auf einen schriftlichen Auftrag hin übernommen hat. Es wird daher zumeist bei mehreren strafbaren Handlungen der Mäkler der Fall der Realkonkurrenz vorliegen, und der Richter hat demnach in der Entscheidung für jeden einzelnen Fall die Strafe zu arbitriren, und, da die Strafen nur Geldstrafen sind, dieselben zusammenzuzählen (§ 78 StGB.). Wenn die Geldstrafen, weil sie nicht beigetrieben werden können, in Freiheitsstrafen umgewandelt werden müssen, so ist für jede einzelne Geldstrafe die entsprechende Freiheitsstrafe anzusetzen, und danach der Gesammtbetrag der zu substituirenden Freiheitsstrafe zu berechnen; das Maß der wirklich zu erkennenden Gesammtstrafe aber muß unter diesem Gesammtbetrag der verwirkten Einzelstrafen verbleiben, und so ermittelt werden, daß die verwirkte schwerste Strafe festgestellt, und diese je nach der Schwere der andern verwirkten Strafen erhöht wird; diese Gesammtstrafe darf, wenn sie Haftstrafe ist, die Dauer von drei Monaten (§ 77 Abs. 2 RStGB.), wenn sie Gefängnißstrafe ist, die Dauer von zwei Jahren (§ 78 Abs. 1 RStGB.) niemals überschreiten, selbst wenn sie hierdurch noch weit unter dem Gesammtbetrag der verwirkten Einzelstrafen verbleiben würde (§ 74 RStGB.).

Anm. 2. Daß die oben dargestellten strafrechtlichen Bestimmungen auch nach Einführung des Reichsstrafgesetzbuchs noch in Kraft erhalten geblieben sind, dürfte keinem Zweifel unterliegen, da durch das Reichsstrafgesetzbuch das Reichs- und Landesstrafrecht nur insoweit aufgehoben ist, als dasselbe Materien betrifft, welche Gegenstand des Strafgesetzbuchs für das Deutsche Reich sind, § 2 Einf.Ges. z. RStGB.; zu letzteren aber gehören die Bestimmungen über Mäklervergehen nicht. Wohl aber müssen diejenigen strafrechtlichen Begriffe, welche in den gedachten Bestimmungen enthalten sind, und welche den Materien angehören, die einen Gegenstand des Reichsstrafgesetzbuchs bilden, nach den Vorschriften dieses Gesetzes rechtlich behandelt werden, denn in Bezug auf diese sind eben nach § 2 des Einführungsgesetzes zum RStGB. vom 31. Mai 1870 allein die Normen des RStGB. maßgebend. Das Gleiche muß überhaupt von sämmtlichen, in dem ersten Theil des Reichsstrafgesetzbuchs enthaltenen allgemeinen Strafrechtsgrundsätzen gelten, soweit dieselben bei der Beurtheilung von Mäklervergehen zur Anwendung gelangen, da auch für diese nach § 2 Abs. 1 und § 3 des cit. Einf.Ges. das Reichsstrafgesetzbuch allein maßgebend ist. Vgl. Heinze, Reichs- und Landesstrafrecht S. 30 ff.

Anm. 3. Das Verfahren ist das der Reichsstrafprozeßordnung. Dasselbe wird durch die Staatsanwaltschaft von Amtswegen eingeleitet. Auf Grund einer gerichtlichen Voruntersuchung oder eines vorbereitenden Verfahrens, das durch polizeiliche Ermittelungen oder durch die Thätigkeit des ersuchten Amtsrichters unter Leitung der Staatsanwaltschaft ausgeübt wird, wird das Hauptverfahren durch Beschluß der Strafkammer vor dieser eröffnet oder eventuell die Sache durch die Strafkammer dem Schöffengericht zur mündlichen Verhandlung und Entscheidung überwiesen; vgl. S. 40. In der Hauptverhandlung ist die Anwesenheit des Angeklagten nicht erforderlich, da die zur Beurtheilung stehende Handlung nur mit Geldstrafe bedroht ist; § 231 StPO. Die Strafvollstreckung in die zu erkennende Geldstrafe vollzieht sich nach den Vorschriften der Reichscivilprozeßordnung über die Zwangsvollstreckung in bürgerlichen Rechtsstreitigkeiten, § 495 RStPO.; muß die Geldstrafe, weil sie nicht beigetrieben werden kann, in Freiheitsstrafe umgewandelt werden, so kommen die Vorschriften der §§ 481 ff. RStPO. zur Anwendung. Wenn in dem ursprünglichen Erkenntniß die Festsetzung der zu substituirenden Freiheitsstrafe unterlassen worden ist, so ist die Geldstrafe nachträglich vom Gericht unter Anwendung der Grundsätze der §§ 28, 29, 77, 78 RStGB. in die entsprechende Freiheitsstrafe umzuwandeln, § 491 StPO.

Anm. 4. Für den Rückfall müssen nach dem zu Anm. 2 Gesagten die Normen des RStGB. nunmehr maßgebend sein; dieselben sind aus den §§ 244, 245 RStGB. dahin zu argumentiren, daß ein Rückfall dann anzunehmen ist, wenn der Mäkler wegen einer der im Art. 69 verbotenen Handlungen im Deutschen Reich bestraft worden ist (nicht nur in Preußen, da die allgemeinen strafrechtlichen Vorschriften für das ganze Reich gelten) und er innerhalb zehn Jahren nach gänzlicher oder theilweiser Verbüßung oder nach gänzlicher oder theilweiser Erlassung dieser Strafe wiederum eine der im Art. 69 verbotenen Handlungen im Deutschen Reiche begeht.

Anm. 5. Da die Entsetzung hiernach als schwerste Strafe anzusehen ist, eine Strafe, die außerhalb des Rahmens des Reichsstrafgesetzbuchs liegt, so erhellt, daß die Mäklerdelikte ursprünglich nicht als Vergehen, welche durch eine öffentliche Strafe zu sühnen, sondern als Disziplinarvergehen gedacht sind; ein Grund mehr für den oben S. 37 gemachten Vorschlag, die Entscheidung über diese Vergehen der öffentlichen Strafrechtspflege zu entziehen und sie entweder rein kaufmännischen Gerichten oder den Kammern für Handelssachen zu übertragen.

Anm. 6. Nach § 266 RStGB. werden Mäkler wegen Untreue mit Gefängniß, neben welchem auf Verlust der bürgerlichen Ehrenrechte erkannt werden kann, bestraft, wenn sie bei den ihnen übertragenen Geschäften absichtlich diejenigen benachtheiligen, deren Geschäfte sie besorgen. Nur bei denjenigen Handlungen, welche Nr. 1 und Nr. 5 des Art. 69 verbieten, ist eine ideale Konkurrenz mit dem Delikt der Untreue denkbar, weil nur eben diese Handlungen, wie die Untreue, einen Vertrauensbruch gegen den Auftraggeber enthalten können; so also: wenn der Mäkler, welcher den Auftrag zur Vermittelung eines Geschäfts erhält, dieses Geschäft in sich selbst macht, um dem Auftraggeber einen anderen, demselben vortheilhafteren Geschäftsabschluß zu entziehen, oder wenn der Mäkler über ein ihm aufgetragenes Geschäft wider den Willen des Auftraggebers in weiteren Kreisen Mittheilungen macht, um durch die Veröffentlichung die Interessen seines Auftraggebers zu schädigen; in allen diesen Fällen reicht jedoch die Absicht, den Auftraggeber zu schädigen, noch nicht aus, um die Bestrafung wegen Untreue zu ermöglichen; es muß auch eine wirkliche Schädigung eingetreten, ein wirklicher Nachtheil im Vermögen des Auftraggebers eben durch die treulose Handlung verursacht sein. Bei einem solchen Zusammenwirken des einfachen Verstoßes gegen die Mäklervorschriften mit einem Vertrauensmißbrauch und der dadurch beabsichtigten und wirklich erfolgten Vermögensbeschädigung des Auftraggebers gelangen nicht die Strafen des § 5 Art. 9 Einf.Ges., sondern nur § 266 RStGB. zur Anwendung. (§ 73 RStGB.) Der Dolus des Thäters muß nicht nur, wie das Reichsgericht (Str. I. 330) aus dem Ausdruck „absichtlich" in Nr. 3 Abs. 1 § 266 entnimmt, darauf gerichtet sein, im Bewußtsein der Rechtswidrigkeit der Handlung das Vertrauen des Auftraggebers zu mißbrauchen, sondern von vornherein auch darauf, das Vermögen des Auftraggebers zu schädigen. Der bloße Vertrauensmißbrauch ohne beabsichtigte und erfolgte Schädigung des Auftraggebers wird ausreichend durch § 5 Art. 9 Einf.Ges. in Verbindung mit Nr. 1 und 5 Art. 69 HGB. bestraft; dieselben Strafvorschriften reichen aber auch aus zur Bestrafung eines Vertrauensbruchs, der eine nicht beabsichtigte Vermögensschädigung des Auftraggebers zur Folge hat. Denn da der Vertrauensbruch an sich nicht als Untreue strafbar ist, so kann er durch die rein zufällige, vom Thäter auch nicht eventuell gewollte nachtheilige Folge nicht zum Vermögensdelikt werden. Die Untreue hat mit allen anderen Vermögensdelikten des Reichsstrafgesetzbuchs das wesentliche Merkmal gemein, daß der Dolus des Thäters von vornherein auf eine Schädigung des Vermögens eines Anderen gerichtet sein muß. Vgl. Merkel, Krim. Abhandl. II § 7 S. 129. Ist demnach eine Schädigung zwar erfolgt, aber nicht beabsichtigt gewesen, so fehlt ein wesentliches Merkmal im Thatbestand der Untreue, und die Handlung ist als Untreue nicht zu bestrafen. Dagegen ist es wiederum nicht erforderlich, daß der Thäter mit der Absicht zu schädigen auch die Absicht der Bereicherung seiner selbst oder eines Andern verbindet. Es reicht für die Bestrafung des Mäklers wegen Untreue aus, daß der Mäkler durch seinen Vertrauensbruch nur den Andern in dessen Vermögen schädigte und schädigen wollte, ohne daraus für sich selbst irgend welchen Vermögensvortheil zu erstreben. Ergiebt aber das Resultat der Beweisaufnahme, daß der Mäkler die Untreue begangen hat oder nur begangen haben konnte, um sich oder einem Andern einen Vermögensvortheil zu verschaffen, so qualificirt sich das Delikt zu einer erschwerenden Bestrafung, indem neben der Gefängnißstrafe noch auf eine Geldstrafe bis zu dreitausend Mark erkannt werden kann. Doch ist hierbei zu beachten, daß der Vortheil, welchen der Mäkler durch die Untreue erlangte oder erlangen wollte, ein wirklicher Vermögensvortheil sein, und unmittelbar aus der Vermögensschädigung des Andern fließen muß. Ist diese unmittelbare Wechselwirkung nicht vorhanden, ergiebt sich vielmehr der Vermögensvortheil des Mäklers zwar aus der Schädigung seines Auftraggebers, aber mittelbar erst durch eine Reihe zwischenliegender Vorgänge, die der Mäkler nicht vorausgesehen und nicht gewollt hat, so ist ihm der wirklich erlangte Vermögensvortheil nicht als erschwerendes Moment zur Strafe zuzurechnen, es müßte denn nachgewiesen werden, daß die Absicht des Mäklers von vornherein auch darauf gerichtet war, durch die Schädigung seines Auftraggebers und durch andere sich hieraus ergebende, ihrer Art nach ihm gleichgültige Zwischenstufen, zu der wirklich erstrebten Bereicherung zu gelangen. — Andrerseits darf der gewollte oder erreichte Vortheil auch nicht ein solcher sein, durch den nur die äußere Stellung des Mäklers, seine Geltung an der Börse (etwa durch Schädigung eines Konkurrenten) gefördert wird, wenn selbst sich hieraus in der weiteren Folge auch eine Bereicherung des Mäklers z. B. durch Ausdehnung seines Geschäftsumfanges ergiebt. Nur die Absicht, welche unmittelbar durch die Schädigung Geld oder Geldeswerth zu erlangen hofft, ist strafbar, und rechtfertigt die Anwendung der schwereren Strafe des Art. 266 Abs. 2. — Wenn durch die begangene Handlung die beabsichtigte Schädigung des Vermögens nicht erreicht wird, so liegt nur ein strafloser Versuch vor, und es gelangen dann die Strafen des § 5 Art. 9 Einf.Ges. zur Anwendung. Mot. S. 269.

Anm. 7. Als solche sind insbesondere für die Mäkler der Börsen von Berlin, Stettin, Königsberg, Danzig, Elbing, Dresden, Leipzig und Bremen in den für diese Städte erlassenen Mäklerordnungen die Pflicht zum regelmäßigen Besuch der Börse, zur Mitwirkung bei der Coursnotirung u. s. w. festgesetzt, und die Verletzung dieser Vorschriften wird durch disziplinare Ordnungsstrafen, welche von den Organen der Kaufmannschaft verhängt werden, gestraft. Die Mäklerordnung für Berlin vom 20. April 1866 bestimmt:

„§ 6. Die Handelsmäkler sind verpflichtet, täglich während der ganzen Dauer der Börsen-Versammlungen in denselben anwesend zu sein, insofern nicht die besondere Natur der Geschäfte, deren Vermittelung einzelne Mäkler betreiben, ihre Dispensation vom Börsenbesuch für immer oder für gewisse Zeiten nach dem Ermessen der Aeltesten der Kaufmannschaft ohne Nachtheil für den Börsenverkehr gestattet. Gesuche wegen Bewilligung einer solchen Dispensation sind bei den Aeltesten der Kaufmannschaft anzubringen, bei denen auch der erforderliche Urlaub nachzusuchen ist, wenn ein Handelsmäkler aus persönlichen Gründen von der Verpflichtung zum Besuch der Börse zeitweise befreit sein will.

§ 7. Nach Beendigung der Börsen-Versammlungen haben die Handelsmäkler in der durch die Börsenordnung festgesetzten Art der Feststellung der in dem amtlichen Courszettel resp. Preiscourant der Berliner Börse zu notirenden Course und Preise mitzuwirken und den von den Aeltesten der Kaufmannschaft ernannten Börsen-Kommissarien, die mit der Feststellung beauftragt sind, alle hierzu nach der Börsenordnung von ihnen zu erfordernden Erklärungen nach bestem Wissen der Wahrheit gemäß zu geben.

Bei ihren Angaben über Course und Preise dürfen sie nur die in ihr Tagebuch eingetragenen, an demselben Tage durch ihre Vermittelung wirklich abgeschlossenen Effektiv-Geschäfte, und zwar bei den Coursen für Fonds, Geldsorten und Wechsel nur Effektiv- und Kassa-Geschäfte, bei den Waarenpreisen, je nachdem es auf effektiv und per cassa gemachte oder auf Lieferungsgeschäfte ankommt, nur die Preise der betreffenden Geschäftsgattung berücksichtigen.

Ergeben sich Zweifel oder Differenzen über die Feststellung der Course oder Preise, so ist der dabei fungirende Börsen-Kommissar eine ausdrückliche protokollarische Erklärung der Handelsmäkler über ihre Angaben auf ihren Amtseid zu erfordern und nach seinem Ermessen auch später die Richtigkeit derselben durch Einsicht der Tagebücher der Handelsmäkler oder in anderer Weise zu prüfen befugt.

Handelsmäkler, welche bei Feststellung der Course oder Preise Ordnung, Ruhe oder Anstand verletzen oder sich den Anordnungen des Börsen-Kommissars nicht fügen, ist der letztere hinauszuweisen berechtigt.

§ 11. Die Handelsmäkler stehen unter der Aufsicht und Disziplin der Aeltesten der Kaufmannschaft, welche bei deren Handhabung der Königlichen Regierung zu Potsdam unmittelbar untergeordnet sind.

Verletzungen der Pflichten, welche den Handelsmäklern nach den Bestimmungen des Handelsgesetzbuchs und der gegenwärtigen Mäklerordnung obliegen, werden, insofern nicht nach den Vorschriften des Strafrechts oder des Art. 9 § 5 des Einführungsgesetzes zum Handelsgesetzbuch ein gerichtliches Strafverfahren stattfindet, von den Aeltesten der Kaufmannschaft disziplinarisch gerügt. Disziplinarstrafen kommen insbesondere zur Anwendung, wenn ein Handelsmäkler ohne genügende Entschuldigung und ohne Dispens oder Urlaub die Börsenversammlungen oder die Feststellungen der Course oder Preise versäumt oder aus Fahrlässigkeit bei dieser Feststellung unrichtige Angaben macht.

Diese Strafen sind je nach der Schwere des Disziplinarvergehens:

1) Verweis oder
2) Geldbuße bis zu sechszig Mark, deren Betrag zur Unterstützungskasse der Kaufmannschaft fließt.

Der Betheiligte ist mit seiner Vertheidigung von einer aus zwei Mitgliedern und dem Syndikus oder drei Mitgliedern der Aeltesten bestehenden Kommission zu hören, bei seinem Ausbleiben aber ist nach Lage der Sache in contumaciam zu verfahren. Die Strafe ist durch Beschluß der Aeltesten mit Angabe der Gründe festzusetzen. Vorladung und Mittheilung des Beschlusses erfolgen in schriftlicher Ausfertigung; an denjenigen, dessen Aufenthalt etwa unbekannt ist, durch Aushang an der Börse während zehn Tagen.

Gegen die Entscheidung der Aeltesten steht dem Betheiligten der Rekurs an die Königliche Regierung zu Potsdam binnen einer zehntägigen präklusivischen Frist offen, welche mit dem Tage der Behändigung der Ausfertigung des Beschlusses, bei Abwesenden, deren Aufenthalt unbekannt ist, mit dem ersten Tage des Aushangs an der Börse, zu laufen anfängt.

Durch den Rekurs wird die Vollstreckung des Beschlusses aufgehalten."

Goldschmidt Zschr. f. Hdr. X. 535. Aehnlich Mäklerordnung für Danzig vom 27. Sept. 1865, Zschr. f. Hdr. X. 119; für Königsberg und Memel vom 12. Juni 1865, Zschr. f. Hdr. IX. 334; für Bremen vom 3. Mai 1867 nebst Regulativ vom 4. Dezember 1867, Zschr. f. Hdr. XVI. 124; für Leipzig vom 28. März 1870, Zschr. f. Hdr. XV. 507; für Dresden vom 5. Dezember 1874, Zschr. f. Hdr. XX. 534. 552.

# Zweites Buch.

# Von den Handelsgesellschaften.

## Erster Titel.

## Von der offenen Handelsgesellschaft.

### Erster Abschnitt.

### Von der Errichtung der Gesellschaft.

#### Art. 85.

Eine offene Handelsgesellschaft ist vorhanden, wenn zwei oder mehrere Personen ein Handelsgewerbe unter gemeinschaftlicher Firma betreiben und bei keinem der Gesellschafter die Betheiligung auf Vermögenseinlagen beschränkt ist. [1])

Zur Gültigkeit des Gesellschaftsvertrages [2]) bedarf es der schriftlichen Abfassung oder anderer Förmlichkeiten nicht.

Zu Art. 85.

Anm. 1. Begriffserfordernisse der offenen Handelsgesellschaft sind: Führung einer gemeinschaftlichen Firma und Nichtbeschränkung der Betheiligung der Gesellschafter auf Vermögenseinlagen, ROHG. II. 424, XIII. 143, 285; R.G. Civils. V. 53.

Anm. 2. Zur Begründung der offenen Handelsgesellschaft bedarf es eines hierauf gerichteten (formlosen) Vertrages; die Fortsetzung der Firma eines Einzelkaufmanns durch dessen Wittwe und die mit ihr in fortgesetzter Gütergemeinschaft lebenden Kinder ist nicht Errichtung einer Handelsgesellschaft, ROHG. XXIII. 167, XI. 101, ebensowenig die Fortsetzung der Firma durch mehrere Erben, R.G. Civils. X. 103, wenn nicht die Erben zum Zweck der Begründung der Societät einen neuen Vertrag schließen. In diesen Fällen kann also der Registerrichter die Betheiligten zur Anmeldung durch Ordnungsstrafen nicht anhalten.

#### Art. 86.

Die Errichtung einer offenen Handelsgesellschaft ist von den Gesellschaftern [1]) bei dem (Handels-) Amtsgerichte, in dessen Bezirk die Gesellschaft ihren Sitz [2]) hat, und bei jedem (Handels-) Amtsgerichte, in dessen Bezirk sie eine Zweigniederlassung [3]) hat, Behufs der Eintragung [4]) in das Handelsregister anzumelden [5]).

Die Anmeldung muß enthalten:

1) den Namen, Vornamen[6]), Stand und Wohnort[7]) jedes Gesellschafters;
2) die Firma[8]) der Gesellschaft und den Ort, wo sie ihren Sitz hat;
3) den Zeitpunkt, mit welchem die Gesellschaft begonnen hat[9]);
4) im Fall vereinbart ist, daß nur einer oder einige der Gesellschafter die Gesellschaft vertreten sollen, die Angabe, welcher oder welche dazu bestimmt sind, ingleichen, ob das Recht nur in Gemeinschaft ausgeübt werden soll.

## Zu Art. 86.

Anm. 1. Von sämmtlichen Gesellschaftern, auch von den von der Geschäftsführung ausgeschlossenen, Art. 88 HGB.

Anm. 2. wo der Mittelpunkt ihrer geschäftlichen Beziehungen ist, vgl. Anm. 2 zu Art. 19. Dieser Ort kann verschieden sein von dem Orte des Handelsgerichts, sofern der Bezirk des Handelsgerichts mehrere Ortschaften umfaßt.

Anm. 3. Ueber Zweigniederlassung vgl. Anm. 1 zu Art. 21. Die Anmeldung zur Eintragung in das Handelsregister der Zweigniederlassung soll nicht eher erfolgen, als bis die Eintragung in das Register der Hauptniederlassung geschehen ist, § 34 Instr. v. 12. Dezember 1861.

Anm. 4. Die Eintragung liegt dem Richter ob; nur die Anmeldung zur Eintragung ist Pflicht der Gesellschafter, obwohl dennoch der Anmeldende Dritten gegenüber für falsche Eintragungen des Richters trotz richtiger Anmeldnng haftbar ist. ROHG. XXIII. 280 ff.

Anm. 5. unverzüglich nach Errichtung der Gesellschaft, da die ratio der gesetzlichen Bestimmungen für die Registereintragungen verlangt, daß das Publikum bald bei Beginn einer Gesellschaft diejenigen Aufklärungen erhalte, welche das Register gewähren soll, Prot. S. 983. Bei der Anmeldung bedarf es der Ueberreichung oder der Verlautbarung des Gesellschaftsvertrages oder einer anderen Urkunde oder einer näheren Darlegung des Sach- und Rechtsverhältnisses nicht. § 52 Abs. 2 Instr. vom 12. Dezember 1861.

Anm. 6. Ueber Namen und Vornamen vgl. Anm. 2 zu Art. 16.

Anm. 7. Wenn ein Gesellschafter mehrere Domizile hat, so muß er sämmtliche Domizile angeben; ein bloßer Aufenthaltsort, selbst wenn er ständig auf mehrere Monate zum Aufenthalt dient (z. B. ein ständiger Sommeraufenthalt), bedarf der Erwähnung nicht. Der Aufenthaltsort wird aber zum Wohnort, wenn an demselben ein größerer Komplex der Geschäfte einer Person dauernd auch während deren Abwesenheit betrieben wird. Ein doppeltes Domizil ist hiernach schon vorhanden, wenn ein Kaufmann außerhalb des Ortes, wo er sein Geschäft betreibt, ein Landgut mit umfangreichem Wirthschaftsbetriebe besitzt.

Anm. 8. Die Firma der Zweigniederlassung muß natürlich mit der Firma der Hauptniederlassung gleichlauten, sofern nicht an dem Ort der Zweigniederlassung bereits eine gleichlautende eingetragene Firma besteht; in diesem Fall bedarf die Firma der Zweigniederlassung eines unterscheidenden Zusatzes, Art. 20 HGB. Doch würde es nicht genügen, wenn z. B. die Firma A. W. Schulze & Co. in Berlin, welche in Cüstrin eine Zweigniederlassung gegründet hat, zur Unterscheidung von einer dort bereits bestehenden gleichlautenden Firma nunmehr firmiren wollte: „Handelsgesellschaft A. W. Schulze & Co.", denn daß die Firma A. W. Schulze & Co. eine Handelsgesellschaft ist, folgt aus der Wortfassung von selbst; die Hinzufügung des Wortes „Handelsgesellschaft" würde daher nur ein auch in der alten, bereits bestehenden Firma bereits benanntes Rechtsverhältniß nochmals ausdrücklich bezeichnen, nicht aber in die Firma der Zweigniederlassung ein neues, sie von der alten, bereits bestehenden Firma unterscheidendes Merkmal hineintragen. Ebenso unzulässig aber wäre es auch, wenn in der Firma der Zweigniederlassung zur Unterscheidung von der bereits bestehenden gleichlautenden das Gesellschaftsverhältniß nicht benannt werden sollte; dies würde der Vorschrift des Art. 17 HGB. widersprechen. Dagegen erscheint es zur Unterscheidung hinreichend, wenn die Zweigniederlassung firmirt: „A. W. Schulze & Co., Zweigniederlassung in Cüstrin".

Anm. 9. Dieser ist nicht identisch mit dem Zeitpunkt der Eintragung; denn die Gesellschaft beginnt mit dem Augenblick des Vertragabschlusses oder, falls ein ausdrücklicher Vertrag nicht vorhanden ist, mit dem Zeitpunkt, wo zwei oder mehrere Personen unter gemeinschaftlichem Namen ein Handelsgeschäft abschließen in der Absicht, den Betrieb solcher Handelsgeschäfte unter gemeinschaftlichem Namen und ohne Beschränkung der Betheiligung auf die Vermögenseinlagen auf unbestimmte Zeit fortzusetzen.

## Art. 87.

Wenn die Firma einer bestehenden Gesellschaft geändert oder der Sitz der Gesellschaft an einen andern Ort verlegt wird, oder wenn neue Gesellschafter in dieselbe eintreten, oder wenn einem Gesellschafter die Befugniß, die Gesellschaft zu vertreten (Art. 86 Ziffer 4) nachträglich ertheilt, oder wenn eine solche Befugniß aufgehoben wird, so sind diese Thatsachen bei dem (Handels-) Amtsgerichte Behufs der Eintragung in das Handelsregister anzumelden [1]).

Bei der Aenderung der Firma, bei der Verlegung des Sitzes der Gesellschaft und bei der Aufhebung der Vertretungsbefugniß richtet sich die Wirkung gegen Dritte in den Fällen der geschehenen oder der nicht geschehenen Eintragung und Bekanntmachung nach den Bestimmungen des Artikels 25.

### Zu Art. 87.

Anm. 1. Die Anmeldungen haben auch hier von sämmtlichen, auch den von den Vertretung ausgeschlossenen Gesellschaftern zu erfolgen; es bedarf aber hier gleichfalls weder der Beibringung einer bezüglichen Urkunde, noch der näheren Darlegung des Sach- und Rechtsverhältnisses. § 56 Instr. vom 12. Dezember 1861.

Nur wenn ein Gesellschafter gestorben oder zur selbstständigen Vermögensverwaltung rechtlich unfähig geworden ist, liegt die durch Ordnungsstrafen zu erzwingende Pflicht der Anmeldung nicht den übrigen Gesellschaftern, sondern seinen Erben oder gesetzlichen Vertretern ob. Diese haben auch ihre Legitimation nachzuweisen, falls dieselbe einem Bedenken unterliegen sollte. § 59 Instr. vom 12. Dezember 1861.

## Art. 88.

Die Anmeldungen (Art. 86, 87) müssen von allen Gesellschaftern persönlich vor dem (Handels-) Amtsgerichte unterzeichnet, oder in beglaubigter Form eingereicht werden. Sie sind ihrem ganzen Inhalte nach in das Handelsregister einzutragen [1]).

Die Gesellschafter, welche die Gesellschaft vertreten sollen, haben die Firma nebst ihrer Namensunterschrift persönlich vor dem (Handels-) Amtsgerichte zu zeichnen oder die Zeichnung desselben in beglaubigter Form einzureichen [2]).

### Zu Art. 88.

Anm. 1. und ihrem ganzen Inhalt nach zu veröffentlichen, Art. 13, 14 HGB.

Anm. 2. Vgl. Art. 4 Pr. Einf.Ges. und S. 6 ff. Keyßner, Zeitschr. f. Handelsr. XIV. 147; Deutsches Handelsblatt von 1876 S. 29.

## Art. 89.

Das (Handels-) Amtsgericht hat die Betheiligten [1]) zur Befolgung der vorstehenden Anordnungen (Artikel 86—89) von Amtswegen durch Ordnungsstrafen anzuhalten. [2])

### Zu Art. 89.

Anm. 1. Betheiligte sind nur diejenigen Gesellschafter, welche mit der Anmeldung im Verzuge sind, die übrigen, welche der Pflicht zur Anmeldung vorschriftsmäßig genügt haben, sind von der Ordnungsstrafe selbstverständlich befreit, da strafrechtlich eine Solidarität der Verantwortlichkeit für die Handlungen eines Andern nur in den von den Strafgesetzen ausdrücklich benannten Fällen zulässig ist. Vergl. Anschütz und v. Völderndorff a. a. O. II S. 115.

Anm. 2. Das Verfahren ist das S. 8 ff. dargestellte, Art. 5 § 1 Pr. Einf.Ges.

## Vierter Abschnitt.

# Von der Auflösung der Gesellschaft und dem Austreten einzelner Gesellschafter aus derselben.

### Art. 125.

Ein Gesellschafter kann die Auflösung der Gesellschaft vor Ablauf der für ihre Dauer bestimmten Zeit oder bei Gesellschaften von unbestimmter Dauer ohne vorgängige Aufkündigung verlangen, sofern hierzu wichtige Gründe vorhanden sind.

Die Beurtheilung, ob solche Gründe anzunehmen sind, bleibt im Falle des Widerspruchs dem Ermessen des Richters überlassen.

Die Auflösung kann insbesondere ausgesprochen werden:

1) wenn durch äußere Umstände die Erreichung des gesellschaftlichen Zwecks unmöglich wird;
2) wenn ein Gesellschafter bei der Geschäftsführung oder bei der Rechnungslegung unredlich verfährt;
3) wenn ein Gesellschafter die Erfüllung der ihm obliegenden wesentlichen Verpflichtungen unterläßt;
4) wenn ein Gesellschafter die Firma oder das Vermögen der Gesellschaft für seine Privatzwecke mißbraucht;
5) wenn ein Gesellschafter durch anhaltende Krankheit oder aus anderen Ursachen zu den ihm obliegenden Geschäften der Gesellschaft unfähig wird.

### Art. 126.

Hat ein Privatgläubiger eines Gesellschafters nach fruchtlos vollstreckter Exekution in dessen Privatvermögen die Exekution in das dem Gesellschafter bei dereinstiger Auflösung der Gesellschaft zukommende Guthaben erwirkt, so ist er berechtigt, es mag die Gesellschaft auf bestimmte oder auf unbestimmte Dauer eingegangen sein, Behufs seiner Befriedigung nach vorher von ihm geschehener Aufkündigung die Auflösung der Gesellschaft zu verlangen.

Die Aufkündigung muß mindestens sechs Monate vor Ablauf des Geschäftsjahres der Gesellschaft geschehen.

### Art. 127.

Wenn die Gesellschafter vor der Auflösung der Gesellschaft übereingekommen sind, daß, ungeachtet des Ausscheidens eines oder mehrerer Gesellschafter, die Gesellschaft unter den übrigen fortgesetzt werden soll, so endigt die Gesellschaft nur in Beziehung auf den Ausscheidenden; im Uebrigen besteht sie mit allen ihren bisherigen Rechten und Verbindlichkeiten fort.

### Art. 128.

Wenn die Auflösung der Gesellschaft aus Gründen gefordert werden darf, welche in der Person eines Gesellschafters liegen (Art. 125.), so kann anstatt derselben auf Ausschließung dieses Gesellschafters erkannt werden, sofern die sämmtlichen übrigen Gesellschafter hierauf antragen.

### Art. 129.

Die Auflösung der Gesellschaft muß, wenn sie nicht in Folge der Eröffnung des Konkurses über die Gesellschaft geschieht, in das Handelsregister eingetragen werden. [1])

Diese Eintragung muß selbst dann geschehen, wenn die Gesellschaft durch Ablauf der Zeit, für welche sie eingegangen war, beendigt wird.[2])

Gleich der Auflösung der Gesellschaft muß auch das Ausscheiden oder die Ausschließung[3]) eines Gesellschafters aus der Gesellschaft in das Handelsregister eingetragen werden.

Das (Handels=) Amtsgericht hat die Betheiligten[4]) zur Anmeldung dieser Thatsachen von Amtswegen durch Ordnungsstrafen anzuhalten.[5])

**Dritten Personen kann die Auflösung der Gesellschaft oder das Ausscheiden oder die Ausschließung eines Gesellschafters aus derselben nur insofern entgegengesetzt werden, als hinsichtlich einer solchen Thatsache die Voraussetzungen vorhanden sind, unter welchen nach Art. 25 hinsichtlich des Erlöschens der Firma oder der Aenderung ihrer Inhaber die Wirkuug gegen Dritte eintritt.**

### Zu Art. 129.

Anm. 1. ROHG. II. 172, XVIII. 340. — War die Handelsgesellschaft vor ihrer Auflösung überhaupt noch nicht in das Handelsregister eingetragen, so kann zum Zweck der Eintragung der Auflösung noch nachträglich die Eintragung ihrer Errichtung stattfinden. ROHG. XXII. 204, XXIII. 237.

Anm. 2. nicht aber, wenn die auf bestimmte Zeit eingegangene Handelsgesellschaft, welche an sich mit Ablauf der Zeit aufgelöst werden mußte, stillschweigend fortgesetzt wird; denn dann ist thatsächlich eine Auflösung nicht vorhanden. Prot. 239. Vgl. Makower N. 13 zu Art. 129.

Anm. 3. nicht aber schon die bloße Aufkündigung, Zeitschr. f. Handelsr. XX. 616; XXII. 305.

Anm. 4. Zur Anmeldung verpflichtet und im Unterlassungsfall der Ordnungsstrafe unterworfen sind sämmtliche Gesellschafter, arg. Art. 88 HGB.; auch der ausscheidende oder ausgeschlossene Gesellschafter; denn die Pflicht, die wesentlichen Veränderungen, welche die Gesellschaft betreffen, durch das Register dem Publikum bekannt zu geben, ist für ihn mit seiner Eintragung als Gesellschafter begründet, und dauert fort bis zur Eintragung des Ausscheidens oder der Ausschließung. Da aber das thatsächliche Ausscheiden oder die thatsächliche Ausschließung der Eintragung dieser Thatsachen nothwendig hervorgeht, der ausgeschiedene oder ausgeschlossene Gesellschafter also zur Zeit dieser Ereignisse noch eingetragener Gesellschafter ist, so besteht auch für ihn die Pflicht der Anmeldung, und durch Verletzung derselben verfällt er der Ordnungsstrafe. Wenn es daher auch dem Registerrichter nach § 58 Instr. vom 12. Dezember 1861 gestattet ist, auf Grund von Anmeldungen einzelner Gesellschafter die Eintragung anzuordnen, so werden dadurch diejenigen Gesellschafter, welche sich an der Anmeldung nicht betheiligt haben, von der Ordnungsstrafe nicht befreit.

Anm. 5. Ueber das Verfahren s. S. 8 ff. Art. 5 § 1 Pr. Einf. Ges.

## Fünfter Abschnitt.
## Von der Liquidation der Gesellschaft.

Art. 133.

Nach Auflösung der Gesellschaft außer dem Fall des Konkurses derselben erfolgt die Liquidation, sofern diese nicht durch einstimmigen Beschluß der Gesellschafter oder durch den Gesellschaftsvertrag einzelnen Gesellschaftern oder anderen Personen übertragen ist, durch die sämmtlichen bisherigen Gesellschafter oder deren Vertreter als Liquidatoren. Ist einer der Gesellschafter gestorben, so haben dessen Rechtsnachfolger einen gemeinschaftlichen Vertreter zu bestellen.

Auf den Antrag eines Gesellschafters kann aus wichtigen Gründen die Ernennung von Liquidatoren durch den Richter erfolgen. Der Richter kann in einem solchen Falle Personen zu Liquidatoren ernennen oder als solche beiordnen, welche nicht zu den Gesellschaftern gehören.

Art. 134.

Die Abberufung von Liquidatoren geschieht durch einstimmigen Beschluß aller Gesellschafter; sie kann auch auf den Antrag eines Gesellschafters aus wichtigen Gründen durch den Richter erfolgen.

### Art. 135.

Die Liquidatoren sind von den Gesellschaftern beim (Handels-) Amtsgerichte zur Eintragung in das Handelsregister anzumelden[1]); sie haben ihre Unterschrift persönlich vor dem (Handels-) Amtsgerichte zu zeichnen oder die Zeichnung in beglaubigter Form einzureichen[2]).

Das Austreten eines Liquidators oder das Erlöschen der Vollmacht eines solchen ist gleichfalls zur Eintragung in das Handelsregister anzumelden.

Die Gesellschafter[3]) sind zur Befolgung dieser Vorschriften von Amtswegen durch Ordnungsstrafen anzuhalten[4]).

Dritten Personen kann die Ernennung von Liquidatoren, sowie das Austreten eines Liquidators oder das Erlöschen der Vollmacht eines solchen nur insofern entgegengesetzt werden, als hinsichtlich dieser Thatsachen die Voraussetzungen vorhanden sind, unter welchen nach Art. 25 und 46 hinsichtlich einer Aenderung der Inhaber einer Firma oder des Erlöschens einer Prokura die Wirkung gegen Dritte eintritt.

### Zu Art. 135.

Anm. 1. Sind keine besonderen Liquidatoren ernannt oder bestellt, so sind die sämmtlichen Gesellschafter der aufgelösten Gesellschaft, auch die bisher von der Geschäftsführung ausgeschlossenen, nunmehr Liquidatoren, Art. 133 HGB., und sind als solche von Neuem in das Handelsregister einzutragen. Prot. 1073, 1050. §. 58 Instr. vom 12. Dezember 1861. R.O.H.G. X. 440. a. M. Keyßner, Zeitschr. f. Handelsr. X. 329 ff., XXII. 311, 312.

Anm. 2. Art. 4. Pr. Einf.Ges. (vgl. S. 6 ff.). Durch Ordnungsstrafen können aber hierzu die Liquidatoren nicht gezwungen werden. Weigert sich ein Liquidator, seine Unterschrift persönlich zu zeichnen oder sie in beglaubigter Form zu übergeben, so richtet sich die deshalb zu verhängende Ordnungsstrafe gegen die Gesellschafter.

Anm. 3. Die Gesellschafter allein, niemals die Liquidatoren sind den Ordnungsstrafen unterworfen. Vgl. Keyßner, Kommentar N. 1 zu Art. 135. a. M. Spiller, der Handelsrichter S. 12. Ist ein Gesellschafter oder sämmtliche gestorben oder handlungsunfähig geworden, so geht die Pflicht zur Anmeldung der Liquidation bei Vermeidung der Ordnungsstrafen auf die Erben oder Vertreter über.

Auch der vom Richter bestellte Liquidator muß noch von mindestens einem Gesellschafter angemeldet werden. Keyßner, Zeitschr. f. Handelsr. X. 392.

## Zweiter Titel.

## Von der Kommanditgesellschaft.

### Erster Abschnitt.

### Von der Kommanditgesellschaft im Allgemeinen.

#### Art. 150.

Eine Kommanditgesellschaft ist vorhanden, wenn bei einem unter einer gemeinschaftlichen Firma betriebenen Handelsgewerbe ein oder mehrere Gesellschafter sich nur mit Vermögenseinlagen betheiligen (Kommanditisten), während bei einem oder mehreren andern Gesellschaftern die Betheiligung nicht in dieser Weise beschränkt ist (persönlich haftende Gesellschafter).

Sind mehrere persönlich haftende Gesellschafter vorhanden, so ist in Ansehung ihrer die Gesellschaft zugleich eine offene Gesellschaft [1]).

Zur Gültigkeit des Gesellschaftsvertrages bedarf es der schriftlichen Abfassung nicht.

#### Zu Art. 150.

Anm. 1. Für die Anwendung des Ordnungsstrafverfahrens aber sind nur die Vorschriften dieses Titels maßgebend; die Bestimmung des Absatz 2, daß die persönlich haftenden Gesellschafter unter sich eine offene Gesellschaft bilden, hat nur civilrechtliche Wirkung.

#### Art. 151.

Die Errichtung einer Kommanditgesellschaft ist von sämmtlichen Gesellschaftern [1]) bei dem (Handels-) Amtsgerichte, in dessen Bezirk die Gesellschaft ihren Sitz hat, Behufs der Eintragung in das Handelsregister anzumelden.

Die Anmeldung muß enthalten:

1) den Namen, Vornamen[2]), Stand und Wohnort[3]) jedes persönlich haftenden Gesellschafters;
2) den Namen, Vornamen, Stand und Wohnort jedes Kommanditisten mit der Bezeichnung desselben als solchen;
3) die Firma der Gesellschaft und den Ort, wo sie ihren Sitz hat;
4) den Betrag der Vermögenseinlage[4]) jedes Kommanditisten.

Die Anmeldung muß von allen[5]) Gesellschaftern persönlich vor dem (Handels-) Amtsgerichte unterzeichnet oder in beglaubigter Form eingereicht werden; sie ist nach ihrem ganzen Inhalte in das Handelsregister einzutrageu. Bei der Bekanntmachung der Kommanditgesellschaft in den öffentlichen Blättern (Art. 13) unterbleibt die Angabe des Namens, des Standes und des Wohnorts der Kommanditisten, sowie die Angabe des Betrages ihrer Vermögenseinlagen.

### Zu Art. 151.

Anm. 1. auch von den Kommanditisten — Prot. 293, Endemann a. a. O. S. 221 N. 10, — doch können diese durch Ordnungsstrafen nicht gezwungen werden, da Art. 154 HGB. die Anwendung der Ordnungsstrafen nur gegen die persönlich haftenden Gesellschafter gestattet.

Anm. 2. Ueber Namen und Vornamen s. S. 21. 22.

Anm. 3. Ueber Wohnort s. Anm. 2 zu Art. 19.

Anm. 4. Unter Vermögenseinlage ist nicht nur die Einlage baaren Geldes, sondern jede Einbringung geldwerther Gegenstände, welche zu einer bestimmten Taxe aufgenommen sind, zu verstehen.

Anm. 5. Auch von den Kommanditisten; vgl. im Uebrigen Anm. 1.

## Art. 152.

Bei jedem (Handels-) Amtsgerichte, in dessen Bezirk die Kommanditgesellschaft eine Zweigniederlassung[1]) hat, muß dies Behufs der Eintragung in das Handelsregister angemeldet werden[2]).

Die Anmeldung muß die in Art. 151 Ziffer 1—4 bezeichneten Angaben enthalten, und von sämmtlichen persönlich haftenden Gesellschaftern[3]) vor dem (Handels-) Amtsgericht unterzeichnet oder in beglaubigter Form[4]) eingereicht werden.

### Zu Art. 152.

Anm. 1. Ueber Zweigniederlassung s. Anm. 1 zu Art. 21.

Anm. 2. Die Zweigniederlassung soll auch bei dem Register der Hauptniederlassung angemeldet werden. Die Unterlassung dieser Anmeldung zieht aber keine Ordnungsstrafe nach sich. Rudorff a. a. O. S. 239.

Anm. 3. nicht auch von den Kommanditisten.

Anm. 4. Art. 4 Pr. Einf.Ges. vgl. S. 6 ff.

## Art. 153.

Die persönlich haftenden Gesellschafter, welche die Gesellschaft vertreten sollen [1]), haben die Firma nebst ihrer Namensunterschrift persönlich vor dem (Handels-) Amtsgericht, in dessen Bezirk die Gesellschaft ihren Sitz hat, und vor jedem (Handels-) Amtsgericht, in dessen Bezirk sie eine Zweigniederlassung hat, zu zeichnen oder die Zeichnung in beglaubigter Form einzureichen [2]).

### Zu Art. 153.

Anm. 1. Nicht zur Zeichnung verpflichtet sind demnach die Kommanditisten und diejenigen persönlich haftenden Gesellschafter, welche von der Vertretung ausgeschlossen sind; die Ausschließung einzelner persönlich haftender Gesellschafter von der Vertretung ist zulässig, da die Kommanditgesellschaft in Ansehung ihrer persönlich haftenden Gesellschafter wie eine offene Gesellschaft behandelt wird. (Art. 152, 99 HGB.)

Anm. 2. Art. 4 Pr. Einf.Ges. Vgl. S. 6 ff.

## Art. 154.

Das (Handels-) Amtsgericht hat die persönlich haftenden Gesellschafter [1]) zur Befolgung der in den Art. 151, 152 und 153 enthaltenen Vorschriften von Amtswegen durch Ordnungsstrafen anzuhalten. [2])

### Zu Art. 154.

Anm. 1. Die Kommanditisten sind also selbst dann den Ordnungsstrafen nicht unterworfen, wenn sie die in diesen Artikeln (Art. 151) ihnen vorgeschriebenen Obliegenheiten nicht erfüllen. Vielmehr richten sich in diesen Fällen, also bei Zuwiderhandlungen der Kommanditisten die Ordnungsstrafen auch gegen die persönlich haftenden Gesellschafter, einschließlich der von der Vertretung ausgeschlossenen, obwohl ein eigenes Vergehen der persönlich haftenden Gesellschafter nicht vorliegt. Es ist dies eine Vermischung civiler und krimineller Verantwortlichkeit, die sich darin rechtfertigt, daß den persönlich haftenden Gesellschaftern die Vertretung der Rechte und Pflichten der Gesellschaft und der Gesellschafter in allen Beziehungen auferlegt werden soll. — Daß im Fall des Art. 153 HGB. die Ordnungsstrafe nur diejenigen persönlich haftenden Gesellschafter trifft, welche die Gesellschaft vertreten sollen, ist selbstverständlich, weil nur diese die Zuwiderhandlung gegen Art. 153 begehen können.

Anm. 2. Art. 5 Pr. Einf.Ges. Vgl. S. 8 ff. über das Verfahren.

## Art. 155.

Wenn die Firma einer bestehenden[1]) Kommanditgesellschaft geändert[2]) oder der Sitz der Gesellschaft an einen anderen Ort verlegt wird, so sind diese Thatsachen von sämmtlichen[3]) Gesellschaftern in der durch Art. 151 bestimmten Weise Behufs der Eintragung in das Handelsregister anzumelden. Das (Handels-) Amtsgericht hat die persönlich haftenden Gesellschafter[4]) zur Befolgung dieser Anordnung von Amtswegen durch Ordnungsstrafen anzuhalten.[5])

Bei der Bekanntmachung kommt in Betreff der Kommanditisten die Vorschrift des Art. 151 zur Anwendung.

Die Wirkung gegen Dritte richtet sich nach den Bestimmungen des Art. 25.

### Zu Art. 155.

Anm. 1. und eingetragenen.

Anm. 2. Unter Aenderung der Firma ist auch die Hinzufügung einer neuen Bezeichnung, wie „Nachf.", „Gebr.", „Erben" zu der alten Firma zu begreifen. — Ob die Gesellschafter selbst wechseln, ist in der Regel für die Aenderung der Firma ohne Bedeutung. Art. 22. 24 HGB.

Anm. 3. auch von den Kommanditisten und von den von der Vertretung ausgeschlossenen persönlich haftenden Gesellschaftern, §. 61 Ziff. 5 Instr. v. 12. Dezember 1861.

Anm. 4. auch die von der Vertretung ausgeschlossenen persönlich haftenden Gesellschafter, vgl. Anm. 1 zu Art. 154.

Anm. 5. Art. 5 Pr. Einf.Ges. Vgl. S. 8 über das Verfahren.

## Art. 156.

Wenn in eine bestehende Kommanditgesellschaft ein neuer Kommanditist eintritt[1]), so muß dies von sämmtlichen[2]) Gesellschaftern znr Eintragung in das Handelsregister und zur Bekanntmachung nach den Bestimmungen des Art. 151 angemeldet werden.[3])

### Zu Art. 156.

Anm. 1. Dem Neueintritt eines Kommanditisten steht es gleich, wenn ein bereits der Gesellschaft angehöriger und ins Handelsregister eingetragener Kommanditist seine Einlage erhöht, ROHG. XXV. 117. Denn der Kommanditist interessirt in seiner rechtlichen Stellung der Gesellschaft und Dritten gegenüber nicht als Person, sondern nur durch das und in Höhe des von ihm eingelegten Kapitals. Dritten gegenüber tritt der Kommanditist mit seiner Person ganz hinter seine Einlage zurück; die Einlage vice personae fungitor; wenn daher die Einlage vermehrt und somit verändert wird, so entsteht, trotz des Verbleibens der Person des Kommanditisten, ein neuer Kommanditistenantheil für die Gesellschaft, der aus demselben Grunde, welcher die Eintragung des neuen Kommanditisten verlangt, der Eintragung bedarf. — Doch ist unter Vermehrung der Einlage nur die Vermehrung der ursprünglichen im Register eingetragenen Kommanditisteneinlage zu verstehen, nicht die Ergänzung der durch Verlust verminderten Einlage auf den ursprünglichen eingetragenen Betrag. Art. 165 Abs. 4 HGB., vgl. v. Hahn a. a. O. § 3 zu Art. 156.

Anm. 2. Den persönlich haftenden und den Kommanditisten.

Anm. 3. Die Ordnungsstrafe trifft nur sämmtliche persönlich haftende Gesellschafter.

## Art. 171.

Wenn eine Kommanditgesellschaft aufgelöst wird, oder wenn ein Kommanditist mit seiner ganzen Einlage oder mit einem Theile derselben ausscheidet [1]), so müssen diese Thatsachen in das Handelsregister eingetragen werden.

Bei der Bekanntmachung unterbleibt die Bezeichnung des Kommanditisten und die Angabe des Betrages der Einlage.

Die Bestimmungen des Artikel 129 kommen auch hier zur Anwendung. [2])

### Zu Art. 171.

Anm. 1. wenn er auf Grund eines Vertrages mit den übrigen Gesellschaftern seine Einlage verringert, und ebenso wenn er ausgeschlossen wird, vgl. v. Hahn a. a. O. §§ 1, 2 zu Art. 171.

Anm. 2. Vgl. die Anmerkungen zu Art. 129 S. 52. Die Betheiligten, welche bei Zuwiderhandlungen gegen Art. 129. 171 die Ordnungsstrafe trifft, sind nur die persönlich haftenden Gesellschafter, § 88 Ziff. 4 Instr. vom 12. Dezember 1861. a. M. Rudorff a. a. O. S. 333.

## Art. 172.

Was bei der offenen Gesellschaft über die Art der Auseinandersetzung (Art. 130, 131 und 132), über die Liquidation [1]) und über die Verjährung der Klagen gegen die Gesellschafter bestimmt ist, gilt auch bei der Kommanditgesellschaft in Betreff aller Gesellschafter.

### Zu Art. 172.

Anm. 1. Vgl. die Anmerkungen zu Art. 135 S. 53 ff. Auch bei der Kommanditgesellschaft werden die Ordnungsstrafen wegen Zuwiderhandlungen der Liquidatoren nur gegen die persönlich haftenden Gesellschafter verhängt. §. 88 Ziff. 4 Instr. vom 12. Dezember 1861. Johow A. VII, 6. a. M. Spiller a. a. O. S. 12.

## Zweiter Abschnitt.

### Von der Kommanditgesellschaft auf Aktien insbesondere.

**Neue Fassung zufolge des Gesetzes betreffend die Kommanditgesellschaften auf Aktien und die Aktiengesellschaften vom 18. Juli 1884.**

### Art. 176.[1])

[2])Der Gesellschaftsvertrag[3]) muß bei dem (Handels-) Amtsgerichte, in dessen Bezirke die Gesellschaft ihren Sitz hat[4]), in das Handelsregister eingetragen werden.

Der Anmeldung behufs der Eintragung in das Handelsregister müssen beigefügt sein:

1) in dem Falle des Art. 175 b. die den bezeichneten Festsetzungen zum Grunde liegenden oder zu ihrer Ausführung geschlossenen Verträge[5]), die im Art. 175 d. vorgesehene Erklärung[6]) und eine Berechnung des Gründungsaufwandes[7]), in welcher die Vergütungen nach Art und Höhe und die Empfänger einzeln aufzuführen sind;

2) zum Nachweise der Zeichnung des Gesammtkapitals der Kommanditisten die Duplikate der Zeichnungsscheine[8]) und ein von den persönlich haftenden Gesellschaftern in beglaubigter Form unterschriebenes Verzeichniß der sämmtlichen Kommanditisten, welches die auf jeden entfallenen Aktien, sowie die auf letztere geschehenen Einzahlungen angiebt;

3) die Urkunden über die Bestellung des Aufsichtsraths[9]) und der in Gemäßheit des Art. 175 e. erstattete Bericht[10]) nebst dessen urkundlichen Grundlagen;

4) in dem Falle, daß der Gegenstand des Unternehmens der staatlichen Genehmigung bedarf[11]), sowie in den Fällen des Art. 173 a. Absatz 2[12]) die Genehmigungsurkunde.

In der Anmeldung ist die Erklärung abzugeben, daß auf jede Aktie, soweit nicht andere als durch Baarzahlung zu leistende Einlagen gemacht sind, der eingeforderte Betrag baar eingezahlt und im Besitze[13]) der persönlich haftenden Gesellschafter sei. Die Einforderung muß mindestens ein Viertheil des Nominalbetrages und im Falle einer Ausgabe der Aktien für einen höheren als den Nominalbetrag auch den Mehrbetrag[14]) umfassen. Als Baarzahlung gilt die Zahlung in deutschem Gelde, in Reichskassenscheinen, sowie in gesetzlich zugelassenen Noten deutscher Banken. [15])

Die Anmeldung muß von sämmtlichen persönlich haftenden Gesellschaftern und sämmtlichen Mitgliedern des Aufsichtsraths vor dem Handelsgerichte unterzeichnet oder in beglaubigter Form eingereicht werden. [16])

Die der Anmeldung beigefügten Schriftstücke werden bei dem Handelsgerichte in Urschrift oder in beglaubigter Abschrift aufbewahrt.

### Zu Art. 176.

Anm. 1. Dieser Artikel ist, obwohl die Zuwiderhandlungen gegen denselben nicht mit Ordnungsstrafen bedroht sind, deshalb hier unter die Reihe der handelsgesetzlichen Strafbestimmungen aufgenommen worden, weil in der Literatur Zweifel darüber entstanden sind, ob nicht auch die Eintragung der Errichtung der Aktienkommanditgesellschaft gleich der der offenen Handelsgesellschaft und der Kommanditgesellschaft durch Ordnungsstrafen zu erzwingen ist. Für diese Meinung spricht allerdings der Umstand, daß Art. 179 die Anmeldung von Zweigniederlassungen der Aktienkommanditgesellschaften bei Vermeidung von Ordnungsstrafen anordnet, und die sich scheinbar hieraus mit Nothwendigkeit ergebende Konsequenz, daß auch die Befolgung des Art. 176, der in der Form einer zwingenden Gesetzesvorschrift gegeben ist („muß eingetragen werden"), durch Ordnungsstrafen munirt sein müsse. Der dagegen mehrfach angeführte Grund, daß bei der offenen Gesellschaft und bei der Kommanditgesellschaft die Eintragnng erzwungen werde müsse, um dem Publikum Aufklärung über das Bestehen der Gesellschaft zu verschaffen und dasselbe vor Täuschung zu schützen, daß dagegen die Aktienkommanditgesellschaft erst durch die Eintragung entstehe, und daher vor derselben das Publikum gar nicht interessire, erklärt indeß die Richtigkeit der gesetzlichen Bestimmungen ausreichend. Vgl. v. Völderndorff, Das Reichsgesetz betr. die Aktienkommanditgesellschaften u. s. w. S. 97 und die dort Anm. 7 Citirten. Ist die Aktienkommanditgesellschaft einmal eingetragen und dadurch zur Entstehung gebracht, dann bedarf die Zweigniederlassung derselben allerdings aus gleichen Gründen wie die offene und die Kommanditgesellschaft der Eintragung; denn die Zweigniederlassung kann an sich auch ohne die Eintragung rechtsgültig bestehen.

Da endlich Art. 249. f den Art. 176 unter die durch Ordnungsstrafen zu erzwingenden Vorschriften nicht aufgenommen hat, so ergiebt sich ohne Weiteres aus diesem formellen Grunde, daß die Unterlassung der Eintragung durch Ordnungsstrafen nicht erzwungen werden kann. Wir kommentiren aber den Artikel gleichwohl wegen der oben erwähnten Controverse.

Anm. 2. Art. 176 bezieht sich nur auf diejenigen Gesellschaften, welche nach dem Tage des Inkrafttretens des neuen Aktiengesetzes, d. h. nach dem 15. August 1884, angemeldet sind. Diejenigen Gesellschaften, welche vor dem 15. August 1884 angemeldet sind, aber erst an oder nach diesem Tage zur Eintragung in das Handelsregister gelangen, müssen nach den bisherigen Bestimmungen angemeldet werden, sofern bereits vor dem 15. August 1884 die Voraussetzungen erfüllt sind, an deren Nachweis die bisherigen Bestimmungen die Eintragung knüpfen. § 2 Ges. vom 18. Juli 1884.

Anm. 3. Der ganze Gesellschaftsvertrag ist beizubringen, vgl. auch § 63 Ziff. 1 Instr. vom 12. Dezember 1861, nicht bloß die auf die anzumeldenden Thatsachen bezüglichen Urkunden.

Anm. 4. oder nach Maßgabe des Gesellschaftsvertrages ihren Sitz haben soll, denn eine Gesellschaft, die erst eine Zeit nach der Eintragung ihren Geschäftsbetrieb beginnen will, kann zur Zeit der Eintragung einen Sitz noch nicht haben. Vgl. Renaud, das Recht der Aktiengesellschaften 2. Aufl. S. 352. a. M. v. Völderndorff a. a. O. S. 94 N. 4.

Anm. 5. Dies sind die Verträge 1) über zu Gunsten einzelner Gesellschafter bedungene besondere Vortheile; hierzu gehört insbesondere die Bestimmung daß ein persönlich haftender Gesellschafter über das Maß seiner Einlagen hinaus am Gewinn und Vermögen der Gesellschaft betheiligt sein soll, vgl. Ring, Das Reichsgesetz, betr. d. Kommanditgesellschaften u. s. w. S. 66; 2) über die Werthschätzung derjenigen von den persönlich haftenden Gesellschaftern oder von Kommanditisten gemachten Einlagen, welche nicht in baarem Gelde geleistet sind, endlich 3) über die Uebernahme von vorhandenen oder herzustellenden Anlagen oder sonstigen Vermögensstücken in das Gesellschaftsvermögen.

Anm. 6. Diese von den persönlich haftenden Gesellschaftern abzugebende Erklärung enthält deren Rechtfertigung über die Höhe der für die eingelegten oder übernommenen Gegenstände gewährten Beträge.

Anm. 7. Gründungsaufwand ist der Gesammtaufwand, welcher zu Lasten der Gesellschaft an Gesellschafter oder Andere als Entschädigung oder Belohnung für die Gründung oder deren Vorbereitung gewährt wird. Art. 175 b Abs. 3 HGB.

Anm. 8. Zeichnungsschein ist die schriftliche Erklärung, in welcher sich Jemand erbietet, sich an der Gesellschaft als Kommanditist zu betheiligen, er hat zugleich die Anzahl der von ihm zu übernehmenden Aktien, und im Fall einer Verschiedenheit der Aktien den Betrag, die Art oder Gattung derselben anzugeben.

Anm. 9. Das gerichtliche oder notarielle Protokoll über den Hergang der Wahl.

Anm. 10. ein vom Aufsichtsrath erforderter schriftlicher Bericht über die Einzelheiten der Gründung.

Anm. 11. Ob auch der Betrieb des Unternehmens einer Genehmigung der Behörde bedarf, ist für die Eintragung der Gesellschaft irrelevant, die persönlich haftenden Gesellschafter sind nicht verpflichtet, bei der Anmeldung auch die Genehmigungsurkunde, welche die Eröffnung des Betriebs gestattet, beizubringen. Keyßner, die Aktiengesellschaften S. 80.

Anm. 12. Bei Ausgabe von Aktien unter 1000 M. für ein gemeinnütziges, oder ein durch das Reich, einen Bundesstaat oder öffentliche Verbände garantirtes Unternehmen.

Anm. 13. Es genügt, daß die persönlich haftenden Gesellschafter die gegenwärtige Verfügungsgewalt über die Baareinlagen haben; thatsächlicher Gewahrsam der persönlich haftenden Gesellschafter ist nicht erforderlich.

Anm. 14. d. h. den ganzen Betrag, um welchen die Aktie über Pari ausgegeben ist. Vgl. Kayser, Das Reichsgesetz betr. die Kommanditgesellschaften u. s. w. S. 76 N. 19.

Anm. 15. RG. vom 30. April 1874 (RGBl. S. 40), Bankgesetz vom 14. März 1875 (RGBl. S. 177), Bekanntmachung des Reichskanzlers vom 29. Dezember 1875 (RGBl. S. 390) und vom 7. Juni 1876 (RGBl. S. 2).

Anm. 16. Art. 4 Pr. Einf.Ges. Vgl. S. 6 ff.

## Art. 179.

Die Vorschriften der Art. 152 und 153 sind auch bei der Kommanditgesellschaft auf Aktien zu befolgen[1]).

Die Anmeldung der Zweigniederlassung muß die im Art. 177 Abs. 2 bezeichneten Angaben[2]) und den Nachweis der Eintragung des Gesellschaftsvertrages bei dem Handels- (Amts-) Gerichte der Hauptniederlassung enthalten. Eines Nachweises, daß die für diese im Art. 176 vorgeschriebenen Erfordernisse beobachtet sind, bedarf es nicht.[3])

Befindet sich die Hauptniederlassung im Auslande, so hat die Anmeldung der Zweigniederlassung außer dem Nachweise des Bestehens der Kommanditgesellschaft auf Aktien als solcher[4]) die im Art. 177 Absatz 2 bezeichneten Angaben und in dem Falle, daß der Gegenstand des Unternehmens oder die Zulassung zum Gewerbebetriebe im Inlande der staatlichen Genehmigung bedarf, den Nachweis der ertheilten Genehmigung zu enthalten.[5]) [6])

### Zu Art. 179.

Anm. 1. Vgl. S. 55. 56 Statt der im Art. 152 Abs. 1 in Bezug genommenen Vorschriften des Art. 151 Ziff. 1 bis 4 treten die Bestimmungen des Art. 177 Abs. 2. — Da Art. 179 nicht ausdrücklich die Zeichnung der Namensunterschrift auch von den Mitgliedern des Aufsichtsraths fordert, so ist dieselbe unnöthig, obwohl Art. 177 im Gegensatz zu Art. 151 auch die Eintragung und Veröffentlichung des

Namens, Standes und Wohnorts der Mitglieder des Aufsichtsraths anordnet.

Anm. 2. Diese Angaben betreffen: Das Datum und die Essentialien des Gesellschaftsvertrages — Firma und Sitz der Gesellschaft, Gegenstand und Zeitdauer des Unternehmens, Höhe des Grundkapitals, Höhe und Art der Aktien, Form der Zusammenberufungen und Bekanntmachungen, die Ausgabe verschiedener Gattungen von Aktien, die Mittheilungen darüber, ob und in welchem Umfange für einzelne Aktionaire besondere Vortheile bedungen sind, ob auf das Grundkapital Anlagen oder sonstige Vermögensstücke eingelegt oder übernommen oder Aufwendungen gemacht sind, endlich die Mittheilung über die als Gründer anzusehenden Personen und die Gesellschaftsorgane, sowie darüber, ob die Aktien sämmtlich von den Gründern übernommen sind.

Anm. 3. Da das Vorhandensein dieser Erfordernisse bereits bei der Eintragung der Hauptniederlassung nachgewiesen sein muß.

Anm. 4. Es ist erforderlich, daß die im Ausland bestehende Hauptniederlassung die für das Bestehen einer Kommanditgesellschaft auf Aktien in dem betreffenden ausländischen Recht gegebenen Vorschriften erfüllt, da die Rechts- und Handlungsfähigkeit einer Person — physischen oder juristischen — nach dem Recht ihres Domicils beurtheilt wird. Es genügt aber nicht, daß eine solche Gesellschaft zwar nach den Vorschriften der Deutschen Reichs- bezw. Landesgesetzgebung gültig konstituirt ist, dagegen den Vorschriften desjenigen ausländischen Rechts, in dessen Gebiet die Hauptniederlassung domicilirt ist, nicht entspricht. Denn wenn auch einzelne Deutsche Gesetze, wie die Wechselordnung Art. 84 bezüglich der Wechselfähigkeit, die Civilprozeßordnung §. 53 bezüglich der Prozeßfähigkeit der Ausländer das Vorhandensein der inländischen Gesetzesvorschriften für ausreichend erachten, um diese Personen im Inlande wechsel- oder prozeßfähig zu machen, so kann hieraus im Wege der gesetzlichen Analogie nichts für die Auslegung des Art. 179 HGB. deducirt werden. Denn die Wechselordnung und die Civilprozeßordnung räumen ihre Vergünstigung dem Ausländer darum ein, weil dieser seinen Prozeß im Inlande führen, seine Wechselerklärung im Inlande abgeben will, Art. 179 HGB., aber fordert den Nachweis des Bestehens einer Kommanditaktiengesellschaft im Auslande; für diese können daher nur die Vorschriften des ausländischen Rechts maßgebend sein. Die Nachweise über das ordnungsmäßige Bestehen der Gesellschaft müssen urkundlich belegt sein, die Urkunden selbst durch die deutsche Gesandtschaft oder das deutsche Konsulat, in dessen Bezirk die Gesellschaft im Ausland ihren Sitz hat, legalisirt sein. v. Völderndorff, Komm. z. Akt.Ges. S. 111.

Anm. 5. Ueber die staatliche Genehmigung des Gegenstandes des Unternehmens für alle, auch die im Inlande errichteten, Gesellschaften s. Anm. 11 zn Art. 176. Ueber die Zulassung zum Gewerbebetriebe im Inlande entscheiden die Landesgesetze auf Grund der Reichsgewerbeordnung § 12.

In den Vereinbarungen des Deutschen Reichs mit mehreren fremden Staaten, Schweiz 1869, Belgien 1873, Italien 1873, Großbritannien 1874, Oesterreich-Ungarn 1861 und 1878, Serbien 1883, Spanien 1883, in welchen das Reich die kommerziellen, finanziellen und anonymen Gesellschaften dieser Staaten als rechtsfähig anerkennt, ist eine Zulassung zum Gewerbebetrieb nicht enthalten. Vgl. Kayser, Komm. z. Akt.Ges. S. 11. In Elsaß-Lothringen gilt die Reichsgewerbeordnung nicht, und es muß daher auf Grund des französischen Gesetzes vom 24. Juli 1867, durch welches das frühere Gesetz vom 30. Mai 1857 aufgehoben ist, — vgl. Rg. Civilſ. VI S. 135 a. E. 136 — für Elsaß-Lothringen angenommen werden, daß die Zulassung zum Gewerbebetriebe der staatlichen Genehmigung nicht bedarf.

Anm. 6. Die wegen Zuwiderhandlungen gegen die Vorschriften dieses Artikels zu erlassenden Ordnungsstrafen sind nur gegen die persönlich haftenden Gesellschafter zu verhängen. Art. 249 HGB. Als solche Zuwiderhandlungen sind anzusehen: Unterlassung der Anmeldung der Zweigniederlassung überhaupt; Unterlassung der vorschriftsmäßigen Anmeldung; Unterlassung der Namenszeichnung Seitens der persönlich haftenden Gesellschafter.

Ueber die Geltung dieses Artikels bezüglich der bereits vor dem 15. August 1884 angemeldeten Zweigniederlassungen s. Anm. 2 zu Art. 176. — Wird eine Zweigniederlassung erst nach dem 15. August 1884 angemeldet, so unterliegt sie unbedingt den Vorschriften des Art. 179, wenn auch die Hauptniederlassung vorher eingetragen oder angemeldet worden ist.

## Art. 180f.

Jede Bestimmung, welche die Fortsetzung der Gesellschaft oder eine Abänderung des Inhalts des Gesellschaftsvertrages zum Gegenstande hat, bedarf zu ihrer Gültigkeit der notariellen oder gerichtlichen Abfassung. [1])

Die Bestimmung muß in das Handelsregister eingetragen und in gleicher Weise wie der ursprüngliche Vertrag veröffentlicht werden. (Art. 177. 179). [2]) **Dieselbe hat keine rechtliche Wirkung, bevor sie bei dem Handels-(Amts-)gerichte, in dessen Bezirke die Gesellschaft ihren Sitz hat, in das Handelsregister eingetragen ist.**

### Zu Art. 180f.

Anm. 1. Ob die Fortsetzung der Gesellschaft selbst mit einer Abänderung des Gesellschaftsvertrages verbunden ist oder nicht, ist für die Pflicht zur Anmeldung der Fortsetzung der Gesellschaft gleichgültig; diese Pflicht besteht auch, wenn die Gesellschaft unter Beibehaltung des alten Gesellschaftsvertrages fortgesetzt wird, vgl. Komm.Ber. S. 15, und selbst wenn in dem ursprünglichen Gesellschaftsvertrage bereits bestimmt ist, daß unter Eintritt gewisser Voraussetzungen die Gesellschaft nach Ablauf der anfänglich festgesetzten Zeit fortgesetzt werden soll.

Anm. 2. Durch die Bezugnahme auf Art. 179 ist auch die Anmeldung zum Register der Zweigniederlassung angeordnet, und diese ist durch Ordnungsstrafen gegen die persönlich haftenden Gesellschafter erzwingbar. Art. 249 g.

## Art. 180 h.

Eine Erhöhung des Gesammtkapitals der Kommanditisten darf nicht vor der vollen Einzahlung[1]) desselben erfolgen. Für Versicherungsgesellschaften kann der Gesellschaftsvertrag ein Anderes bestimmen.

Die Erhöhung kann nicht ohne Beschluß der Generalversammlung der Kommanditisten[2]) stattfinden. Für die neu auszugebenden Aktien kann die Leistung eines höheren als des Nominalbetrages festgesetzt werden; der Beschluß hat den Mindestbetrag zu bezeichnen, für welchen die Aktien auszugeben sind. Ein geringerer als der Nominalbetrag darf nicht festgesetzt werden.

**Auf eine Erhöhung, welche in den ersten zwei Jahren seit Eintragung des Gesellschaftsvertrages in das Handelsregister beschlossen wird, findet die Vorschrift im Art. 174a über die Betheiligung der persönlich haftenden Gesellschafter mit der Maßgabe Anwendung, daß die Betheiligung nach dem Gesammtkapitale einschließlich dessen Erhöhung zu bemessen ist und aus dem Beschlusse hervorgehen muß, welche Einlagen demzufolge noch gemacht werden.**

Die Beschlußfassung unterliegt den Vorschriften in Art. 180 g Absatz 1 und 3.[3]) Die Bestimmung über die Erhöhung ist in das Handelsregister einzutragen. Die Anmeldung hat die Angabe zu enthalten, daß das bisherige Gesammtkapital eingezahlt sei, für Versicherungsgesellschaften inwieweit die Einzahlung desselben stattgefunden habe. Auf die Abfassung und die Eintragung finden die Vorschriften in Art. 180 f[4]) Anwendung.

**Eine Zusicherung von Rechten auf den Bezug neu auszugebender Aktien, welche vor dem Beschlusse auf Erhöhung des Gesammtkapitals erfolgt, ist der Gesellschaft gegenüber unwirksam.**

### Zu Art. 180 h.

Anm. 1. Doch ist hierbei nicht skrupulös zu verfahren, wenn etwa ein einzelner Aktionair auf seine Aktie die Vollzahlung unterlassen hat, und deswegen das Kaduzirungsverfahren noch anhängig, oder ohne Erfolg gewesen ist; es kommt nur darauf an, daß das volle Grundkapital eingefordert und auch, von einzelnen Restanten abgesehen, insgesammt eingezahlt ist. Komm.Ber. S. 15 — vgl. S. 31 ibid.

Unter der vollen Einzahlung des Gesammtkapitals sind auch die Einlagen zu verstehen, welche die Komplementare nach den Bestimmungen dieses Gesetzes oder auf Grund des Gesellschaftsvertrages in Aktienform übernommen oder zu übernehmen haben. v. Völdernd orff, Komm. z. Akt.Ges. S. 136.

Anm. 2. und der Zustimmung auch derjenigen persönlich haftenden Gesellschafter, welche nicht die Gesellschaft zu vertreten befugt sind.

Anm. 3. Es bedarf, falls der Gesellschaftsvertrag nicht abweichende Bestimmungen enthält, zur Beschlußfassung einer Mehrheit von drei Viertheilen des in der Generalversammlung vertretenen Grundkapitals. Wenn aber zugleich durch den Erhöhungsbeschluß das bisherige Rechtsverhältniß unter den verschiedenen Gattungen der Aktien zum Nachtheile einer derselben abgeändert werden soll, so bedarf es zu dem von der gemeinschaftlichen Generalversammlung gefaßten Beschlusse der Zustimmung einer besonderen Generalversammlung der benachtheiligten Kommanditisten, deren Beschlußfassung auch von der Dreiviertelmehrheit des in dieser Generalversammlung vertretenen Kommanditistenkapitals abhängig ist.

Anm. 4. Durch die Verweisung auf Art. 180 f. wird zunächst die gerichtliche oder notarielle Abfassung des Beschlusses erfordert; sodann aber auch die Anmeldung des Beschlusses zu den Handelsregistern der Zweigniederlassung angeordnet, und die Unterlassung dieser letzteren Vorschrift begründet die Verhängung von Ordnungsstrafen gegen die persönlich haftenden Gesellschafter aus Artt. 179, 249 g. HGB.; sie bezieht sich aber nur auf Erhöhungen des Grundkapitals, welche nach dem 15. August 1884 bei dem Register der Hauptniederlassung angemeldet worden sind.

## Art. 180. i.

**Die Zeichnung der neu auszugebenden Aktien erfolgt durch schriftliche Erklärung, welche in zwei Exemplaren unterzeichnet werden soll.**

Die stattgefundene Erhöhung des Kapitals der Kommanditisten ist behufs der Eintragung in das Handelsregister anzumelden. Die Vorschriften im Art. 176 und 179 finden entsprechende Anwendung.[1])

Vor der Eintragung der stattgefundenen Erhöhung in das Handelsregister desjenigen Gerichts, in dessen Bezirke die Gesellschaft ihren Sitz hat, sollen Aktien oder Interimsscheine nicht ausgegeben werden.[2])

### Zu Art. 180. i.

Anm. 1. Bezüglich der Ordnungsstrafen enthält die Vorschrift nur eine Wiederholung des Art. 180. i.

Anm. 2. Wegen der Strafbarkeit dieser Handlung s. Art. 249. a.

## Art. 185.

Die persönlich haftenden Gesellschafter sind verpflichtet spätestens[1]) in den ersten sechs Monaten jedes Geschäftsjahres[2]) für das verflossene Geschäftsjahr eine Bilanz[3]), eine Gewinn- und Verlustrechnung, sowie einen den Vermögensstand und die Verhältnisse der Gesellschaft entwickelnden Bericht dem Aufsichtsrathe und mit dessen Bemerkungen[4]) der Generalversammlung der Kommanditisten vorzulegen[5]).

### Zu Art. 185.

Anm. 1. Der Ablauf der ersten sechs Monate des Geschäftsjahres bildet den Endtermin, an dem die Verpflichtung der persönlich haftenden Gesellschafter zu erfüllen ist; wird dieselbe später erfüllt, nachdem vor Ablauf des Endtermins bereits die gerichtliche Aufforderung an die persönlich haftenden Gesellschafter ergangen ist (vgl. S. 9), so ist die Ordnungsstrafe begründet. Die dem Gericht überwiesene Funktion, die Vorlegung der Bilanz u. s. w. durch Ordnungsstrafen zu erzwingen, muß in allen Fällen vor Ablauf des Endtermins ausgeübt werden, weil nicht nur die Vorlegung der Bilanz überhaupt, sondern die Vorlegung innerhalb der ersten sechs Monate vom Gesetz erfordert wird.

Anm. 2. Der Anfang des Geschäftsjahres bestimmt sich nach dem Inhalt des Gesellschaftsvertrages. Vgl. v. Völdernndorff, Komm. z. Akt.Ges. S. 189.

Anm. 3. Ueber die Aufnahme der Bilanz geben die Art. 31. 185a. HGB. instruktionelle Vorschriften:

#### A. Aktiva.

Die Vermögensstücke und Forderungen sind generell nach ihrem Werthe zur Zeit der Aufnahme anzusetzen, doch sollen

a) diejenigen Werthpapiere und Waaren, welche einen Börsen- oder Marktpreis haben, höchstens zu dem Börsen- oder Marktpreis zur Zeit der Bilanzaufstellung, und sofern dieser den Anschaffungs- oder Herstellungspreis übersteigt, höchstens zu letzterem angesetzt werden. Zu dieser letztgedachten Vorschrift führte die Erwägung, daß die Courssteigerung eines Papiers nur einen fictiven Gewinn enthalte; der wirkliche Gewinn werde erst durch den Verkauf erzielt, und deshalb dürfe dieser fictive Gewinn keinen Bestandtheil einer Bilanz ergeben, die geeignet sein soll, zur Prüfung der richtigen und entsprechenden Dividendenvertheilung zu dienen. Um aber hierdurch bereits vor Erlaß des Aktiengesetzes bestehenden Gesellschaften nicht zu einer allzuschroffen, ihre Interessen möglicher Weise schädigenden Abweichung von ihrer früheren Bilanzaufstellung zu zwingen, gestattet § 7 Abs. 2 des Ges. vom 14. Juli 1884 diesen Gesellschaften solche Werthpapiere und Waaren, welche die Gesellschaft schon in dem letzten Geschäftsjahre vor dem Inkrafttreten dieses Gesetzes besessen hat, zu dem Betrage anzusetzen, mit dem sie in der Bilanz des vorbezeichneten Geschäftsjahres enthalten sind, sofern dieser Betrag höher ist, als der Anschaffungs- oder Herstellungspreis, und niederer als der Börsen- oder Marktpreis zur Zeit der neuen Bilanzaufstellung;

b) andere Vermögensgegenstände sind höchstens zu dem Anschaffungs- oder Herstellungspreise anzusetzen;

c) Anlagen und sonstige zum dauernden Geschäftsbetrieb bestimmte Gegenstände sind hierselbst ohne Rücksicht auf einen geringeren Werth — zu dem Anschaffungs- oder Herstellungspreise anzusetzen, unter entsprechender Abschreibung einer Abnutzungsquote und Zuschreibung eines Erneuerungsfonds; letzterer figurirt zugleich unter den Passivis;

d) Zweifelhafte Forderungen sind nach ihrem wahrscheinlichen Werthe anzusetzen.

B. Passiva.

a) Die uneinbringlichen Forderungen sind abzuschreiben;

b) Organisations- und Verwaltungskosten sind nach ihrem vollen Betrage aufzunehmen;

c) der Betrag des Gesammtkapitals der Kommanditisten; der Antheil der persönlich haftenden Gesellschafter am sonstigen Gesellschaftsvermögen ist nach den Festsetzungen des Gesellschaftsvertrages, bez. nach den folgenden durch Generalversammlungsbeschluß getroffenen Aenderungen aufzunehmen;

d) jeder Reserve- oder Erneuerungsfonds ist zu verzeichnen.

Neben diesen gesetzlichen kann der Gesellschaftsvertrag noch weitere Erfordernisse aufstellen. Art. 185c. Abs. 2 HGB.

Anm. 4. Wenn der Aufsichtsrath die Revision verzögert und deshalb die persönlich haftenden Gesellschafter nicht in der Lage sind, Bilanz, Gewinn- und Verlustrechnung und Bericht rechtzeitig der Generalversammlung vorzulegen, so verfallen die persönlich haftenden Gesellschafter gleichwohl der Ordnungsstrafe, da die Pflicht der rechtzeitigen Vorlegung ihnen unbedingt obliegt.

Anm. 5. Die Ordnungsstrafe richtet sich nur gegen die persönlich haftenden Gesellschafter. Art. 249. g. Die Strafen können aber nur angewendet werden auf die Vorlegung der Bilanz u. s. w. für dasjenige Geschäftsjahr, welches nach dem Inkrafttreten des neuen Aktiengesetzes, also nach dem 15. August 1884 beginnt.

## Art. 185. c.

Nach erfolgter Genehmigung durch die Generalversammlung sind die Bilanz, sowie die Gewinn- und Verlustrechnung ohne Verzug[1]) von den persönlich haftenden Gesellschaftern in den hierzu bestimmten[2]) öffentlichen Blättern bekannt zu machen und[3]) zu dem Handelsregister[4]) einzureichen.[5])

Im Uebrigen werden die Grundsätze, nach welchen die Bilanz aufzunehmen,

Reservefonds zu bilden und anzulegen sind und die Prüfung der Bilanz zu erfolgen hat, durch den Gesellschaftsvertrag bestimmt.

### Zu Art. 185. c.

Anm. 1. Wie weit der Begriff „ohne Verzug" unter Berücksichtigung der thatsächlichen Verhältnisse auszudehnen ist, ist dem richterlichen Ermessen anheimgegeben.

Anm. 2. durch den Gesellschaftsvertrag bestimmten. Art. 175 Ziff. 7 HGB.

Anm. 3. Hiermit ist nicht die genaue Gleichzeitigkeit der Handlungen erfordert; ob die Einreichung zum Register vor oder nach der öffentlichen Bekanntmachung erfolgt, ist gleichgültig; wesentlich ist nur, daß beide Handlungen ohne Verzug geschehen.

Anm. 4. des Gerichts der Hauptniederlassung. Vgl. Keyßner und Simon, Kommentar z. Akt.Ges. S. 36. Kayser, Kommentar z. Akt.Ges. S. 32.

Anm. 5. Die Ordnungsstrafe (Art. 249. g.) trifft die persönlich haftenden Gesellschafter, jedoch nur mit Bezug auf das nach dem 15. August 1884 beginnende Geschäftsjahr und die folgenden Jahre.

### Art. 190. a.

Ein Beschluß der Generalversammlung kann wegen Verletzung des Gesetzes oder des Gesellschaftsvertrages als ungültig im Wege der Klage angefochten werden. Dieselbe findet nur binnen der Frist von einem Monate statt. Zur Anfechtung befugt ist außer persönlich haftenden Gesellschaftern jeder in der Generalversammlung erschienene Kommanditist, sofern er gegen den Beschluß Widerspruch zum Protokoll erklärt hat, und jeder nicht erschienene Kommanditist, sofern er die Anfechtung darauf gründet, daß die Berufung der Generalversammlung oder die Ankündigung des Gegenstandes der Beschlußfassung nicht gehörig erfolgt war.

Die Klage ist gegen die persönlich haftenden Gesellschafter, soweit sie nicht selbst klagen, und gegen den Aufsichtsrath zu richten. Zuständig für die Klage ist ausschließlich das Landgericht, in dessen Bezirke die Gesellschaft ihren Sitz hat. Die mündliche Verhandlung erfolgt nicht vor Ablauf der im ersten Absatze bezeichneten Frist. Mehrere Anfechtungsprozesse sind zur gleichzeitigen Verhandlung und Entscheidung zu verbinden.

Ein klagender Kommanditist hat seine Aktien gerichtlich zu hinterlegen und auf Verlangen der Gesellschaft wegen der ihr drohenden Nachtheile eine nach freiem Ermessen des Gerichts zu bestimmende Sicherheit zu leisten. Das Verlangen ist als prozeßhindernde Einrede geltend zu machen. Wird die Sicherheit binnen der vom Gerichte gestellten Frist nicht geleistet, so ist die Klage auf Antrag für zurückgenommen zu erklären.

Die persönlich haftenden Gesellschafter haben die Erhebung einer jeden Klage, sowie den Termin zur mündlichen Verhandlung ohne Verzug [1]) in den für die Bekanntmachungen der Gesellschaft bestimmten [2]) Blättern zu veröffentlichen. [3])

Soweit durch ein Urtheil rechtskräftig der Beschluß für ungültig erklärt ist, wirkt es auch gegenüber den Kommanditisten, welche nicht Partei sind. Dasselbe [4]) ist von den persönlich haftenden Gesellschaftern ohne Verzug[5]) zu dem Handelsregister einzureichen[6]). War der Beschluß in dasselbe eingetragen, so ist auch das Urtheil einzutragen und in gleicher Weise wie der Beschluß zu veröffentlichen (Art. 177. 179).

### Zu Art. 190a.

Anm. 1. Nach der Zustellung des mit der Terminsbestimmung versehenen Schriftsatzes. Vgl. Anm. 1 zu Art. 185c.

Anm. 2. durch den Gesellschaftsvertrag, Art. 175 Ziff. 7. Eine Veröffentlichung in anderen Blättern befreit von der Ordnungsstrafe nicht.

Anm. 3. bei Vermeidung von Ordnungsstrafen. Art. 249g.

Anm. 4. in Ausfertigung oder in beglaubigter Abschrift.

Anm. 5. nach Zustellung der Ausfertigung des Urtheils an die Gesellschaft.

Anm. 6. Bei Vermeidung von Ordnungsstrafe. Art. 249g.

## Art. 193.

Der Aufsichtsrath hat die Geschäftsführung der Gesellschaft in allen Zweigen der Verwaltung zu überwachen, und zu dem Zwecke sich von dem Gange der Angelegenheiten der Gesellschaft zu unterrichten. Er kann jederzeit über dieselben Berichterstattung von den persönlich haftenden Gesellschaftern verlangen und selbst oder durch einzelne von ihm zu bestimmende Mitglieder die Bücher und Schriften der Gesellschaft einsehen, sowie den Bestand der Gesellschaftskasse und die Bestände an Effekten, Handelspapieren und Waaren untersuchen.

Er hat die Jahresrechnungen, die Bilanzen und die Vorschläge zur Gewinnvertheilung zu prüfen[1]) und darüber der Generalversammlung Bericht zu erstatten.

Weitere Obliegenheiten des Aufsichtsraths werden durch den Gesellschaftsvertrag bestimmt.

Die Mitglieder des Aufsichtsraths können die Ausübung ihrer Obliegenheiten nicht anderen Personen übertragen.

### Zu Art. 193.

Anm. 1. Da nach Art. 249g nur die persönlich haftenden Gesellschafter zur Befolgung der in Art. 193 Abs. 2 enthaltenen Vorschriften durch Ordnungsstrafen anzuhalten sind, Art. 193 Abs. 2 aber von einer Pflicht des Aufsichtsraths spricht, so würden in diesem Falle die persönlichen Gesellschafter von den Ordnungsstrafen dann getroffen, wenn sie nicht dem Aufsichtsrath die Jahresrechnungen und Bilanzen auf dessen Verlangen jeder Zeit vorlegen, und demselben nicht rechtzeitig vor dem Ablauf der ersten sechs Monate nach Schluß des Geschäftsjahres so übersichtliche Vorschläge für die Gewinnvertheilung unterbreiten, daß der Aufsichtsrath in der Lage ist sie zu prüfen und zugleich innerhalb der gesetzmäßigen Zeit der Generalversammlung zur Genehmigung zukommen zu lassen. Ueber die zeitliche Geltung dieser Vorschrift s. Anm. 5 zu Art. 185 S. 68.

## Art. 200.

**Wenn ein Kommanditist stirbt oder in Konkurs verfällt, oder zur Verwaltung seines Vermögens rechtlich unfähig wird, so hat dies die Auflösung der Gesellschaft nicht zur Folge. Der Art. 126 findet in Bezug auf die Privatgläubiger eines Kommanditisten keine Anwendung.**

Im Uebrigen gelten die Art. 123 bis 129 auch für die Kommanditgesellschaft auf Aktien.[1]) Die im Art. 129 vorgesehene Eintragung ist auch bei dem Handels- (Amts-) Gerichte einer jeden Zweigniederlassung zu bewirken.[2]) **Dritten gegenüber entscheidet die Eintragung bei dem Handels- (Amts-) Gerichte, in dessen Bezirk die Gesellschaft ihren Sitz hat.**

### Zu Art. 200.

Anm. 1. Ueber die Ordnungsstrafen des Art. 129 vgl. S. 52; dieselben Vorschriften gelten für die Auflösung der Aktienkommanditgesellschaften nur mit der Unterscheidung, daß sich hier die Strafen nur gegen die persönlich haftenden Gesellschafter richten.

Anm. 2. Da die Eintragung bei dem Handels-(Amts) gerichte der Zweigniederlassung unter Bezugnahme des Art. 129 vorgeschrieben ist, so muß auch die Anmeldung bei dem Gericht der Zweigniederlassung durch Ordnungsstrafen gegen die persönlich haftenden Gesellschafter erzwungen werden.

## Art. 203.

Eine theilweise Zurückzahlung des Kapitals der Kommanditisten oder eine Herabsetzung desselben kann nicht ohne Beschluß der Generalversammlung der Kommanditisten[1]) und nur unter Beobachtung derselben Vorschriften erfolgen, welche für die Vertheilung des Gesellschaftsvermögens im Falle der Auflösung maßgebend sind.[2]) Die Bestimmung über die Zurückzahlung oder Herabsetzung hat zugleich die Art, in welcher dieselbe erfolgen soll, und die zu ihrer Durchführung erforderlichen Maßregeln festzusetzen. Die Bestimmung ist in das Handelsregister einzutragen. Auf die Eintragung und die Beschlußfassung finden die Vorschriften im Art. 180 f.[3]) und im Art. 180g. Abs. 1 und 3[4]) entsprechende Anwendung.

Die gleichen Erfordernisse gelten für eine Amortisation der Aktien. Ohne Beobachtung dieser Erfordernisse darf die Gesellschaft ihre Aktien nur aus dem nach der jährlichen Bilanz sich ergebenden Gewinne und nur in dem Falle amortisiren, daß dies durch den ursprünglichen Gesellschaftsvertrag oder durch einen, den letzteren vor Ausgabe der Aktien abändernden Vertrag zugelassen ist.

### Zu Art. 203.

Anm. 1 und der persönlich haftenden Gesellschafter, auch wenn sie zur Vertretung der Gesellschaft nicht befugt sind.

Anm. 2. Doch kann hier der Gesellschaftsvertrag mindere Erfordernisse als die gesetzlichen aufstellen, deren Erfüllung dann ebenfalls ausreichend ist, Komm.Ber. S. 33. Vgl. hierüber v. Völderndorff, Komm. z. Akt.Ges. S. 257

Anm. 3. Auch in diesem Falle ist nur die Unterlassung der Anmeldung der Herabsetzung in das Handelsregister der Zweigniederlassung mit Ordnungsstrafen gegen die persönlich haftenden Gesellschafter bedroht.

Anm. 4. Vgl. S. 66 Anm. 3.

## Art. 205.

Die Liquidation erfolgt, sofern der Gesellschaftsvertrag nicht ein Anderes bestimmt, durch sämmtliche persönlich haftende Gesellschafter und eine oder mehrere von der Generalversammlung der Kommanditisten gewählte Personen.

Auf die Anmeldung der Liquidatoren und die Zeichnung ihrer Unterschrift bei dem Handels-(Amts)gerichte einer Zweigniederlassung findet die Vorschrift im Schlußsatze des Art. 200 Anwendung.

Die Liquidatoren haben bei Beginn der Liquidation eine Bilanz aufzustellen. Dieselbe ist von ihnen ohne Verzug in den hierzu bestimmten öffentlichen Blättern bekannt zu machen und zu dem Handelsregister einzureichen [1]).

### Zu Art. 205.

Anm. 1 Bei Vermeidung von Ordnungsstrafen, vgl. im Uebrigen die Anmerkungen zu Art. 185 c. S. 69 und Anm. 3 und 5 zu Art. 185 S. 68. Die Ordnungsstrafen werden aber nur gegen die Liquidatoren, nicht gegen die persönlich haftenden Gesellschafter verhängt, da die Liquidatoren in der Leitung und Verwaltung der Gesellschaftsangelegenheiten an die Stelle der Gesellschafter getreten sind. Art. 249 g.

## Art. 206 a.

Die Gesellschaft kann sich in eine Aktiengesellschaft umwandeln, sofern dies durch den Gesellschaftsvertrag zugelassen ist.

Die Uebereinkunft über die Umwandlung bedarf zu ihrer Gültigkeit der notariellen oder gerichtlichen Abfassung und der Zustimmung einer Generalversammlung der Kommanditisten; die Antheile der zustimmenden Mehrheit müssen mindestens ein Viertheil des Gesammtkapitals darstellen. Die Uebereinkunft hat die zur Durchführung der Umwandlung erforderlichen Maßregeln, insbesondere die Firma, sowie die Art der Bestellung und Zusammensetzung des Vorstandes, zu enthalten.

Die Uebereinkunft und die in Gemäßheit derselben vollzogene Bestellung der Mitglieder des Vorstandes ist unter Beifügung der Legitimation der letzteren behufs der Eintragung in das Handelsregister (Art. 177, 179)[1]) durch die persönlich haftenden Gesellschafter anzumelden. Zugleich haben diese eine Bilanz von dem Tage der Anmeldung einzureichen und in den hierzu bestimmten öffentlichen Blättern bekannt zu machen. Auf die Eintragung der Uebereinkunft findet die Vorschrift im Schlußsatze des Art. 180 f. Anwendung.

Mit der Eintragung gelten die persönlich haftenden Gesellschafter als ausgeschieden und die Gesellschaft als Aktiengesellschaft fortbestehend. Die Beschränkungen, welchen persönlich haftende Gesellschafter nach der Vorschrift im Art. 181 Abs. 2 unterworfen sind, dauern nach Maßgabe der letzteren fort.

In Ansehung der bisherigen Gläubiger der Gesellschaft sind die Vorschriften in Art. 202 zu beobachten. Für die Beobachtung derselben sind den Gläubigern die Mitglieder des Vorstandes und des Aufsichtsraths persönlich und solidarisch verantwortlich, die Mitglieder des Aufsichtsraths, soweit die Befriedigung oder Sicherstellung mit ihrem Wissen und ohne ihr Einschreiten unterlassen ist. Die Ersatzpflicht wird dadurch nicht aufgehoben, daß die Unterlassung auf einem Beschlusse der Generalversammlung beruht.

### Zu Art. 206a.

Anm. 1. Auch bei der Fusion ist nur die Unterlassung der Anmeldung derselben in das Handelsregister der Zweigniederlassung mit Ordnungsstrafen gegen die persönlich haftenden Gesellschafter bedroht, da auch die Fusion eher keine rechtliche Wirkung hat, als bis sie in dem Handelsregister desjenigen Gerichts, in dessen Bezirk die Gesellschaft ihren Sitz hat, eingetragen ist. Art. 180 f. 206a Abs. 3 a. E.

## Dritter Titel.

## Von der Aktiengesellschaft.

### Erster Abschnitt.

### Allgemeine Grundsätze.

### Art. 210.

Der Gesellschaftsvertrag muß bei dem Handels-(Amts)gerichte, in dessen Bezirke die Gesellschaft ihren Sitz hat, in das Handelsregister eingetragen werden.

Der Anmeldung behufs der Eintragung in das Handelsregister müssen beigefügt sein:

1) in dem Falle des Art. 209 b. die den bezeichneten Festsetzungen zum Grunde liegenden oder zu ihrer Ausführung geschlossenen

Verträge, die Artikel 209 g. vorgesehene Erklärung und eine Berechnung des Gründungsaufwandes, in welcher die Vergütungen nach Art und Höhe und die Empfänger einzeln aufzuführen sind;

2) in dem Falle, daß nicht alle Aktien von den Gründern übernommen sind, zum Nachweise der Zeichnung des Grundkapitals die Duplikate der Zeichnungsscheine und ein von den Gründern in beglaubigter Form unterschriebenes Verzeichniß der sämmtlichen Aktionäre, welches die auf jeden entfallenen Aktien sowie die auf letztere geschehenen Einzahlungen angiebt;

3) die Urkunden über die Bestellung des Vorstandes und des Aufsichtsraths, die in Gemäßheit des Art. 209 h. erstatteten Berichte nebst deren urkundlichen Grundlagen;

4) in dem Falle, daß der Gegenstand des Unternehmens der staatlichen Genehmigung bedarf, sowie in den Fällen des Art. 207 a. Absatz 2 die Genehmigungsurkunde.

In der Anmeldung ist die Erklärung abzugeben, daß auf jede Aktie, soweit nicht andere als durch Baarzahlung zu leistende Einlagen gemacht sind, der eingeforderte Betrag baar eingezahlt und im Besitze des Vorstandes sei. Die Einforderung muß mindestens ein Viertheil des Nominalbetrages, und im Falle einer Ausgabe der Aktien für einen höheren als den Nominalbetrag auch den Mehrbetrag umfassen. Als Baarzahlung gilt die Zahlung in deutschem Gelde, in Reichskassenscheinen, sowie in gesetzlich zugelassenen Noten deutscher Banken.

Die Anmeldung muß von sämmtlichen Gründern und Mitgliedern des Vorstandes und Aufsichtsraths vor dem Handels- (Amts) gerichte unterzeichnet oder in beglaubigter Form eingereicht werden.

Die der Anmeldung beigefügten Schriftstücke werden bei dem Handels- (Amts-) gerichte in Urschrift oder in beglaubigter Abschrift aufbewahrt.

## Art. 212.

Jede Zweigniederlassung muß bei dem Handels- (Amts) gerichte, in dessen Bezirke sie sich befindet, behufs der Eintragung in das Handelsregister angemeldet werden.

Die Anmeldung ist von sämmtlichen Mitgliedern des Vorstandes vor dem Handels-(Amts-)Gerichte zu unterzeichnen oder in beglaubigter Form einzureichen.[1])

Dieselbe hat die im Art. 210 c. Absatz 2 und 3 bezeichneten Angaben zu enthalten.[2]) Im Uebrigen finden die Vorschriften im Art. 179 Absatz 2 und 3 Anwendung.[3.4])

### Zu Art. 212.

Anm. 1. § 4 Pr. Einf.Ges. z. HGB. Vgl. S. 6.

Anm. 2. Diese Angaben haben zu enthalten: 1) den Namen, Stand und Wohnort der Gründer, d. h. derjenigen Personen, welche das Statut festgestellt haben, oder welche andere als durch Baarzahlung zu leistende Einlagen machen (Art. 209 c.); 2) die Mittheilung, ob die Gründer die sämmtlichen Aktien übernommen haben; 3) den Namen, Stand und Wohnort der Mitglieder des Vorstandes und des Aufsichtsraths, sowie der Revisoren, welche zur Prüfung des Hergangs der Gründung bestellt sind, für den Fall, daß die Mitglieder des Vorstandes oder des Aufsichtsraths selbst Gründer sind oder daß sie der Gesellschaft ein Vermögensstück überlassen oder sich einen besonderen Vortheil ausbedungen haben. (Art. 209 h.)

Anm. 3. Vgl. Anm. 3 zu Art. 21 insbesondere über die inländische Zweigniederlassung einer ausländischen Aktiengesellschaft.

Anm. 4. Zuwiderhandlungen gegen die Vorschriften dieses Artikels werden gegen die Mitglieder des Vorstandes mit Ordnungsstrafen bestraft, Art. 249 g., und zwar gegen sämmtliche Vorstandsmitglieder, auch wenn nur einer oder einzelne die Vorschriften nicht erfüllt haben. Die Zuwiderhandlungen können entweder darin bestehen, daß die Anmeldung überhaupt unterlassen, oder nicht in der vorschriftsmäßigen Form eingereicht wird. Die Ordnungsstrafen auf Grund des Gesetzes vom 18. Juli 1884 finden nur dann Anwendung, wenn die Zweigniederlassung nach dem 15. August 1884 errichtet ist.

## Art. 213 f.

Werden vor Ablauf von zwei Jahren seit Eintragung des Gesellschaftsvertrages in das Handelsregister Seitens der Gesellschaft Verträge geschlossen, durch welche sie vorhandene oder herzustellende Anlagen oder unbewegliche Gegenstände[1]) für eine den zehnten Theil des Grundkapitals übersteigende Vergütung erwerben soll, so bedürfen dieselben zu ihrer Gültigkeit der Zustimmung der Generalversammlung.

Vor der Beschlußfassung hat der Aufsichtsrath den Vertrag zu prüfen und über die Ergebnisse seiner Prüfung schriftlich Bericht zu erstatten.

Die Antheile der zustimmenden Mehrheit müssen in dem Falle,

daß der Vertrag im ersten Jahre geschlossen wird, mindestens ein Viertheil des Grundkapitals, anderenfalls mindestens drei Viertheile des in der Generalversammlung vertretenen Grundkapitals darstellen.

Der genehmigte Vertrag ist in Urschrift oder in beglaubigter Abschrift mit dem Berichte des Aufsichtsraths nebst dessen urkundlichen Grundlagen[2]) und mit dem Nachweise über die Beschlußfassung[3]) zum Handelsregister einzureichen.[4])

**Hat der Erwerb in Ausführung einer vor der Errichtung der Gesellschaft von den Gründern getroffenen Vereinbarung stattgefunden, so kommen in Betreff der Rechte der Gesellschaft auf Entschädigung und in Betreff der ersatzpflichtigen Personen die Vorschriften der Art. 213a und 213d zur Anwendung.**

Die vorstehenden Bestimmungen finden auf den Erwerb unbeweglicher Gegenstände nicht Anwendung, sofern auf ihn der Gegenstand des Unternehmens gerichtet ist[5]) oder der Erwerb im Wege der Zwangsvollstreckung geschieht.

### Zu Art. 213f.

Anm. 1. Die Ausdehnung auf bewegliche Gegenstände, welche durch Einfügung in eine unbewegliche Sache zur Pertinenz derselben werden und dadurch die Eigenschaften unbeweglicher Sachen gewinnen, ist ausgeschlossen; denn die Sache ist, so lange sie Gegenstand der Vertragsverhandlungen ist, also vor der Einfügung in das Immobile eine bewegliche Sache, und der Erwerb derselben unterliegt daher nicht den Bestimmungen des Art. 213f. Ist aber die bewegliche Sache sehr umfangreich oder von sehr hervorragender Bedeutung für den Betrieb des Unternehmens, und zugleich so werthvoll, daß die dafür zu zahlende Vergütung den zehnten Theil des Grundkapitals übersteigt, so ist dieselbe als Anlage des Unternehmens anzusehen, und ihr Erwerb dann in Gemäßheit des Art. 213f zu behandeln. a. M. Kayser, Komm. z. Akt.Ges. S. 92.

Anm. 2. Die Urkunden, deren Inhalt dem Aufsichtsrath zur Prüfung des Vertrages gedient hat.

Anm. 3. Ausfertigung oder beglaubigte Abschrift der notariellen oder gerichtlichen Beurkundung des Beschlusses der Generalversammlung.

Anm. 4. Die Unterlassung der vorschriftsmäßigen Einreichung begründet gegen sämmtliche Mitglieder des Vorstandes die Verhängung von Ordnungsstrafen, Art. 249g. Die persönlich haftenden Gesellschafter einer Aktienkommanditgesellschaft sind in gleichem Fall einer Ordnungsstrafe nicht unterworfen, Art. 180e.

Anm. 5. Dieser von der Reichstagskommission beigefügte Zusatz (Komm.Ber. S. 93) schützt vorzugsweise die Bau- und Immobiliengesellschaften. Kayser Komm. z. Akt.Ges. S. 93.

## Art. 214.

Jeder Beschluß der Generalversammlung, welcher die Fortsetzung der Gesellschaft [1]) oder eine Abänderung des Inhalts des Gesellschaftsvertrages zum Gegenstande hat, muß in das Handelsregister eingetragen und in gleicher Weise wie der ursprüngliche Vertrag veröffentlicht werden (Art. 210c, 212). [2])

Der Beschluß hat keine rechtliche Wirkung, bevor derselbe bei dem Handels-(Amts-)Gerichte, in dessen Bezirk die Gesellschaft ihren Sitz hat, in das Handelsregister eingetragen ist.

### Zu Art. 214.

Anm. 1. auch ohne Abänderung des Inhalts des Gesellschaftsvertrages, vgl. Anm. 1 zu Art. 180 f.

Anm. 2. Durch den Hinweis auf Art. 212 ist auch die Eintragung des Beschlusses in das Handelsregister der Zweigniederlassung unter Androhung von Ordnungsstrafen gegen sämmtliche persönlich haftende Gesellschafter angeordnet.

## Art. 215a.

Eine Erhöhung des Grundkapitals der Gesellschaft darf nicht vor der vollen Einzahlung desselben erfolgen [1]).

Für Versicherungsgesellschaften kann der Gesellschaftsvertrag ein Anderes bestimmen.

Ueber die Erhöhung hat die Generalversammlung zu beschließen. Für die neu auszugebenden Aktien kann die Leistung eines höheren als des Nominalbetrages festgesetzt werden; der Beschluß hat den Mindestbetrag zu bezeichnen, für welchen die Aktien auszugeben sind. Ein geringerer als der Nominalbetrag darf nicht festgesetzt werden. Die Beschlußfassung unterliegt den Vorschriften im Art. 215 Absatz 2 und 6 [2]).

Der Beschluß ist in das Handelsregister einzutragen. Die Anmeldung hat die Angabe zu enthalten, daß das bisherige Grundkapital eingezahlt sei [3]), für Versicherungsgesellschaften, inwieweit die Einzahlung desselben stattgefunden habe. Auf die Eintragung finden die Vorschriften im Art. 214 Anwendung.

Eine Zusicherung von Rechten auf den Bezug neu auszugebender Aktien, welche vor dem Beschlusse auf Erhöhung des Grundkapitals folgt, ist der Gesellschaft gegenüber unwirksam.

### Zu Art. 215 a.

Anm. 1. Es thut aber keinen Eintrag, wenn nach gehörig geforderter Einzahlung des Grundkapitals etwa ein einzelner Aktionär auf seine Aktie die Vollzahlung unterlassen hat, und deswegen das Kaduzirungsverfahren noch anhängig oder ohne Erfolg gewesen ist; es kommt nur darauf an, daß das volle Grundkapital eingefordert, und auch, von einzelnen Restanten abgesehen, insgesammt bezahlt ist. Komm.-Ber. S. 16.

Anm. 2. Der Beschluß bedarf, falls der Gesellschaftsvertrag nichts anderes bestimmt, einer Mehrheit von drei Viertheilen des in der Generalversammlung vertretenen Grundkapitals, und, wenn durch die Beschlußfassung das bisherige Rechtsverhältniß unter verschiedenen Gattungen von Aktien zum Nachtheile einer derselben abgeändert werden soll, zunächst des Beschlusses einer gemeinschaftlichen Generalversammlung mit Dreiviertelmehrheit des vertretenen Grundkapitals, und sodann der Zustimmung einer besonderen Generalversammlung der benachtheiligten Aktionäre mit Dreiviertelmehrheit des hier vertretenen (benachtheiligten) Aktienkapitals.

Anm. 3. einschließlich derjenigen Einlagen, welche nicht in baarem Gelde geleistet sind.

Anm. 4. Auch hier ist die Anmeldung des Beschlusses beim Handelsregister der Zweigniederlassung unter Androhung von Ordnungsstrafen gegen sämmtliche Mitglieder des Vorstandes angeordnet. Die Ordnungsstrafen finden nur Anwendung auf einen nach dem 15. August 1884 gefaßten Erhöhungsbeschluß.

## Art. 215 b.

Die Zeichnung der neu auszugebenden Aktien erfolgt durch schriftliche Erklärung, welche in zwei Exemplaren unterzeichnet werden soll.

Die stattgefundene Erhöhung des Grundkapitals ist behufs der Eintragung in das Handelsregister anzumelden. Die Vorschriften in Art. 210 und 212 finden entsprechende Anwendung [1]).

### Zu Art. 215 b.

Anm. 1. Die wirklich stattgefundene Erhöhung muß ebenso wie der bezügliche Beschluß bei dem Handelsregister der Zweigniederlassung angemeldet werden, widrigenfalls gegen die sämmtlichen Mitglieder des Vorstandes Ordnungsstrafen zu verhängen sind. Auch diese Strafvorschrift trifft alle Erhöhungen, welche nach dem 15. August 1884 stattgefunden haben, wenn selbst der sie begründende Beschluß bereits vor diesem Termin gefaßt ist.

## Art. 215 d.

Die Aktiengesellschaft soll eigene Aktien im geschäftlichen Betriebe, sofern nicht eine Kommission zum Einkauf ausgeführt wird, weder erwerben, noch zum Pfande nehmen. Sie darf eigene Interimsscheine im geschäftlichen Betriebe auch in Ausführung einer Einkaufskommission weder erwerben noch zum Pfande nehmen.

Eine Amortisation der Aktien ist zulässig, sofern sie unter Beobachtung der für die Zurückzahlung oder Herabsetzung des Grundkapitals maßgebenden Vorschriften erfolgt[1]). Ohne Beobachtung derselben darf die Gesellschaft ihre Aktien nur aus dem nach der jährlichen Bilanz sich ergebenden Gewinne und nur in dem Falle amortisiren, daß dies durch den ursprünglichen Gesellschaftsvertrag oder durch einen, den letzteren vor Ausgabe der Aktien abändernden Beschluß zugelassen ist.

**Zu Art. 215d.**

Anm. 1. Es bedarf eines Beschlusses der Generalversammlung, der mindestens mit einer Dreiviertelmehrheit des in der Generalversammlung vertretenen Grundkapitals gefaßt sein muß, und bei verschiedenen Gattungen von Aktien außer dem von der gemeinschaftlichen Generalversammlung gefaßten Beschlusse der Zustimmung einer besonderen Generalversammlung der benachtheiligten Aktionäre, welche ebenfalls von der Dreiviertelmehrheit des vertretenen benachtheiligten Aktienkapitals ertheilt sein muß. — Der Beschluß ist auch neben der Eintragung in das Handelsregister der Hauptniederlassung bei dem Handelsregister der Zweigniederlassung anzumelden; diese letztere Vorschrift ist, falls die Amortisation selbst erst nach dem 15. August 1884 erfolgen soll, durch Ordnungsstrafen gegen die sämmtlichen Mitglieder des Vorstandes zu erzwingen. Art. 248. 214. 212. 249g.

## Zweiter Abschnitt.

## Rechtsverhältniß der Aktionäre.

### Art. 222.

Die Vorschriften in Art. 190a. 190b. über die Anfechtung eines Beschlusses der Generalversammlung finden mit der Maßgabe Anwendung, daß an die Stelle der persönlich haftenden Gesellschafter der Vorstand tritt[1]).

**Zu Art. 222.**

Anm. 1. Der Vorstand hat also bei Vermeidung von Ordnungsstrafen, welche sämmtliche Mitglieder desselben treffen, die Erhebung einer jeden Anfechtungsklage, über welche am 15. August 1884 noch nicht rechtskräftig entschieden ist, sowie den hierauf angesetzten Termin zur mündlichen Verhandlung unmittelbar nach der Zustellung des mit der Terminsbestimmung versehenen Schriftsatzes in den für die Bekanntmachungen der Gesellschaft bestimmten Blättern zu veröffentlichen. Er hat ferner, sobald auf die Anfechtungsklage ein Beschluß der Generalversammlung durch Urtheil rechtskräftig für ungültig erklärt worden ist, das Urtheil, sobald ihm eine Ausfertigung desselben zugestellt ist, zu dem Handelsregister der Hauptniederlassung einzureichen und sodann die Aufhebung des Beschlusses bei dem Handelsregister der Zweigniederlassung anzumelden. Art. 249g. Mot. S. 240.

## Art. 222a.

Auf Antrag von Aktionären, deren Antheile zusammen den zehnten Theil des Grundkapitals darstellen, kann das Landgericht, in dessen Bezirk die Gesellschaft ihren Sitz hat, zur Prüfung eines Herganges bei der Gründung oder eines nicht mehr als zwei Jahre zurückliegenden Herganges bei der Geschäftsführung oder Liquidation der Gesellschaft Revisoren ernennen, sofern ein in der Generalversammlung gestellter Antrag auf Prüfung abgelehnt ist und dem Gerichte glaubhaft gemacht wird, daß bei dem Hergange Unredlichkeiten oder grobe Verletzungen des Gesetzes oder des Gesellschaftsvertrages stattgefunden haben. Die Antragsteller haben zugleich die Aktien bis zur Entscheidung über den Antrag gerichtlich zu hinterlegen und glaubhaft zu machen, daß sie dieselben seit mindestens sechs Monaten, von der Generalversammlung zurückgerechnet, besitzen.

Vor der Anordnung sind der Vorstand oder die Liquidatoren, sowie der Aufsichtsrath zu hören. Die Anordnung ist von einer nach freiem Ermessen zu bestimmenden Sicherheitsleistung abhängig zu machen.

Der Vorstand hat den Revisoren [1]) die Einsicht der Bücher und Schriften der Gesellschaft und die Untersuchung des Bestandes der Gesellschaftskasse, wie der Bestände an Effekten, Handelspapieren und Waaren zu gestatten [2]).

Der Bericht über das Ergebniß der Prüfung ist von den Revisoren zu dem Handelsregister einzureichen und von dem Vorstande bei der Berufung der nächsten Generalversammlung als Gegenstand der Beschlußfassung anzukündigen [3]).

**Ist der Antrag auf Ernennung von Revisoren zurückgewiesen, oder erweist er sich nach dem Ergebnisse der Prüfung als unbegründet, so sind die Aktionaire, welchen eine bösliche Handlungsweise bei Stellung des Antrages zur Last fällt, solidarisch verpflichtet, einen durch die Stellung desselben bei der Gesellschaft entstandenen Schaden zu ersetzen.**

## Zu Art. 222 a.

Anm. 1. Der Vorstand ist aber berechtigt und verpflichtet, die ordnungsmäßige Bestellung der Revisoren zu prüfen; dagegen erstreckt sich sein Prüfungsrecht nicht auch auf eine Beurtheilung der materiellen Gründe, welche die Prüfung veranlaßten.

Anm. 2. Jede einzelne dieser Handlungen ist gegen sämmtliche Mitglieder des Vorstandes durch Ordnungsstrafen zu erzwingen. Art. 249 g. Dagegen erstreckt sich die zu erzwingende Pflicht des Vorstandes nicht auf eine aktive Mitwirkung bei der Revision; dieselbe geht vielmehr nur negativ dahin, daß er nichts thut, was die Revisoren an einer eingehenden Prüfung hindern könnte, und denselben nichts verheimlicht, was zur Offenlegung der den Revisoren zur Prüfung gestellten Verhältnisse erforderlich ist. Die Revision ist von den Revisoren in den Geschäftsräumen der Gesellschaft vorzunehmen, da der Vorstand nicht für verpflichtet erachtet werden kann, die Entfernung der Geschäftsbücher und der Gesellschaftskasse zu dulden; denn eine solche Maßnahme würde einer Beschlagnahme gleich zu achten sein, zu deren Anordnung nur der Richter, und nur bei Gefahr im Verzuge auch die Staatsanwaltschaft und die Organe der Polizei befugt sind. (§ 98. StPO.) Die Revisoren sind nur Vertrauensmänner, nicht Beamte; ihnen steht daher das durch die Strafprozeßordnung der Behörde zur Entdeckung strafbarer Handlungen in die Hand gegebene Mittel der Beschlagnahme nicht zu.

Anm. 3. Einen durch Ordnungsstrafen geltend zu machenden Zwang gegen die Revisoren zur Einreichung des Berichts kennt das HGB. nicht. Dagegen ist der Vorstand durch Ordnungsstrafen zur Ankündigung des Berichtes anzuhalten. Art. 249 g.

## Art. 225.

Der Aufsichtsrath hat den Vorstand bei seiner Geschäftsführung in allen Zweigen der Verwaltung zu überwachen und zu dem Zwecke sich von dem Gange der Angelegenheiten der Gesellschaft zu unterrichten. Er kann jederzeit über dieselben Berichterstattung von dem Vorstande verlangen und selbst oder durch einzelne von ihm zu bestimmende Mitglieder[1]) die Bücher und Schriften der Gesellschaft einsehen, sowie den Bestand der Gesellschaftskasse und die Bestände an Effekten, Handelspapieren und Waaren untersuchen.[2]) Er hat die Jahresrechnungen, die Bilanzen und die Vorschläge zur Gewinnvertheilung zu prüfen und darüber der Generalversammlung der Aktionaire Bericht zu erstatten.

**Er hat eine Generalversammlung zu berufen, wenn dies im Interesse der Gesellschaft erforderlich ist.**

**Weitere Obliegenheiten des Aufsichtsraths werden durch den Gesellschaftsvertrag bestimmt.**

**Die Mitglieder des Aufsichtsraths können die Ausübung ihrer Obliegenheiten nicht anderen Personen übertragen.**

### Zu Art. 225.

Anm. 1. Nicht also jedes Aufsichtsrathsmitglied als solches hat das Recht, durch persönliche Einsicht die Kontrole über den Vorstand auszuüben, und diesen durch bei Gericht zu erwirkende Ordnungsstrafen zur Offenlegung der Verhältnisse der Gesellschaft anzuhalten; dieses Recht steht vielmehr nur dem Aufsichtsrath in corpore oder den von dieser Körperschaft durch einen Mehrheitsbeschluß delegirten Personen zu. Vgl. Komm.Ber. S. 21.

Anm. 2. Weigert der Vorstand die Erstattung des Berichts oder die Vorlegung der Gesellschaftsbücher und des Gesellschaftsvermögens an den formell legitimirten Aufsichtsrath, so unterliegt der Vorstand der Ordnungsstrafe. Art. 249g.

## Dritter Abschnitt.

## Rechte und Pflichten des Vorstandes.

### Art. 228.

Die jeweiligen Mitglieder des Vorstandes müssen alsbald nach ihrer Bestellung zur Eintragung in das Handelsregister (Art. 210, 212)[1]) angemeldet werden. Der Anmeldung ist ihre Legitimation[2]) beizufügen.

Sie haben ihre Unterschrift vor dem (Handels-) Amtsgerichte[1]) zu zeichnen oder die Zeichnung derselben in beglaubigter Form einzureichen.[3])

### Zu Art. 228.

Anm. 1. der Hauptniederlassung und sämmtlicher Zweigniederlassungen.

Anm. 2. Ein urkundlicher, nicht beglaubigter Nachweis, der in Gemäßheit des Gesellschaftsvertrages erfolgten Bestellung. Art. 209 Ziff. 5.

Anm. 3. § 4 Pr. Einf.Ges. Vgl. S. 6. Die Unterlassung der formgemäßen Anmeldung oder der Zeichnung der Unterschrift bei einem der zuständigen Gerichte (vgl. Anm. 1) begründet gegen sämmtliche Mitglieder des Vorstandes Ordnungsstrafen. Art. 249g.

### Art. 233.

Jede Aenderung in der Zusammensetzung des Vorstandes[1]) muß zur Eintragung in das Handelsregister (Art. 210, 212)[2]) angemeldet werden[3]).

Dritten Personen kann die Aenderung nur insofern entgegengesetzt werden, als in Betreff dieser Aenderung die im Art. 46 in Betreff des Erlöschens der Prokura bezeichneten Voraussetzungen vorhanden sind. Entscheidend hierfür ist die Eintragung bei dem Handelsgerichte, in dessen Bezirke die Gesellschaft ihren Sitz hat.

### Zu Art. 233.

Anm. 1. Auch der zeitweilige Eintritt von Mitgliedern des Aufsichtsraths in den Vorstand zur Stellvertretung von behinderten Mitgliedern des letzteren. Art. 225a.

Anm. 2. der Hauptniederlassung und sämmtlichen Zweigniederlassungen.

Anm. 3. Die Unterlassung der Anmeldung begründet die Verhängung von Ordnungsstrafen gegen die nach der stattgehabten Aenderung den Vorstand bildenden Personen; denn die Aenderung kann erst angemeldet werden, nachdem sie vollzogen ist, und nach dem Vollzuge sind nur die eben bezeichneten Personen Mitglieder des Vorstandes, also anmeldungspflichtig. Art. 249g.

## Art. 238a.

Jeder Beschluß der Generalversammlung bedarf zu seiner Gültigkeit der gerichtlichen oder notariellen Beurkundung [1]). Die Zuziehung von Zeugen ist nicht erforderlich.

Eine beglaubigte Abschrift der Urkunde ist ohne Verzug [2]) nach der Generalversammlung von dem Vorstande zu dem Handelsregister [3]) einzureichen [4]).

### Zu Art. 238a.

Anm. 1. Da nach einzelnen Notariatsordnungen, so z. B. nach dem Pr. Gesetz, betr. das Verfahren bei Aufnahme von Notariatsinstrumenten vom 1. Juli 1845 §§ 10 Ziff. 3, 13, 42, zur formellen Vollendung einer notariellen Urkunde die Unterschrift der Interessenten, d. h. in diesem Fall sämmtlicher anwesenden Aktionaire, nothwendig ist, so empfiehlt es sich, zur Vermeidung dieser Unbequemlichkeit, schon im Gesellschaftsvertrage zu bestimmen, daß nur eine bestimmte Anzahl von Personen als Interessenten behufs der Vollziehung notarieller Urkunden anzusehen seien; die Unterschrift dieser Personen reicht dann aus. Vgl. v. Hahn, Komm. z. HGB. § 10 zu Art. 214, Mot. S. 354.

Anm. 2. Ueber die Auslegung des Begriffes „ohne Verzug“ entscheidet das freie richterliche Ermessen.

Anm. 3. nur der Hauptniederlassung, da in allen Fällen, wo die Einreichung auch bei dem Handelsregister der Zweigniederlassung zu geschehen hat, das Gesetz besondere Anordnungen trifft.

Anm. 4. Die Unterlassung der Einreichung begründet Ordnungsstrafen gegen sämmtliche Mitglieder des Vorstandes.

## Art. 239.

Der Vorstand ist verpflichtet, Sorge zu tragen, daß die erforderlichen Bücher der Gesellschaft geführt werden.

Er muß in der durch den Gesellschaftsvertrag bestimmten Frist, welche über die ersten sechs Monate des Geschäftsjahres nicht erstreckt werden kann, und in Ermangelung einer solchen Frist in den ersten drei Monaten desselben für das verflossene Geschäftsjahr eine Bilanz [1]), eine Gewinn- und Verlustrechnung, sowie einen den Vermögensstand und die Verhältnisse der Gesellschaft entwickelnden Bericht [2]) dem Aufsichtsrath und mit dessen Bemerkungen der Generalversammlung vorlegen [3]). Er hat die Vorlagen mindestens zwei Wochen vor der Versammlung in dem Geschäftslokale der Gesellschaft zur Einsicht der Aktionäre auszulegen [4]).

Jeder Aktionär ist berechtigt, auf seine Kosten eine Abschrift der Bilanz, der Gewinn- und Verlustrechnung, sowie des Geschäftsberichts zu verlangen.

### Zu Art. 239.

Anm. 1. Ueber die Bilanz vgl. S. 67 ff.

Anm. 2. welcher bestimmt ist, die einzelnen Posten der Bilanz zu erläutern und zu rechtfertigen; neben demselben soll dem Aufsichtsrath auch noch ein detaillirter Nachweis der einzelnen Bilanzposten geliefert werden. Mot. S. 357.

Anm. 3. Der Vorstand hat dafür Sorge zu tragen, daß der Aufsichtsrath ihm die vorgelegten Urkunden rechtzeitig zurückstellt, da der Vorstand für die rechtzeitige Auslegung derselben vor Abhaltung der Generalversammlung, sowie für die rechtzeitige Vorlegung an die Generalversammlung unbedingt verantwortlich ist.

Anm. 4. Die Unterlassung der Auslegung und der Vorlegung überhaupt, sowie der rechtzeitigen Auslegung und Vorlegung zieht gegen die Mitglieder des Vorstandes Ordnungsstrafen nach sich. Art. 249g. Der Endtermin, an dem die dem Vorstand durch Art. 239 auferlegte Pflicht erfüllt sein muß, bestimmt sich zunächst nach dem Gesellschaftsvertrag und kann in weniger als drei und in nicht mehr als sechs Monaten des verflossenen Geschäftsjahres angesetzt werden; enthält der Gesellschaftsvertrag hierüber keine Bestimmung, so fällt der Endtermin auf den letzten Tag des dritten Monats nach Ablauf des verflossenen Geschäftsjahres. Die Ordnungsstrafe ist demnach begründet, wenn der Vorstand, nachdem vor Ablauf des Endtermins die gerichtliche Aufforderung zur Auslegung und Vorlegung der Bilanz u. s. w. an ihn ergangen ist (Anm. 1 zu Art. 185), dieser Aufforderung nicht spätestens mit Ablauf des Endtermins nachgekommen ist. Wenn allerdings das Gericht die rechtzeitige Aufforderung vor Ablauf des Endtermins versäumt, so kann der Vorstand sich von der Ordnungsstrafe befreien, wenn er sofort nach erhaltener gerichtlicher Aufforderung, selbst noch nach Ablauf des Endtermins, die Bilanz u. s. w. vorlegt und auslegt; denn ohne vorausgegangene gerichtliche Aufforderung kann die Ordnungsstrafe nicht verhängt werden. Vgl. S. 9 ff. Die Strafvorschrift findet nur Anwendung auf das nach dem 15. August 1884 beginnende Geschäftsjahr.

## Art. 239b.

Die Vorschriften der Art. 185a, 185b, 185c über die Bilanz und den Reservefonds finden entsprechende Anwendung [1]).

### Zu Art. 239b.

Anm. 1. Die Ordnungsstrafe richtet sich nur gegen die vom Vorstand unterlassene rechtzeitige Veröffentlichung der Bilanz und der Gewinn- und Verlustrechnung in den durch den Gesellschaftsvertrag bestimmten öffentlichen Blättern und gegen die unterlassene rechtzeitige Einreichung derselben zum Handelsregister der Hauptniederlassung. Art. 249g, 185c.

## Art. 240.

Erreicht der Verlust, welcher aus der Jahresbilanz oder einer im Laufe des Geschäftsjahres aufgestellten Bilanz [1]) sich ergiebt, die Hälfte des Grundkapitals [2]), so muß der Vorstand unverzüglich die Generalversammlung berufen und dieser davon Anzeige machen. [3])

[4]) Sobald Zahlungsunfähigkeit der Gesellschaft eintritt, muß der Vorstand die Eröffnung des Konkurses beantragen; dasselbe gilt, wenn aus der Jahresbilanz oder einer im Laufe des Geschäftsjahres aufgestellten Bilanz sich ergiebt, daß das Vermögen nicht mehr die Schulden deckt.

### Zu Art. 240.

Anm. 1. Unter letzterer ist nicht nur eine im regelmäßigen Gange des Geschäfts aufgestellte Bilanz zu verstehen, sondern auch eine solche, zu der sich der Vorstand durch außergewöhnliche Umstände besonders veranlaßt sieht. Vgl. Kayser, Komm. z. Aktienges. S. 133.

Anm. 2. d. i. wenn das Vermögen der Gesellschaft, welches durch den ursprünglichen Gesellschaftsvertrag oder durch nachfolgende Abänderungen des Vertrages festgestellt ist, um die Hälfte vermindert ist.

Anm. 3. Die Unterlassung der unverzüglichen Anzeige begründet eine Ordnungsstrafe gegen den Vorstand, Art. 249g. Die zeitliche

Geltung dieser Strafvorschrift beginnt mit dem Tage der Rechtskraft des Ges. vom 18. Juli 1884, weil die dem Vorstand auferlegte Pflicht jederzeit, ohne Rücksicht auf den Ablauf des regelmäßigen Geschäftsjahrs, zu erfüllen ist. Doch ist der Begriff „unverzüglich" nicht so eng zu fassen, daß der Vorstand sogleich, nachdem er durch den Entwurf einer Rohbilänz den Verlust wahrgenommen hat, zur Anzeige verpflichtet wäre; es muß ihm vielmehr eine nach freiem richterlichen Ermessen zu bestimmende Frist zur genauen Nachprüfung des Bilanzentwurfs belassen werden, da der Zwang zu einer sofortigen Anzeige möglicher Weise eine oberflächliche und unrichtige Prüfung der Gesellschaftsverhältnisse veranlassen kann, deren vorzeitige Veröffentlichung den Interessen der Gesellschaft eher schädlich als nützlich sein dürfte.

Anm. 4. Die Zuwiderhandlung gegen Abs. 2 Art. 240 begründet nicht die Verhängung einer Ordnungsstrafe, sondern eine weit darüber hinausgehende strafrechtliche Verantwortlichkeit. Art. 249 c Ziff. 2.

Vierter Abschnitt.

## Auflösung der Gesellschaft.

### Art. 243.

Die Auflösung[1]) der Gesellschaft muß, wenn sie nicht eine Folge des eröffneten Konkurses ist[2]), durch den Vorstand zur Eintragung in das Handelsregister (Art. 210, 212)[3]) angemeldet werden; sie muß zu drei verschiedenen Malen[4]) durch die hierzu bestimmten[5]) öffentlichen Blätter bekannt gemacht werden[6]).

Durch diese Bekanntmachung müssen zugleich die Gläubiger aufgefordert werden, sich bei der Gesellschaft zu melden.[7])

### Zu Art. 243.

Anm. 1. Durch Ablauf der im Gesellschaftsvertrage bestimmten Zeit oder durch Beschluß der Generalversammlung, der mit der Dreiviertelmehrheit des in der Versammlung vertretenen Grundkapitals gefaßt sein muß.

Anm. 2. Art. 240.

Anm. 3. der Hauptniederlassung und sämmtlicher Zweigniederlassungen. Vgl. Komm.Ber. S. 27.

Anm. 4. Ueber die zeitliche Aufeinanderfolge der drei Veröffentlichungen sagt das Gesetz nichts; sie dürfen nur nicht gleichzeitig geschehen, wohl aber an drei aufeinanderfolgenden Tagen.

Anm. 5. in den durch den Gesellschaftsvertrag bestimmten öffentlichen Blättern.

Anm. 6. Die Unterlassung der Anmeldung, sowie der öffentlichen

Bekanntmachung begründet eine Ordnungsstrafe gegen die Mitglieder des Vorstandes, selbst wenn der Beschluß der Auflösung vor dem 15. August 1884 gefaßt ist. Art. 249g.

Anm. 7. Die Unterlassung der Aufforderung an die Gläubiger ist nicht durch Ordnungsstrafe bedroht. Art. 249g.

## Art. 244.

Die Liquidation geschieht durch den Vorstand, wenn nicht dieselbe durch den Gesellschaftsvertrag oder einen Beschluß der Generalversammlung an andere Personen übertragen wird.

Auf den Antrag des Aufsichtsraths oder von Aktionären, deren Antheile zusammen den zwanzigsten Theil des Grundkapitals darstellen, kann die Ernennung von Liquidatoren durch den Richter erfolgen. Die Aktionäre haben bei Stellung des Antrags glaubhaft zu machen, daß sie die Aktien seit mindestens sechs Monaten besitzen.

Die Anmeldung der ersten[1]) Liquidatoren zur Eintragung in das Handelsregister (Art. 210, 212)[2]) ist durch den Vorstand zu machen[3]).

Die Abberufung der Liquidatoren kann durch den Richter unter denselben Voraussetzungen wie die Bestellung erfolgen. Liquidatoren, welche nicht vom Richter ernannt sind, können auch durch die Generalversammlung vor Ablauf des Zeitraums, für welchen sie bestellt sind, abberufen werden.

### Zu Art. 244.

Anm. 1. Nur der ersten, bei Beginn der Liquidation ernannten oder bestellten Liquidatoren. Die folgenden Liquidatoren haben ihre Anmeldung selbst zu bewirken, da bereits durch den Eintritt der ersten Liquidatoren der Vorstand aller seiner amtlichen Funktionen enthoben wird.

Anm. 2. der Hauptniederlassung und sämmtlicher Zweigniederlassungen.

Anm. 3. Die wegen Unterlassung der Anmeldung angedrohte Ordnungsstrafe (Art. 249g) trifft nur die Mitglieder des Vorstandes. Hat die Liquidation bereits vor dem 15. August 1884 begonnen, so kann die nachträgliche Anmeldung der ersten Liquidatoren auf Grund dieses Gesetzes durch Ordnungsstrafe nicht mehr erzwungen werden. In diesem Falle tritt Art. 244 der alten Fassung in Verbindung mit Art. 135 H.G.B. in Anwendung.

## Art. 244a.

Auf die Liquidation finden, soweit nicht in diesem Abschnitte ein Anderes bestimmt ist, die für die Liquidation einer offenen Handelsgesellschaft gegebenen Bestimmungen entsprechende Anwendung [1]).

Die Liquidatoren haben die Rechte und Pflichten des Vorstandes und unterliegen gleich diesem der Ueberwachung des Aufsichtsraths. Die Beschränkungen des Art. 232 und die im Art. 234 zugelassene Bestellung von Prokuristen findet nicht statt.

Die Liquidatoren haben bei Beginn der Liquidation eine Bilanz aufzustellen. Dieselbe ist von ihnen ohne Verzug in den hierzu bestimmten [2]) öffentlichen Blättern bekannt zu machen und zu dem Handelsregister [3]) einzureichen [4]).

Die Veräußerung unbeweglicher Sachen kann durch die Liquidatoren, sofern nicht der Gesellschaftsvertrag oder ein Beschluß der Generalversammlung anders bestimmt, nur durch öffentliche Versteigerung bewirkt werden.

### Zu Art. 244a.

Anm. 1. Danach ist auch das Austreten eines Liquidators oder das Erlöschen seiner Vollmacht zur Eintragung in die Handelsregister der Hauptniederlassung und der Zweigniederlassungen anzumelden. Art. 135 HGB. Die wegen Unterlassung dieser Vorschrift zu verhängende Ordnungsstrafe trifft die nachfolgenden Liquidatoren, nicht den Vorstand, der seiner Funktionen bereits durch den Eintritt der ersten Liquidatoren entkleidet ist.

Anm. 2. Durch den Gesellschaftsvertrag bestimmt.

Anm. 3. Da hier die Einreichung zu dem Handelsregister der Zweigniederlassung nicht ausdrücklich gefordert ist, so genügt die Einreichung bei dem Register der Hauptniederlassung.

Anm. 4. Die Unterlassung der Bilanzaufstellung, sowie der Einreichung und Veröffentlichung derselben ist mit Ordnungsstrafen bedroht, welche nur gegen die Liquidatoren zu verhängen sind. Art. 249g. Hat aber die Liquidation bereits vor dem 15. August 1884 begonnen, so ist die Aufstellung und Veröffentlichung, sowie die Anmeldung der Bilanz weder von den ersten, noch von den nachfolgenden Liquidatoren durch Ordnungsstrafen zu erzwingen.

## Art. 247.

Bei der Auflösung einer Aktiengesellschaft durch Vereinigung derselben mit einer anderen Aktiengesellschaft (Art. 215) kommen folgende Bestimmungen zur Anwendung:

1) Das Vermögen der aufzulösenden Gesellschaft ist so lange getrennt zu verwalten, bis die Befriedigung oder Sicherstellung ihrer Gläubiger erfolgt ist.

2) Der bisherige Gerichtsstand der Gesellschaft bleibt für die Dauer der getrennten Vermögensverwaltung bestehen, dagegen wird die Verwaltung von der anderen Gesellschaft geführt.

3) Die Mitglieder des Vorstandes und des Aufsichtsraths der letzteren Gesellschaft sind den Gläubigern der aufgelösten Gesellschaft für die Ausführung der getrennten Verwaltung persönlich und solidarisch verantwortlich, die Mitglieder des Aufsichtsraths, soweit eine Vereinigung der Vermögen beider Gesellschaften mit ihrem Wissen und ohne ihr Einschreiten erfolgt ist.

4) Die Auflösung der Gesellschaft ist zur Eintragung in das Handelsregister anzumelden [1]).

5) Die öffentliche Aufforderung der Gläubiger der aufgelösten Gesellschaft (Art. 243) kann unterlassen oder auf einen späteren Zeitpunkt verschoben werden. Jedoch ist die Vereinigung der beiden Gesellschaften erst in dem Zeitpunkte zulässig, in welchem eine Vertheilung des Vermögens einer aufgelösten Aktiengesellschaft unter die Aktionäre erfolgen darf (Art. 245).

### Zu Art. 247.

Anm. 1. Die Unterlassung der Anmeldung wird durch Ordnungsstrafe bedroht (Art. 249 g.); diese trifft aber nicht die Liquidatoren, sondern die Mitglieder des Vorstandes, da eine Fusion einer Liquidation nicht gleich zu achten ist (Art. 242 HGB.) und die Mitglieder des Vorstandes demnach allein die Leitung und Verwaltung der Angelegenheiten der aufzulösenden Gesellschaften zu besorgen haben. Die Anmeldung wird auch bei dem Handelsregister der Zweigniederlassung zu erfolgen haben, obwohl das Gesetz dies nicht ausdrücklich anordnet, da die Thatsache der Auflösung so wesentlich ist, daß sie auch für die Zweigniederlassung der Verlautbarung durch das Register bedarf.

## Art. 248.

Eine theilweise Zurückzahlung des Grundkapitals an die Aktionäre oder eine Herabsetzung desselben kann nur auf Beschluß der Generalversammlung und nur unter Beobachtung derselben Bestimmungen erfolgen, welche für die Vertheilung des Gesellschaftsvermögens im Falle der Auflösung maßgebend sind (Art. 243, 245). Der Beschluß hat zugleich die Art, in welcher die Zurückzahlung oder Herabsetzung erfolgen soll, und die zu ihrer Durchführung erforderlichen Maßregeln festzusetzen. Er muß, sofern der Gesellschaftsvertrag für die Beschlußfassung nicht noch andere Erfordernisse aufstellt, durch eine Mehrheit von drei Viertheilen des in der Generalversammlung vertretenen Grundkapitals erfolgen. Sind verschiedene Gattungen von Aktien ausgegeben, so bedarf es zu dem von der gemeinschaftlichen Generalversammlung gefaßten Beschlusse der Zustimmung einer besonderen Generalversammlung der benachtheiligten Aktionäre, deren Beschlußfassung derselben Vorschrift unterliegt.

Der Beschluß ist in das Handelsregister einzutragen; auf die Eintragung finden die Vorschriften im Art. 214 Anwendung. [1])

### Zu Art. 248.

Anm. 1. Der Beschluß ist bei Vermeidung einer gegen die Mitglieder des Vorstandes zu verhängenden Ordnungsstrafe bei den Handelsregistern der Haupt- und der Zweigniederlassung anzumelden und durch die im Gesellschaftsvertrag bestimmten öffentlichen Blätter zu drei verschiedenen Malen zu veröffentlichen, Art. 214. 243. 249 g.

## Vierter Titel.

## Strafbestimmungen.

### Art. 249.*)

[1]) Persönlich haftende Gesellschafter [2]), Mitglieder des Aufsichtsraths und Liquidatoren einer Kommanditgesellschaft auf Aktien, sowie Mitglieder des Vorstandes und des Aufsichtsraths und Liquidatoren einer Aktiengesellschaft werden, wenn sie absichtlich [3]) zum Nachtheile der Gesellschaft handeln [4]), mit Gefängniß [5]) und zugleich mit Geldstrafe bis zu zwanzigtausend Mark [6]) bestraft.

Zugleich kann auf Verlust der bürgerlichen Ehrenrechte erkannt werden. [7])

### Zu Art. 249.

Anm. *) Sämmtliche in den Artt. 249 ff. enthaltene Strafvorschriften sind anwendbar nur auf diejenigen Handlungen, welche nach dem 15. August 1884 begangen sind. § 2 Abs. 1 RStGB.

Ist die Handlung bereits vor dem 15. August 1884 begangen worden, der durch dieselbe verursachte schädliche Erfolg aber, durch welchen sich das Vergehen vollendet, erst später eingetreten, so gelangen prinzipiell die Strafvorschriften des Textes nicht zur Anwendung, wenn sie nicht milder sind, wie ein anderes vor der Zeit der begangenen Handlung bis zu deren Aburtheilung erlassenes Strafgesetz, § 2 Abs. 2 RStGB.

Wenn z. B. der Vorstand einer Aktiengesellschaft dadurch absichtlich zum Nachtheil seiner Gesellschaft handelt, daß er vor dem Inkrafttreten der obigen Strafvorschriften ein Konkurrenzunternehmen begünstigt hat in der Absicht, den Geschäftsbetrieb der eigenen Gesellschaft hierdurch zu schädigen, der schädliche Erfolg aber erst nach dem 15. August 1884 eingetreten ist, so ist die Handlung des Vorstandes, welche nach dem jetzt geltenden Recht strafbar wäre, straffrei, da nach dem früher geltenden Recht der Vorstand einer Aktiengesellschaft wegen dieses Delikts (§ 266 Abs. 1 RStGB.) nicht bestraft werden konnte.

Hat ferner der Vorstand einer Aktiengesellschaft vor dem 15. August 1884 eine Untreue dadurch begangen, daß er ein Vermögensstück der Gesellschaft unter dem Werth verkaufte, in der Absicht, die Gesellschaft hierdurch zu schädigen, und gelangt die That erst nach dem 15. August 1884 zur Aburtheilung, so kommt das frühere Recht (§ 266 Ziff. 2) zur Anwendung, weil dieses eine mildere Strafbestimmung (neben der Gefängnißstrafe nur Geldstrafe bis zu 3000 M.) als Art. 249 enthält.

Anm. 1. Der Artikel enthält eine Ausdehnung des § 266 StGB. Die Praxis hatte die Strafvorschriften dieses Paragraphen allerdings bereits dahin ausgedehnt, daß die Mitglieder des Vorstandes und des Aufsichtsraths, sowie die Liquidatoren einer Aktienkommanditgesellschaft oder einer Aktiengesellschaft wegen Untreue strafbar seien, wenn sie über Forderungen oder andere Vermögensstücke der Gesellschaften absichtlich zu deren Nachtheil verfügen. Allein der Gesetzgeber wollte die genannten Personen noch darüber hinaus strafrechtlich haftbar machen für alle Fälle, in denen sie absichtlich zum Nachtheil der von ihnen geleiteten Gesellschaften handeln. Mot. S. 180 ff.

Anm. 2. Weder das Gesetz, noch die Motive zu demselben oder der Kommissionsbericht besagen etwas darüber, ob unter den persönlich haftenden Gesellschaftern sämmtliche persönlich haftende oder nur diejenigen zu verstehen sind, welchen die Führung der Geschäfte übertragen ist, während die von der Vertretung ausgeschlossenen persönlich haftenden Gesellschafter von der strafrechtlichen Verantwortlichkeit des Art. 245 ausgeschlossen sein würden. Die Auslegung ist daher auf die Prüfung der ratio legis und der Entstehungsgeschichte des Art. 249 angewiesen. Diese Prüfung aber führt dahin, die von der Vertretung ausgeschlossenen persönlich haftenden Gesellschafter von der Haftbarkeit aus Art. 249 zu befreien. Der Art. 249 ist, wie gezeigt, dem Art. 266 StGB. entnommen und will, wie dieser, nur solche Personen bestrafen, welche durch ihre Stellung als Bevollmächtigte bez. Beauftragte einer Gesellschaft ihrer Auftraggeberin in allen Beziehungen Treue schulden, und welche, wenn sie das ihnen gewährte Vertrauen und die von ihnen dafür geschuldete Treue verletzen, deshalb wegen Untreue nach den Strafvorschriften des Art. 249 bestraft werden sollen. Zu diesen Personen aber gehören die von der Vertretung der Gesellschaft ausgeschlossenen, persönlich haftenden Gesellschafter nicht. Das Rechtsverhältniß, welches dieselben mit den Kommanditisten und den anderen persönlich haftenden Gesellschaftern verbindet, besteht nur in der civilrechtlichen unbeschränkten Haftbarkeit für die Schulden der Gesellschaft (Art. 150 HGB.) und erzeugt allerdings die Rechtsvermuthung, daß jeder persönlich haftende Gesellschafter alle zur Geschäftsführung gehörenden Handlungen vorzunehmen befugt ist (Art. 100. 102 HGB.). Ist aber ein persönlich haftender Gesellschafter von der Geschäftsführung ausgeschlossen, so ist ihm nicht allein die Vertretung der Gesellschaft entzogen, sondern auch das Widerspruchsrecht gegen alle solche Handlungen der übrigen persönlich haftenden Gesellschafter, welche der gewöhnliche Betrieb des Handelsgewerbes der Gesellschaft mit sich bringt, ist ihm genommen (Art. 157, 99 HGB.). Ein solches Verhältniß aber ist nicht mehr als ein Treuverhältniß gegen die übrigen persönlich haftenden Gesellschafter und die Kommanditisten zu bezeichnen, denn dasselbe entbehrt der rechtlichen Elemente eines Mandats, der Beziehungen zwischen Auftraggeber und Beauftragten gänzlich; es bleibt nichts übrig als die den Gesellschafter allein belastende unbeschränkte Haftung für alle Verbindlichkeiten der Gesellschaft; wenn er daher zum Nachtheil der Gesellschaft handelt, so gefährdet er zwar dadurch deren Vermögen und sein eigenes, aber er begeht nicht den Bruch eines Vertrauens, — das ihm ja auch von Niemandem gewährt ist, — und kann daher weder wegen Untreue, noch aus Art. 249, der den Begriff der Untreue nur in seinem objektiven Thatbestand weiter ausdehnt, bestraft werden. Vgl. auch v. Hahn, Komm. z. HGB. S. 647.

Anm. 3. „absichtlich" gleichbedeutend mit „wissentlich", „vorsätzlich", Komm.Ber. S. 34. Rg. Str. I. 173. 174. 329. 330.

Der Ausdruck „absichtlich" umfaßt zweierlei: der Wille des Handelnden muß darauf gerichtet sein, durch die vorzunehmende Handlung die Gesellschaft zu schädigen, und er muß in dem Bewußtsein gefaßt sein, daß die Handlung einen Vertrauensbruch involvirt. Das erste Erforderniß bildet den eigentlichen, die strafbare That leitenden dolus. Bei der Vornahme der Handlung muß der Thäter von vornherein den Willen gehabt haben, durch dieselbe die Gesellschaft zu schädigen; wenn sich der schädliche Erfolg erst nach Vornahme der Handlung erkennbar macht, vom Thäter aber nicht beabsichtigt worden ist, so entfällt die Strafbarkeit des Thäters, selbst wenn er noch in der Lage war, rechtzeitig den schädlichen Erfolg abzuwenden und dieses unterlassen hat; denn die Handlung wird nur dadurch strafbar, daß dieselbe absichtlich zum Schaden der Gesellschaft vorgenommen wird; ein fahrlässiges Geschehenlassen des Eintritts schädlicher Folgen aus einer Handlung, der bei ihrer Ausführung die Absicht der Schädigung nicht beigewohnt hat, wird durch Art. 249 nicht unter Strafe gestellt.

Ebenso wesentlich ist auch nach allgemeinen strafrechtlichen Grundsätzen das zweite, dem Ausdruck „absichtlich" zu entnehmende Strafbarkeitsmerkmal. Wenn der Thäter, welcher absichtlich zum Nachtheil der Gesellschaft handelt, nicht weiß, daß er von dieser Gesellschaft mit einer besondern Vertrauensstellung bedacht ist, so kann er auch bei Begehung der That nicht den Willen haben, dieses Vertrauen zu verletzen, das er nicht kennt, und er muß daher, soweit die schädigende Handlung nicht den Gegenstand eines andern Delikts bildet, von der Anklage aus Art. 249 freigesprochen werden; diese Freisprechung würde sich übrigens im vorliegenden Falle schon aus § 59 Abs. 1 StGB. rechtfertigen, denn einen Theil des gesetzlichen Thatbestandes des Art. 249 bildet der Umstand, daß die Handlung von einer Person begangen wird, welche in einem der in diesem Artikel bezeichneten Rechtsverhältnisse zur Gesellschaft steht; kennt der Thäter dieses Verhältniß nicht, so ist er demnach auch aus § 59 StGB. straffrei.

Anm. 4. Die Strafvorschrift des Art. 249 geht weiter, wie die des § 266 Ziff. 2 StGB., nach dem die Mitglieder des Vorstandes u. s. w. einer Aktiengesellschaft oder Aktienkommanditgesellschaft wegen Untreue nur dann bestraft werden konnten, wenn sie über Forderungen oder andere Vermögensstücke absichtlich zum Nachtheil der Gesellschaft verfügten. Mot. S. 381. Rg. Str. X S. 73. Hier wird schon das „Handeln zum Nachtheil der Gesellschaft" unter Frage gestellt. Es ist darunter jede Thätigkeit zu verstehen, welche in ihrer natürlichen Entwickelung oder in der ihr vom Thäter gegebenen Richtung geeignet ist, einen Vermögensnachtheil der Gesellschaft herbeizuführen Nicht erforderlich ist, daß der beabsichtigte Nachtheil wirklich eintritt; der schädliche Erfolg ist nicht als Strafbarkeitsmerkmal gesetzt; die in der Absicht der Schädigung vorgenommene Handlung wird allein gestraft, ohne Rücksicht auf den Erfolg. Ist thatsächlich ein schädigender Erfolg durch die Handlung bewirkt, so wird dieser Umstand bei der Strafabmessung erschwerend in's Gewicht fallen.

Anm. 5. von einem Tage bis zu fünf Jahren. § 16 StGB.

Anm. 6. Die Geldstrafe muß stets zusätzlich zur Gefängnißstrafe erkannt werden, da die Androhung der Geldstrafe mit der der Gefängnißstrafe durch die Worte „und zugleich" verbunden ist. Vergl. § 264 StGB.

Die Geldstrafe ist in der Regel dann zu verschärfen, wenn die gewinnsüchtige Absicht des Thäters bei Verübung der That erkennbar gewesen ist. Die Absicht des Thäters, sich oder einen Andern durch die That zu bereichern, bildet aber kein Strafbarkeitsmerkmal; der Nachweis derselben ist daher für die Bestrafung selbst, soweit die Geldstrafe in Betracht kommt, nicht erforderlich. Vergl. Mot. S. 382. Das Mindestmaß der Geldstrafe beträgt drei Mark. § 27 StGB.

Anm. 7. Ueber die Wirkung der Aberkennung der bürgerlichen Ehrenrechte vgl. §§ 33 ff. StGB. Dieselbe wird nur dann auszusprechen sein, wenn die That besonders den Charakter der ehrlosen Gesinnung in sich trägt.

Zuständig für die Entscheidung der Vergehen aus Art. 249 sind die Strafkammern der Landgerichte. § 73 GVG.

## Art. 249. a.[1])

Mit Gefängniß und zugleich mit Geldstrafe bis zu zwanzigtausend Mark werden bestraft:

1) persönlich haftende Gesellschafter[2]) oder Mitglieder des Aufsichtsraths einer Kommanditgesellschaft auf Aktien, sowie Gründer, Mitglieder des Vorstandes oder des Aufsichtsraths einer Aktiengesellschaft[3]), welche behufs Eintragung des Gesellschaftsvertrages in das Handelsregister[4]) rücksichtlich der Zeichnung oder Einzahlung des Gesammtkapitals der Kommanditisten[5]) oder des Grundkapitals der Aktiengesellschaft[5]) oder der im Art. 175 b. oder 209 b. vorgesehenen Festsetzungen[6]) wissentlich[7]) falsche Angaben machen[8]);
2) diejenigen, welche rücksichtlich der bezeichneten Thatsachen wissentlich[9]) falsche Angaben in einer im Art. 180 a. 213 b. vorgesehenen Ankündigung[10]) von Aktien machen[11]);
3) persönlich haftende Gesellschafter oder Mitglieder des Aufsichtsraths einer Kommanditgesellschaft auf Aktien, sowie Mitglieder des Vorstandes und des Aufsichtsraths einer Aktiengesellschaft, welche behufs Eintragung einer Erhöhung des Gesammtkapitals der Kommanditisten oder des Grundkapitals der Aktiengesellschaft in das Handelsregister[12]) (Art. 180 h. und 180 i., 215 a. und 215 b.) rücksichtlich der Einzahlung der bisherigen oder rücksichtlich der Zeichnung oder Einzahlung des erhöhten Kapitals wissentlich falsche Angaben machen.[13])

Zugleich kann auf Verlust der bürgerlichen Ehrenrechte erkannt werden.

Sind mildernde Umstände vorhanden, so tritt ausschließlich die Geldstrafe ein.[14])

### Zu Art. 249 a.

Anm. 1. Die Strafvorschrift bezweckt die Verhütung der Täuschung des Publikums durch unrichtige Angaben über die für die Kenntniß der Gesellschaftsverhältnisse wesentlichen Thatsachen, welche der Eintragung in's Handelsregister bedürfen, bei Gelegenheit der Anmeldung zur Eintragung.

Die Strafbestimmung ist weit strenger als die des früheren Rechts, welche nur eine Gefängnißstrafe bis zu drei Monaten androhte (§§ 206 Ziff. 1, 249 Ziff. 1); ebenso ist der Thatbestand des Delikts weit umfassender. Während nach der Aktiennovelle vom 11. Juni 1870 nur die persönlich haftenden Gesellschafter und die Mitglieder des Aufsichtsraths einer Aktienkommanditgesellschaft, sowie die Mitglieder des Aufsichtsraths und des Vorstandes einer Aktiengesellschaft bestraft wurden, wenn dieselben vorsätzlich behufs der Eintragung des Gesellschaftsvertrages in das Handelsregister falsche Angaben über die Zeichnung oder Einzahlung des Grundkapitals machten, sind nunmehr zunächst in den Kreis der strafbaren Personen auch die Gründer der Aktiengesellschaften d. i. die Aktionäre, welche das Statut festgestellt haben, oder welche andere, als durch Baarzahlung zu leistende Einlagen machen (Art. 209 c.) hineingezogen worden; diese Erweiterung hat ihren sachgemäßen Grund darin, daß nach Art. 210 Abs. 4 auch die Gründer neben den Mitgliedern des Vorstandes und des Aufsichtsraths die Anmeldung des Gesellschaftsvertrages zum Handelsregister zu bewirken haben und demnach gleich diesen für eine wissentlich falsche Eintragung strafrechtlich verantwortlich gemacht werden müssen. Vgl. Mot. S. 383. Ferner umfaßt Art. 249 a. nicht nur die falschen Angaben über Zeichnung und Einzahlung des Grundkapitals, sondern auch diejenigen über die Einlagen, Anlagen, Gründervortheile und den Gründungsaufwand, und zwar alle Angaben, nicht insoweit sie behufs Eintragung in das Handelsregister gemacht werden, sondern auch sofern sie in einer öffentlichen Ankündigung zum Zweck der Emission erfolgen; endlich aber bestätigt er die von der Praxis bereits inaugurirte Ausdehnung der bisherigen Strafbestimmungen auf den Fall der Erhöhung des Kommanditisten- bezw. des Grundkapitals.

Die Motive (S. 383) lehnen mit Recht die Gleichstellung des Delikts mit dem Betruge ab, mit dem dasselbe außer der Vorspiegelung falscher Thatsachen kein weiteres Thatbestandsmerkmal gemein hat. Dagegen schließt das Delikt den Thatbestand der sog. intellektuellen Urkundenfälschung in Ziff. 1 und Ziff. 3 ganz in sich ein (§ 271 StGB.); es wird aber die für dieses angesetzte Strafe hinter der des Art. 249a zurücktreten, weil Art. 249a die schwerere Strafe androht (§ 73 StGB.). Nur wenn die in Art. 249a Ziff. 1 und 3 mit Strafe bedrohten Handlungen in der Absicht begangen sind, sich oder einem Anderen einen Vermögensvortheil zu verschaffen oder einem Anderen Schaden zuzufügen, gelangt allein die schwerere Strafe des § 272 StGB. (Zuchthaus bis zu zehn Jahren) zur Anwendung.

Dagegen wird, wenn in Bezug auf die in Art. 249a Ziffer 2 bezeichnete Handlung auch die Schädigung des Vermögens eines Andern und die Bereicherungsabsicht des Thäters erwiesen ist, allein Art. 249a zur Anwendung gelangen, da dieser eine schwerere Strafe (Geldstrafe bis zu zwanzigtausend Mark) als § 263 StGB. androht. (§ 73 StGB.)

Unrichtig ist es, wenn Kayser, Komm. z. Aktiengef. S. 147 auf die im Art. 249a bezeichneten Delikte den § 2 StGB. zur Anwendung bringen will, für den Fall, daß dieselben hinsichtlich solcher Gesellschaften begangen werden, welche auf Grund der Bestimmungen des bisherigen Rechts eingetragen sind. Denn die Delikte des Art. 249a vollenden sich mit der mündlich oder schriftlich ausgesprochenen Mittheilung der wissentlich falschen Angabe an das Gericht oder die öffentlichen Blätter und werden daher, ohne Rücksicht auf die Zeit der Eintragung der Gesellschaft, nach demjenigen Gesetz bestraft, welches bestand, bevor die Handlung begangen wurde.

Anm. 2. auch die von der Vertretung der Gesellschaft ausgeschlossenen, persönlich haftenden Gesellschafter, da die Anmeldung auch zugleich von diesen erfolgen muß. Art. 176 Abs. 4.

Anm. 3. Es ist gleichgültig, ob die Mitglieder des Vorstandes oder des Aufsichtsraths ordnungsmäßig bestellt sind oder nicht; wesentlich ist nur, daß die Thäter in dem Bewußtsein handeln, daß sie ordnungsmäßig bestellt seien und daß sie als solche, also mit der Autorität einer besonderen Amts- oder Vertrauensstellung ausgerüstet, die wissentlich falschen Angaben abgeben. Weiß der Thäter dagegen, daß er nicht zur Eigenschaft eines Vorstands- oder Aufsichtsrathsmitgliedes legitimirt ist, so begeht er durch eine wissentlich falsche Angabe der in Art. 249a bezeichneten Thatsachen nur eine intellektuelle Urkundenfälschung aus § 271 StGB. und ist nur wegen dieser zu bestrafen.

Wenn die Aktienkommanditgesellschaft oder die Aktiengesellschaft nicht ordnungsmäßig errichtet ist und dem Thäter der Mangel der ordnungsmäßigen Errichtung bekannt ist, so findet nur § 271 RStGB. Anwendung.

Anm. 4. Angaben, welche nicht behufs der Eintragung in das Handelsregister gemacht werden, sind nach Art. 249a Ziff. 1 nicht zu bestrafen; doch ist natürlich nicht ausgeschlossen, daß dieselben unter Hinzutritt anderer Strafbarkeitsmerkmale den Thatbestand eines andern Delikts darstellen. Vergl. Kayser, Komm. z. Aktiengef. S. 447.

Anm. 5. Das Kommanditistenkapital und das Grundkapital der Aktiengesellschaft begreift nicht nur das Baarkapital, sondern auch die Anlagen, Einlagen und den Gründungsaufwand. Mot. S. 383.

Anm. 6. Festsetzungen des Gesellschaftsvertrages über die Sondervortheile einzelner Gesellschafter oder Aktionäre, die nicht durch Baarzahlung geleisteten Einlagen, die Uebernahme vorhandener oder herzustellender Anlagen oder sonstiger Vermögensstücke und den Gründungsaufwand.

Anm. 7. „wissentlich", d. i. mit dem Bewußtsein 1) in der Qualität einer der in Art. 249a Ziff. 1 bezeichneten Personen zu handeln, 2) daß die gemachten Angaben in Folge der Anmeldung derselben in das Handelsregister eingetragen werden sollen, 3) daß diese Angaben falsch sind.

Anm. 8. Diejenigen Personen, welche die oben bezeichneten Amts- oder Vertrauenspersonen zur Anmeldung wissentlich falscher Angaben anstiften oder dieselben — im Bewußtsein der Widerrechtlichkeit — unterstützen, z. B. durch Niederschreiben oder durch Ueberreichen der Anmeldung, verfallen gleichfalls der Strafe des Art. 249 a, da die persönlichen Eigenschaften der Thäter im vorliegenden Fall die Strafbarkeit nicht erhöhen oder vermindern, sondern dieselben begründen und § 50 StGB. demnach nicht zur Anwendung gelangen kann.

Anm. 9. Der dolus dieses Delikts besteht in dem Bewußtsein, daß die zur öffentlichen Mittheilung gebrachten Thatsachen unvollständig oder unrichtig sind, und in dem Willen, diese Thatsachen öffentlich mitzutheilen, um die bezüglichen Aktien auf Grund der Mittheilungen in den Verkehr zu bringen.

Das Vergehen ist mit der Mittheilung selbst vollendet; es ist nicht erforderlich, daß die Aktien wirklich in den Verkehr gebracht sind. Erfolgt die öffentliche Ankündigung aus anderen Gründen, als um die Aktien in den Verkehr einzuführen, etwa um den Cours derselben in die Höhe zu bringen, oder um dem Unternehmen einen guten Ruf zu verschaffen, so ist Art. 249 a Ziff. 2 nicht anwendbar, da die Einführung in den Verkehr im Sinne der in Ziff. 2 allegirten Artt. 180 a. 213 b. HGB. nur die Vermittelung des Zugangs zur Börse und der Aufnahme in den offiziellen Courszettel bedeutet, Mot.; die Handlung könnte aber wohl nach Art. 249 d. strafbar sein.

Anm. 10. Die Ankündigung muß vor der Eintragung des Gesellschaftsvertrages in das Handelsregister oder spätestens zwei Jahre nach der Eintragung erfolgt sein; eine spätere Ankündigung ist nach Art. 249 a nicht strafbar.

Die Ankündigung muß öffentlich erfolgen, d. i. durch öffentliche Blätter oder durch Mittheilungen (Cirkulare) an die Interessenten.

Anm. 11. Ob die Thäter die Eigenschaft der unter Ziff. 1 bezeichneten Personen haben, ist irrelevant; die Anstifter und Gehülfen unterliegen der gleichen Strafvorschrift.

Da die Oeffentlichkeit der Ankündigung ein Strafbarkeitsmerkmal bildet, so vollendet sich das Vergehen erst dadurch, daß die Ankündigung wirklich in die Oeffentlichkeit gelangt ist, also entweder dadurch, daß die öffentlichen Blätter, welche die Ankündigung enthalten, ausgegeben sind, oder daß die abgesandten Cirkulare in die Hände der Empfänger gelangt sind. Bis zu diesem Zeitpunkt liegt nur Versuch vor.

Anm. 12. Nur die zum Zweck der Eintragung des Grundkapitals in das Handelsregister gemachten wissentlich falschen Angaben sind nach Art. 249 a Ziff. 3 strafbar.

Anm. 13. Vergl. im Uebrigen Anm. 1 bis 8.

Anm. 14. Ueber die Strafen vergl. Anm. 5 ff. zu Art. 249 S. 93 ff.

## Art. 249 b.

Persönlich haftende Gesellschafter, Mitglieder des Aufsichtsraths und Liquidatoren einer Kommanditgesellschaft auf Aktien, sowie Mitglieder des Vorstandes und des Aufsichtsraths und Liquidatoren einer Aktiengesellschaft werden mit Gefängniß bis zu einem Jahr und zugleich[15]) mit Geldstrafe bis zu zwanzigtausend Mark bestraft:

[1]) 1. wenn sie wissentlich[2]) in ihren Darstellungen, in ihren Uebersichten über den Vermögensstand der Gesellschaft[3]) oder in den in der Generalversammlung[4]) gehaltenen Vorträgen[5]) den Stand der Verhältnisse[6]) der Gesellschaft unwahr darstellen oder verschleiern[7]);

2. wenn sie vor der vollen Leistung des Nominalbetrages der Aktien[8]) oder des in den Fällen der Art. 175a Ziff. 2. 180h Abs. 2. 209a Ziff. 2. 215a Abs. 2 festgesetzten Betrages[9]) Aktien ausgeben[10]);

3. wenn sie in dem Falle einer stattgefundenen Erhöhung des Gesammtkapitals oder des Grundkapitals vor Eintragung derselben in das Handelsregister (Art. 180i Abs. 3. 215c Abs. 3)[11]) Aktien oder Interimsscheine ausgeben[12]);

4. wenn sie auf einen geringeren Betrag als eintausend Mark gestellte Aktien oder Interimsscheine ausgeben, welche nicht die im Art. 181a Abs. 3. 215c Abs. 4 vorgeschriebenen Angaben[13]) enthalten.

Im Falle der Ziffer 1 kann zugleich auf Verlust der bürgerlichen Ehrenrechte erkannt werden[14]).

Sind mildernde Umstände vorhanden, so tritt ausschließlich die Geldstrafe ein[15]).

## Zu Art. 249b.

Anm. 1. Der Thatbestand der Ziff. 1 war bereits in den Artt. 206 Ziff. 3. 249 Ziff. 3 der Aktiennovelle von 1870 enthalten und ist nur durch die Ausdehnung der Strafvorschrift auf die Liquidatoren der Aktienkommandit- und der Aktiengesellschaften erweitert worden.

Anm. 2. Auch hier ist der dolus nicht auf die Vermögensschädigung des durch die unwahren Darstellungen Getäuschten oder auf eine Bereicherung des Täuschenden gerichtet; die Täuschung allein bildet das leitende Motiv der Handlung.

Anm. 3. Es ist nicht erforderlich, daß die Darstellungen oder Uebersichten der Gesellschaft selbst in der Generalversammlung ertheilt sind. Rg. Str. V. 147. 148. Die Strafvorschrift umfaßt vielmehr jede unwahre Darstellung oder Uebersicht, die von dem Vorstand oder dem Aufsichtsrath oder einzelnen Mitgliedern desselben, einem einzelnen Aktionär, sowie jedem Dritten ertheilt ist, der berechtigt ist, von den im Abs. 1 des Textes bezeichneten Personen amtliche Auskunft über die Vermögensverhältnisse der Gesellschaft zu erfordern, oder welchem die oben bezeichneten Personen eine solche Auskunft, unter dem Vorgeben, daß dieselbe durch ihre amtliche Autorität bestätigt sei, aus eigenem Antrieb ertheilen.

Anm. 4. Ob die Generalversammlung eine außerordentliche oder ordentliche, eine ordnungsmäßig berufene ist oder nicht, ist irrelevant.

Anm. 5. Unter den Vorträgen sind nicht nur die von den oben bezeichneten Personen in der Generalversammlung erstatteten zusammenhängenden Berichte, sondern auch jede von ihnen in ihrer amtlichen Qualität in der Generalversammlung ertheilte Auskunft zu verstehen.

Anm. 6. Nicht nur in Bezug auf die Vermögenslage, sondern auch in Bezug auf den Geschäftsbetrieb, auf die Aussicht neuer Geschäfte, auf Abschlüsse für das neue Geschäftsjahr, sowie auf alle Verhältnisse, welche für die Beurtheilung des derzeitigen Standes der Gesellschaft und deren Fortentwickelung von Bedeutung sind. Vgl. Renaud, Recht der Aktiengesellschaften S. 623.

Anm. 7. Der Ausdruck „verschleiern" ist aus der Fassung der Art. 206. 249 der Aktiennovelle von 1870 übernommen und bereits früher von Keyßner, die Aktiengesellschaften und die Kommanditgesellschaften auf Aktien S. 276, mit Recht als unbestimmt und zu allgemein gehalten, gerügt worden; die neue Fassung des Gesetzes hat denselben gleichwohl, nicht zum Vortheil der klaren Gesetzesauslegung, beibehalten. Um dem Ausdruck „verschleiern" einen für die strafrichterliche Beurtheilung greifbaren Thatbestand zu entnehmen, wird derselbe dahin zu interpretiren sein, daß er umfaßt: 1) jede wissentliche Verheimlichung wahrer Thatsachen, deren Offenlegung den Stand der Verhältnisse der Gesellschaft in einem andern Licht erscheinen lassen würde, sowie 2) jede absichtliche Zusammenstellung wahrer Thatsachen in der Art, daß durch die Weise der Zusammenstellung der Stand der Verhältnisse anders erscheint, als er wirklich ist. — Es ist nicht erforderlich, daß durch die unwahre Darstellung oder die Verschleierung der Stand der Gesellschaftsverhältnisse nur in einer der Wahrheit nicht entsprechenden günstigen Weise dargestellt wird; auch eine Darstellung, welche ein der Wahrheit nicht entsprechendes ungünstiges Bild von den Gesellschaftsverhältnissen entwirft, ist nach Art. 249 b Ziff. 1 strafbar, da jede Art der Täuschung Seitens der Amts- oder Vertrauenspersonen unter Strafe gestellt werden soll.

Ueber Anstiftung und Beihülfe vergl. Anm. 8 zu Art. 249 a.

Anm. 8. Die Ausgabe der einzelnen Aktien ist statthaft, nicht erst nach Vollbezahlung aller Aktien, sondern schon sobald der für die betreffenden einzelnen Aktien festgesetzte Betrag voll eingezahlt ist. Komm.-Ber. S. 35.

Anm. 9. Wenn nämlich der festgesetzte Betrag höher als der Nominalbetrag ist.

Anm. 10. Der Zusatz „wissentlich" ist hier nicht beigefügt, und es muß — bei dem Schweigen der amtlichen Quellen über diese Frage — daher angenommen werden, daß jede Art der Ausgabe, auch die fahrlässige, unter Strafe gestellt werden soll; für diese wird sich aber bei der Strafabmessung die Zubilligung der mildernden Umstände empfehlen.

Anm. 11. der Hauptniederlassung.

Anm. 12. Wird die Eintragung später angefochten, so bleibt die vor der Erhebung der Anfechtungsklage erfolgte Ausgabe von Aktien oder Interimsscheinen straflos.

Vergl. auch noch Anm. 10 über die Wissentlichkeit.

Anm. 13. Die Angabe der ertheilten Genehmigung des Bundesraths oder der Beschränkung, daß die Aktien nur mit Einwilligung der Gesellschaft übertragen werden dürfen.

Anm. 14. Die innerhalb der Kommission beantragte Ausdehnung des Verlusts der bürgerlichen Ehrenrechte auf die Fälle der Ziffer 2 und 3 ist von der Kommission abgelehnt worden. Komm.Ber. S. 35, Mot. S. 336.

Anm. 15. Ueber die Strafen s. Anm. 5 ff. zu Art. 249 S. 93 ff. Der Ausdruck „zugleich" und damit die obligatorische Kumulation der Geld- und Gefängnißstrafe ist von der Kommission für die Art. 249 b 249 c. 249 d unter Hinweis auf § 264 StGB. zugefügt worden.

Zuständig zur Entscheidung sind die Strafkammern der Landgerichte. § 73 GVG.

## Art. 249 c. [1])

Mit Gefängniß bis zu drei Monaten und zugleich mit Geldstrafe bis zu fünftausend Mark werden bestraft:

1) die persönlich haftenden Gesellschafter, die Mitglieder des Aufsichtsraths und die Liquidatoren einer Kommanditgesellschaft auf Aktien, sowie die Mitglieder des Vorstandes und des Aufsichtsraths und die Liquidatoren einer Aktiengesellschaft, wenn länger als drei Monate [2]) die Gesellschaft ohne Aufsichtsrath geblieben ist, oder in dem letzteren die zur [3]) Beschlußfähigkeit erforderliche Zahl von Mitgliedern gefehlt hat;

2) die Mitglieder des Vorstandes und die Liquidatoren einer Aktiengesellschaft, wenn sie entgegen der Vorschrift des Art. 240 Abs. 2 [4]) es unterlassen haben [5]), die Eröffnung des Konkurses zu beantragen.

Sind mildernde Umstände vorhanden, so ist auf die Geldstrafe ausschließlich zu erkennen [6]).

Die Strafe tritt nicht gegen denjenigen ein, welcher nachweist, daß die Bestellung oder Ergänzung des Aufsichtsraths oder der Eröffnungsantrag ohne sein Verschulden unterblieben ist [7])

### Zu Art. 249c.

Anm. 1. Die Strafvorschrift lehnt sich an den Thatbestand der Artt. 206 Ziff. 2, 249 Ziff. 2, 249a der Novelle von 1870 an; erweitert denselben aber durch die Ausdehnung der Strafbarkeit auf die Liquidatoren, verschärft die Strafe durch die in obligatorischer Kumulation zu erkennende, sich bis auf fünftausend Mark erstreckende Geldstrafe und verschiebt die Beweislast dahin, daß sie dem Angeklagten den Nachweis auferlegt, daß die Bestellung oder Ergänzung des Aufsichtsraths oder der Eröffnungsantrag ohne seine Schuld unterblieben ist.

Anm. 2. Für den ersten Aufsichtsrath ist die Frist von der Registrirung ab zu berechnen, selbst wenn für das Entstehen der Aktiengesellschaft oder Aktienkommanditgesellschaft ein späterer Termin bestimmt ist. Vergl. Renaud, Aktiengesellschaften S. 622.

Anm. 3. d. i. in der gesetzlichen oder durch den Gesellschaftsvertrag bestimmten Beschlußfähigkeit.

Anm. 4. im Fall der Zahlungsunfähigkeit der Gesellschaft oder wenn aus der Jahresbilanz oder einer im Laufe des Geschäftsjahres aufgestellten Bilanz sich ergiebt, daß das Vermögen nicht mehr die Schulden deckt.

Anm. 5. Die Strafbarkeit tritt nur ein, wenn den Mitgliedern des Vorstandes oder den Liquidatoren die Kenntniß der im Art. 240 Abs. 2 normirten Voraussetzungen nachgewiesen ist.

Anm. 6. Ueber die Strafen s. Anm. 5 ff. zu Art. 249 S. 93 ff. Zuständig sind die Strafkammern. § 73 GVG.

Anm. 7. Ein Verschulden ist nicht schon dann ausgeschlossen, wenn auch bei der Anmeldung behufs der Eintragung in das Handelsregister die vom Gesetz als nothwendig erforderten Urkunden über die Bestellung des Aufsichtsraths (Art. 210 Ziff. 3) nicht mit überreicht sind; auch kann die Entschuldigung der Unkenntniß der civil- oder strafrechtlichen Vorschriften die Straflosigkeit nicht begründen. Wenn dagegen der Angeklagte bei Registrirung des Gesellschaftsvertrages durch den Richter oder bei Konstituirung des Gesellschaftsvertrages durch den Notar rechtsirrthümlich dahin belehrt ist, daß es eines Aufsichtsraths nicht bedürfe, so würde ein solcher Umstand ein Verschulden des Angeklagten ausschließen und ihn von der Strafe befreien. Rg. Str. V. 162. 163.

Die Verschiebung der Beweislast nach der Seite des Angeklagten ist in der Kommission lebhaft angefochten, aber endgültig angenommen worden, in der Erwägung, daß die Uebertragung der Beweislast auf den Staatsanwalt die Bestimmung des Gesetzes entweder illusorisch oder zu einer für die Gesellschaften selbst sehr unbequemen machen würde, da alsdann der Staatsanwalt, um seinerseits den Schuldbeweis führen zu können, zu Beschlagnahmen und sonstigen für die Gesellschaften unliebsamen Maßnahmen werde greifen müssen.

## Art. 249 d.

Mit Gefängniß bis zu einem Jahre und zugleich mit Geldstrafe bis zu zehntausend Mark[1]) wird bestraft:

1) wer in öffentlichen Bekanntmachungen[2]) wissentlich[3]) falsche Thatsachen[4]) vorspiegelt[5]) oder wahre Thatsachen entstellt[6]), um[7]) zur Betheiligung[8]) an einem Aktienunternehmen[9]) zu bestimmen[10]);
2) wer in betrügerischer Absicht[11]) auf Täuschung berechnete[12]) Mittel[13]) anwendet, um auf den Cours[14]) von Aktien[15]) einzuwirken[16]);
3) wer über die Hinterlegung von Aktien[17]) oder Interimsscheinen Bescheinigungen, welche zum Nachweise des Stimmrechts in einer Generalversammlung dienen sollen, wissentlich falsch ausstellt[18]) oder verfälscht[19]) oder von einer solchen Bescheinigung, wissend, daß sie falsch oder verfälscht ist, zur Ausübung des Stimmrechts Gebrauch macht.[20])

Zugleich kann auf Verlust der bürgerlichen Ehrenrechte erkannt werden.

Sind mildernde Umstände vorhanden, so tritt ausschließlich die Geldstrafe ein.

[21]) Ist die öffentliche Bekanntmachung ad 1 im Inseratentheil[22]) einer periodischen Druckschrift erfolgt, und der Verfasser des Inserates nicht nur unter demselben genannt, sondern auch in dem Bereiche der richterlichen Gewalt eines deutschen Bundesstaates[23]), so findet § 20 Alinea 2 des Gesetzes über die Presse vom 7. Mai 1874 (Reichs-Gesetzblatt S. 65)[24]) keine Anwendung.[25])

### Zu Art. 249 d.

Anm. 1. Ueber die Strafen vgl. Anm. 5 ff. zu Art. 249, S. 93 ff. Zuständig sind die Strafkammern. § 73 GVG.

Anm. 2. Oeffentliche Bekanntmachungen sind solche Mittheilungen, welche absichtlich in der Weise erfolgen, daß sie einem größeren Kreise von Personen zugänglich werden; die Art der Veröffentlichung ist demnach nicht zu bestimmen; sie kann in periodischen, oder nicht periodischen Druckschriften, in Cirkularen, ja selbst in öffentlichen Ausrufungen erfolgen; wesentlich ist nur, daß die Mittheilung sich nicht an eine bestimmte Person richtet, selbst wenn der Mittheilende weiß, daß gerade die benachrichtigte Person am besten geeignet ist, Erzählungen in einem größeren Kreise zu verbreiten; vielmehr verlangt der Begriff der „öffentlichen Bekanntmachung", daß die Mittheilung sich von vornherein und direkt an eine größere Mehrheit von Personen wendet. — Nicht erforderlich ist, daß der Kreis der durch die Mittheilung zu benachrichtigenden Personen ein gänzlich unbestimmter ist; es kann das Interesse für ein bestimmtes Aktienunternehmen nur einen geschlossenen Personenkreis beherrschen, gleichwohl aber wird eine Mittheilung, die sich zugleich an alle Interessenten — aber nur an diese — wendet, als öffentliche Bekanntmachung zu erachten sein.

Anm. 3. Zusatz des Reichstags, Sten. Ber. S. 1155 ff. Die Absicht des Thäters ist darauf gerichtet, falsche Thatsachen vorzuspiegeln oder wahre Thatsachen zu entstellen. Der weiterliegende Zweck geht dahin, die Getäuschten zur Betheiligung an einem Aktienunternehmen zu bestimmen. Das Vergehen vollendet sich demnach mit der erfolgten Vorspiegelung oder Entstellung, sofern dieselbe zur Erreichung des eben gedachten Zwecks geschieht; ob der Zweck wirklich erreicht wird, ist irrelevant.

Anm. 4. „Thatsache" kann nur gleichbedeutend sein mit dem, was wirklich ist oder war, was in die äußere Erscheinung getreten ist; die sog. inneren Thatsachen, Meinungen, Gedankenschlüsse, Empfindungen, kommen hier nicht in Betracht. Denn abgesehen von der allgemeinen Erwägung, daß es sich in jedem Falle schwer nachprüfen läßt, ob die von einer Person geäußerte Meinung zur Zeit, da er sie äußerte, wirklich von ihm getheilt war, so verbietet auch im konkreten Falle die ratio legis eine so weit gehende Ausdehnung der Strafvorschrift. Wenn sich Jemand zur Betheiligung an einem Aktienunternehmen durch öffentliche Bekanntmachungen bestimmen läßt, so wird sein Entschluß in der Regel von der persönlichen Einwirkung dessen, der die Bekanntmachung erlassen hat, frei sein. Enthält nun diese Bekanntmachung Behauptungen oder Schlußfolgerungen, welche unrichtig sind, die aber aus wahren Thatsachen hergeleitet werden, so ist der durch die Bekanntmachung zur Betheiligung Bestimmte sehr wohl in der Lage, die Richtigkeit der Schlußfolgerung selbst zu prüfen, und wenn er trotzdem den unrichtigen Schlußfolgerungen nachgebend sich zur Betheiligung bestimmen läßt, so handelt er vorwiegend auf Grund seiner eigenen unbehinderten Gedankenthätigkeit; der Einfluß aber, welchen der Bekanntmachende auf den Handelnden ausübt, ist jedenfalls nicht von so psychisch zwingender Art, daß derselbe, auch wenn er schädlich gewollt war, deshalb zur strafrechtlichen Verantwortung gezogen werden kann. Jura vigilantibus sunt scripta.

Wenn dagegen in der öffentlichen Bekanntmachung Thatsachen, also angeblich wirkliche Verhältnisse erzählt werden, welche, wie der Bekanntmachende weiß, nicht wirklich sind, so wird der hierdurch Beeinflußte nur selten in der Lage sein, die Richtigkeit der mitgetheilten Thatsachen nachzuprüfen, und er ist auch berechtigt, selbst wenn ihm die Nachprüfung möglich ist, diese zu unterlassen, da er nach dem den Verkehr beherrschenden Grundsatz von Treu und Glauben anzunehmen berechtigt ist, daß dasjenige, was als wirklich vorhanden hingestellt wird, auch wirklich ist. Hier also ist der Einfluß, welchen der Bekanntmachende auf den Entschluß des Handelnden ausübt, zwingender Natur, und deshalb verdient der betrügerische Mißbrauch desselben die Strafe.

Anm. 5. Die Unterdrückung wahrer Thatsachen mit der Vorspiegelung falscher Thatsachen gleich zu stellen, hat der Entwurf mit der Begründung abgelehnt, daß eine Verantwortlichkeit für die Hervorhebung wichtiger Thatsachen auch nicht einmal civilrechtlich verlangt worden ist, da was dem Einen wichtig erscheine, dem Andern unwichtig erscheinen könne, und deshalb um so weniger eine strafrechtliche Verantwortung aufgestellt werden könne. Mot. S. 388.

Die Thätigkeit des „Vorspiegelns" kann demnach nur eine aktive sein, und nur in der wissentlichen Behauptung falscher Thatsachen gefunden werden. Vergl. Merkel, Kriminalistische Abhandlungen II S. 138.

Anm. 6. Die Thätigkeit des Entstellens besteht in der Zusammenstellung wahrer Thatsachen in einer solchen Weise, daß ein unrichtiges Bild entsteht und die einzelnen wahren Thatsachen in ein unrichtiges Verhältniß zu einander gestellt sind. Vergl. Berner, Lehrbuch des Strafrechts S. 561. Hier wird es auch der richterlichen Beurtheilung obliegen, zu prüfen, ob die unrichtige Zusammenstellung derart ist, daß Jeder, der die öffentliche Bekanntmachung liest, in der Lage ist, das unrichtige Verhältniß zu erkennen, um durch eigene Zusammenstellung ein richtiges Bild für sich zu entwerfen; in diesem Fall ist die unrichtige Zusammenstellung nur eine unrichtige Schlußfolgerung und fällt demnach unter das Gebiet der straflosen Vorspiegelung falscher Urtheile. Wenn aber die Verhältnisse der einzelnen mitgetheilten Thatsachen zu einander nur auf Grund sachverständiger Kenntniß geprüft werden können und also nicht Jedermann in der Lage ist, die Unrichtigkeit der Prüfung zu erkennen, dann gewinnt die Entstellung wieder jenen zwingenden Einfluß auf die Entschließung des Handelnden, der sie der strafrechtlichen Verantwortung unterwirft.

Da das Gesetz selbst die Strafbarkeit der Unterdrückung wahrer Thatsachen ausscheidet, so kann es auch nicht als strafbar angesehen werden, wenn die mitgetheilten wahren Thatsachen durch Fortlassung anderer ein von den wirklichen Verhältnissen abweichendes Bild gewinnen. Diese Handlung, welche nach den allgemeinen Grundsätzen der Betrugslehre zweifellos strafbar ist (vergl. Schütze, Lehrbuch des Strafrechts S. 472 Nr. 9, Olshausen, Komm. zum StGB. S. 992), muß bei diesem speziellen Delikt aus dem vom Gesetzgeber selbst angeführten Grunde straflos ausgehen.

Anm. 7. Der Zweck des Vergehens ist, andere Personen zur Betheiligung an dem Aktienunternehmen zu bestimmen. Dieser bildet ein wesentliches Merkmal des Thatbestandes und muß nachgewiesen werden, z. B. aus dem Veröffentlichungsmodus, aus dem Inhalt der vorgetragenen Thatsachen, um die Handlung zu einer strafbaren zu machen. Daß der Zweck wirklich erreicht, die Betheiligung an dem Aktienunternehmen thatsächlich erfolgt ist, ist ebenso irrelevant, wie der Umstand, ob das Aktienunternehmen vor der öffentlichen Bekanntmachung bereits bestand oder nicht.

Anm. 8. Unter „Betheiligung“ ist jede, mit voraussichtlichem Gewinn verbundene Theilnahme an dem Unternehmen, als Kommanditist, Komplementar, Aktionär zu verstehen; nicht dagegen der Eintritt als Beamter, Vorstand, Prokurist, Kommis u. dergl., da die Stellung eines Beamten als Betheiligung an dem Unternehmen nicht zu erachten ist; a. M. Kayser, Komm. z. Akt.G. S. 150.

Anm. 9. Der Ausdruck „Aktienunternehmen“ ist gewählt, um auch die Kommanditgesellschaften auf Aktien damit zu treffen; es ist gleichgültig, ob das Unternehmen ein inländisches oder ein ausländisches ist. Komm.Ber. S. 38.

Anm. 10. Der Kausalzusammenhang zwischen der Vorspiegelung und dem beabsichtigten Zweck muß soweit vorhanden sein, daß die öffentlich bekannt gemachten Thatsachen auch wirklich geeignet sind, Andere zur Betheiligung zu bestimmen. Thatsachen, welche offenbar mit der Betheiligung zu einem Aktienunternehmen keinen Zusammenhang haben, können nicht als taugliches Mittel zur Begehung des Delikts erscheinen. Derartige Mittheilungen sind straflos. Die dieser Ansicht entgegenstehende Plenarentscheidung des Reichsgerichts vom 24. Mai 1880 Rg. Str. I. 439 betrifft nur den Versuch; ihre Ausdehnung empfiehlt sich jedenfalls nicht.

Ueber die Bestrafung der Redakteure, Verleger, Drucker s. Anm. 22 ff.

Anm. 11. Die betrügerische Absicht ist begriffswesentlich; der dolus des Delikts gestaltet sich dadurch dahin, daß der Thäter die Absicht haben muß, auf Täuschung berechnete Mittel anzuwenden, um hierdurch den Cours von Aktien zu beeinflussen und durch den erfolgten Einfluß auf den Cours das Vermögen eines Andern zu schädigen, um sich oder einem Anderen einen rechtswidrigen Vermögensvortheil zu verschaffen. Vgl. Mot. S. 389, Komm.Ber. S. 38.

Wer dagegen ohne hinzutretende betrügerische Absicht das bei Einführung neuer Papiere vielfach an der Börse vorkommende und nach allgemeiner Ansicht zulässige Abschließen fingirter Käufe und Verkäufe vornimmt, um nur erst überhaupt einen Cours festzustellen, handelt straflos. Komm.Ber. S. 38.

Anm. 12. Die Mittel müssen in der Absicht, zu täuschen, angewendet und auch geeignet sein, zu täuschen (Anm. 10). Auch hier schließt die Anwendung solcher Mittel, welche offenbar eine auch nur indirekte Einwirkung auf den Cours der Aktien nicht haben kann, die Strafbarkeit der Handlung aus.

Anm. 13. Die Art der Mittel, sowie die Art der Anwendung ist vom Gesetz nicht angedeutet. Jede Handlungsweise, welche geeignet ist, eine Täuschung herbeizuführen, um dadurch auf den Cours von Aktien einzuwirken, reicht zur Strafbarkeit aus. — Es ist nicht erforderlich, daß die angewandten Mittel zunächst und direkt eine Täuschung über diejenigen Aktien herbeiführen, auf deren Cours eingewirkt werden soll, sobald nur die wirklich erreichte Täuschung eine Einwirkung auch auf die vom Thäter in's Auge gefaßten Aktien hat oder haben kann.

Anm. 14. Cours ist nicht bloß der im amtlichen Courszettel notirte Cours, sondern jede irgendwie in die Oeffentlichkeit tretende Feststellung des Durchschnittspreises einer Aktie. Komm.Ber. S. 38.

Anm. 15. Unter Aktie sind sowohl Aktienbriefe, wie Interimsscheine zu verstehen. Komm.Ber. S. 38.

Der Wille des Thäters braucht nicht auf bestimmte Aktien gerichtet zu sein, er kann dahin gehen, eine allgemeine Bewegung, welche sich auf alle an der betreffenden Börse gehandelten Aktien erstreckt, zu bewirken.

Anm. 16. Einwirkung bedeutet nicht bloß eine Veränderung des Courses nach oben oder unten; auch das dolose Festhalten des Courses an dem einmal eingenommenen Stand ist unter der Einwirkung einbegriffen.

Eine Konkurrenz dieses Deliktes mit dem Betruge ist deshalb in der Regel thatsächlich ausgeschlossen, weil das schadenbringende Geschäft nicht lediglich als Wirkung der auf Täuschung berechneten Operationen anzusehen und die geschädigte Person noch ungewiß oder unbekannt ist. Wenn aber durch die Anwendung dieser Mittel eine bestimmte Person in Irrthum versetzt und dadurch in ihrem Vermögen geschädigt ist und der Thäter hierbei in Bereicherungsabsicht gehandelt hat, so tritt zufolge § 73 StGB. die schwerere Strafe des Betruges aus § 263 StGB. (Gefängniß bis zu fünf Jahren) ein.

Anm. 17. Aktie bedeutet in diesem Fall nur Aktienbrief, da der Interimsscheine besondere Erwähnung gethan ist. Komm.Ber. S. 38.

Anm. 18. Das Delikt richtet sich gegen die Gefahr einer Fälschung des Mehrheitswillens. Mot. S. 390. Daher ist die Fälschung dann nicht zu bestrafen, wenn in dem Gesellschaftsvertrage das Stimmrecht in der Generalversammlung nicht von der vorher erfolgten Hinterlegung der Aktien und der darüber ertheilten Bescheinigung abhängig gemacht ist (Art. 238 Abs. 1 HGB.), denn in diesem Falle dienen eben die gefälschten Bescheinigungen nicht zum Nachweise des Stimmrechts in der Generalversammlung, weil man ihrer nicht bedarf. Vgl. Kayser, Komm. z. Aktienges. S. 151. Der falschen Ausstellung machen sich sowohl diejenigen schuldig, welche die Bescheinigung ertheilen, ohne hierzu berechtigt zu sein, indem sie der Ausstellung den Schein geben, als ginge sie von den Berechtigten aus, als auch die zur Ausstellung selbst Berechtigten, welche die Bescheinigung mit einem falschen Inhalt versehen. Mot. S. 390. Die Urkundenfälschung des Art. 249d HGB. bezieht sich nur auf die Bescheinigung über die Hinterlegung von Aktien oder Interimsscheinen; es kann daher dieselbe Urkunde neben der Bescheinigung noch einen weiteren Inhalt haben und an derselben Urkunde in realer Konkurrenz eine weitere Urkundenfälschung im Sinne des § 267 StGB. dadurch begangen sein, daß auch dem weiteren Inhalt der Schein gegeben wird, als sei er von einer anderen Person ausgestellt worden, als von der er wirklich ausgestellt ist.

Anm. 19. Die Verfälschung kann nur begangen werden an den echten Bescheinigungen, welche von den berechtigten Personen ausgestellt sind; dieselbe erstreckt sich auf den Inhalt der Bescheinigung, indem sie den ursprünglichen Inhalt in seinen wesentlichen Beziehungen verändert; eine wissentliche Veränderung unwesentlicher Dinge kann als Verfälschung nicht angesehen werden. Vgl. Olshausen, Komm. z. StGB. S. 1037; über die Konkurrenz mit § 271 StGB. vgl. Anm. 18.

Anm. 20. Die Thätigkeit des Gebrauchmachens beschränkt sich hier ausschließlich auf die Benutzung der Bescheinigung zur Ausübung des Stimmrechts, also z. B. entweder dadurch, daß der Handelnde selbst dem Vorsitzenden in der Generalversammlung oder den von diesem delegirten Beamten die falsche oder verfälschte Bescheinigung vorlegt, um auf Grund derselben zu stimmen, oder daß er zu gleichem Zweck die Bescheinigung anderen Personen übergiebt, welche, nicht wissend, daß die Bescheinigung gefälscht ist, auf Grund derselben für den Fälscher stimmen sollen.

Es ist nicht erforderlich, daß in der betreffenden Generalversammlung überhaupt eine Abstimmung erfolgt; die Benutzung der gefälschten Bescheinigung zum Zweck der Ausübung des Stimmrechts ist zur Strafbarkeit ausreichend; so z. B. die Abgabe der Bescheinigung vor Beginn der Generalversammlung an den Vorsitzenden oder dessen Delegirten in Rücksicht auf die später etwa erfolgenden Abstimmungen.

Eine ideale Konkurrenz der Delikte des Art. 249d Ziff. 3 mit den strafbaren Handlungen der §§ 267. 270 ff. StGB. ist wohl denkbar und es würden in diesem Falle die Strafvorschriften des Strafgesetzbuchs als die schwereren (§ 73 StGB.) zur Anwendung gelangen müssen. War im letzteren Fall die That in der Absicht begangen worden, sich oder einem Andern einen Vermögensvortheil zu verschaffen oder einem Andern Schaden zuzufügen, so gelangen die §§ 268. 272 StGB. zur Anwendung. Wenn aber die thatsächliche Feststellung eine Idealkonkurrenz der §§ 267. 270 ff. StGB. und des Art. 249 d. Ziff. 3 HGB. nicht ergiebt, so ist die That auch im Fall der Qualifizirung nicht nach §§ 268. 272 StGB., sondern nur nach Art. 249 d. Ziff. 3 zu beurtheilen, da auch die Bereicherungsabsicht wie die Absicht der Schädigung eines Andern von dem Strafrahmen dieses Artikels mit umfaßt wird.

Anm. 21. Zusatz des Reichstags in dritter Lesung wider den Inhalt des Kommissionsbeschlusses. Sten. Ber. S. 976. 982. 1156—1158; Komm.Ber. S. 35—38.

Anm. 22. Inseratentheil ist derjenige Theil einer periodischen Druckschrift, welcher nicht von dem Redakteur verfaßt wird, sondern aus Einsendungen dritter Personen (Annoncen) sich zusammensetzt und welcher von dem andern Theil der Zeitung, den die Aufsätze des Redakteurs oder die unter seiner Verantwortung aufgenommenen Aufsätze Anderer bilden, räumlich getrennt ist.

Anm. 23. Es wird aus der Analogie des Art. 21 Abs. 2 des Preßgesetzes zu entnehmen sein, daß es zur Entlastung des verantwortlichen Redakteurs ausreicht, wenn der Einsender des Inserats bis zur Verkündung des ersten Urtheils in dem Bereich der richterlichen Gewalt eines deutschen Bundesstaates ist oder, falls er verstorben ist, sich zur Zeit der Veröffentlichung des Inserats in diesem Bereich befunden hat. — Der Aufenthalt des Einsenders in einem Konsularbezirk deutscher Jurisdiktion reicht zur Entlastung des Redakteurs nicht aus. Vergl. Kayser, Komm. z. Aktienges. S. 153.

Anm. 24. § 20 Alinea 2 des Gesetzes v. 7. Mai 1874 lautet: „Ist die Druckschrift eine periodische, so ist der verantwortliche Redakteur als Thäter zu bestrafen, wenn nicht durch besondere Umstände die Annahme seiner Thäterschaft ausgeschlossen wird.“ Auf Elsaß-Lothringen findet die Annahme keine Anwendung, da dort das Gesetz über die Presse v. 7. Mai 1874 nicht Geltung hat. Kayser a. a. O. S. 153.

Anm. 25. Findet sich dagegen die Bekanntmachung in dem redaktionellen Theil der Zeitung, so tritt die volle Verantwortlichkeit des Redakteurs in Gemäßheit des Preßgesetzes ein. Der Redakteur wird also zunächst, um seine Verantwortlichkeit auszuschließen, nach § 28 Al. 2 Ges. v. 7. Mai 1874 (Anm. 24) solche besondere Umstände darthun müssen, welche deutlich erkennen lassen, daß er nicht der Thäter ist, wie z. B. die Nennung des Namens des Einsenders, die Darlegung, daß er selbst von denjenigen Personen, welche ihm die Mittheilung überbracht haben, getäuscht worden ist.

Ist die Bestrafung des Redakteurs oder anderer Personen als Thäter oder Theilnehmer bezüglich der im redaktionellen Theil erschienenen Bekanntmachung ausgeschlossen, so können auf Grund des § 21 Ges. vom 7. Mai 1874 der verantwortliche Redakteur, der Verleger, der Drucker und derjenige, welcher die Druckschrift gewerbsmäßig vertrieben oder sonst öffentlich verbreitet hat, wegen Fahrlässigkeit mit Geldstrafe bis zu tausend Mark oder mit Haft oder mit Festungshaft oder Gefängniß bis zu einem Jahr bestraft werden, wenn sie nicht nachweisen, daß sie die ihnen in ihrem Beruf obliegende pflichtmäßige Sorgfalt bei der einem Jeden dieser Personen hinsichtlich der Aufnahme der Bekanntmachung zugewiesenen Thätigkeit erfüllt haben oder die Umstände nachweisen, die ihnen die Anwendung dieser Sorgfalt im vorliegenden Fall unmöglich gemacht haben; aber auch diese Personen werden durch Benennung des Thäters bis zur Zeit der Verkündigung des ersten Urtheils straffrei, wenn der Thäter in dem Bereich der richterlichen Gewalt eines deutschen Bundesstaates sich befindet oder, falls er verstorben ist, sich zur Zeit der Veröffentlichung in diesem Bereich befunden hat.

Der Verbreiter ausländischer periodischer Druckschriften, in denen strafbare öffentliche Bekanntmachungen im Sinne des Art. 249d Ziff. 1 enthalten sind, wird straffrei, wenn ihm die Druckschriften im Wege des Buchhandels zugekommen sind.

## Art. 249e.[1]

Wer[2]) sich besondere Vortheile[3]) dafür hat gewähren oder versprechen lassen[4]), daß er bei einer Abstimmung in der Generalversammlung von Kommanditisten oder Aktionären in einem gewissen Sinne[5]) stimme, wird mit Geldstrafe bis zu dreitausend Mark oder mit Gefängniß bis zu einem Jahre bestraft.[6])

### Zu Art. 249 e.

Anm. 1. Der Artikel ist dem § 213 der Reichs-Konkursordnung entnommen. Die Aufnahme in das Aktiengesetz wird von den Motiven S. 392 in folgender Weise begründet: Nur unter der Annahme, daß alle Aktionäre sich bei der Abstimmung in der Generalversammlung durch das Interesse der Gesellschaft leiten lassen, rechtfertigt es sich, die Generalversammlung als dasjenige Organ der Gesellschaft anzusehen, in welchem der wahre Wille der Gesellschaft zum Ausdruck kommt. Daher widerstreitet es dem Wesen der Gesellschaft, wenn ein Aktionär sich besondere Vortheile dafür gewähren oder versprechen läßt, daß er in der Generalversammlung in einem bestimmten Sinne stimmt.

Präsumtiv läßt ein solcher Aktionär sich bei seiner Abstimmung nicht durch das Interesse der Gesellschaft, sondern lediglich durch den gewährten oder versprochenen Vortheil leiten. Indessen kann den inneren Beweggründen nicht nachgeforscht werden. Als unlauter und im Hinblick auf die Zwangsnatur des Mehrheitsbeschlusses als strafbar erscheint es schon, daß der Aktionär seine Stimme durch Geld oder sonstige Vortheile hat kaufen lassen.

Anm. 2. Die Strafvorschrift richtet sich gegen Jeden, welcher berechtigt ist, in der Generalversammlung zu stimmen, sei er Kommanditist, Aktionär oder ein von diesen Personen besonders zur Stimmabgabe Bevollmächtigter.

Wenn sich aber Jemand, der in keiner Weise zur Stimmabgabe in der Generalversammlung befugt ist, unter der Vorspiegelung, daß er stimmberechtigt sei, besondere Vortheile für die Abstimmung in einem gewissen Sinne gewähren oder versprechen läßt, so liegt der Thatbestand des Art. 249 e nicht vor; die That kann als Betrug im Sinne des § 263 erscheinen.

Anm. 3. Vortheile jeder Art, welche nicht bloß in Geld oder geldwerthen Gegenständen bestehen. Das Versprechen, in einem andern Falle im Sinne des Thäters stimmen zu wollen, reicht als besonderer Vortheil aus; auch Vortheile rein ideeller Natur, welche zur Befriedigung des Ehrgeizes, der Eitelkeit, des Vergnügens des Thäters dienen, sind zur Strafbarkeit der Handlung ausreichend. a. M. Olshausen, Komm. z. StGB. S. 1226 und die dort Citirten.

Anm. 4. Die Handlung ist vollendet mit der wirklich erfolgten Gewährung oder dem wirklich erfolgten und angenommenen Versprechen des Vortheils; es ist nicht erforderlich, daß der Thäter in der Generalversammlung auch wirklich in dem verabredeten Sinne stimmt; auch wenn er in dem gerade entgegengesetzten Sinne stimmt, oder wenn die Abstimmung über die verabredete Angelegenheit, bezüglich welcher in einem gewissen Sinne gestimmt werden soll, gar nicht erfolgt, und selbst wenn die Generalversammlung, in der die Stimme in einem gewissen Sinne abgegeben werden soll, nicht abgehalten wird, ist gleichwohl das Vergehen vollendet. Wesentlich aber ist, daß die Vortheile nur zu dem Zweck gewährt nnd versprochen werden, daß die Abstimmung in der Generalversammlung in einem gewissen Sinne erfolgen soll.

Die Gewährung und das Versprechenlassen von Vortheilen zur Abgabe der Stimmen in Vorversammlungen, welche der Generalversammlung vorausgehen, in Vorstands- oder Aufsichtsrathssitzungen fällt nicht unter die Strafbestimmung des Art. 249 e.

Der Thäter, welcher sich die Vortheile hat gewähren oder versprechen lassen, muß dieselben freiwillig angenommen haben. Es ist aber nicht erforderlich, daß er denjenigen, welcher die Vortheile verspricht, aus eigenem Antrieb zur Abgabe des Versprechens bewogen hat. a. M.: Schwarze, Komm. z. StGB. (§ 331 Nr. 8).

Derjenige, welcher die Vortheile gewährt oder verspricht, ist auch unter dem Gesichtspunkt der Anstiftung oder Theilnahme nicht strafbar, da das Gesetz ersichtlich nur die passive Seite der Handlung, den Empfang von Vortheilen und Versprechungen bestrafen will; denn dieser gefährdet, wenn er in der Absicht, in dem gewünschten Sinne zu stimmen, angenommen wird, die Abstimmung, und damit die Fälschung des Mehrheitswillens weit mehr, wie die Gewährung der Vortheile oder die Abgabe des Versprechens.

Anm. 5. d. h. in dem zwischen dem Gewährenden und dem Empfänger verabredeten Sinne. Wenn Jemand Vortheile dafür sich gewähren oder versprechen läßt, daß er nach seinem freiem Ermessen stimme, daß er also überhaupt nur sein Stimmrecht ausübe, so ist diese Handlung nicht strafbar, es müßte denn nachgewiesen sein, daß der Geber und der Empfänger im Voraus stillschweigend darüber einverstanden waren, daß der Empfänger in einem gewissen Sinne stimmen werde, und daß nur mit Rücksicht darauf die Vortheile gewährt oder versprochen worden sind.

Anm. 6. Ueber die Strafen vgl. Anm. 5 zu Art. 249 S. 93 ff.

## Art. 249 f.[1])

Wer in der Generalversammlung[2]) die Aktien[3]) eines Anderen, zu dessen Vertretung er nicht befugt ist, ohne dessen Einwilligung[4]) zur Ausübung des Stimmrechts benutzt, wird mit einer Geldstrafe von zehn bis dreißig Mark für jede der Aktien, jedoch nicht unter eintausend Mark, bestraft[5]). Die gleiche Strafe trifft denjenigen, welcher Aktien eines Anderen gegen Entgelt[6]) leiht und für diese das Stimmrecht ausübt, sowie denjenigen, welcher hierzu durch Verleihung der Aktien wissentlich[7]) mitgewirkt hat.

## Zu Art. 249 f.

Anm. 1. Dieser Artikel ist durch die Reichstagskommission hinzugefügt worden. Derselbe richtet sich vorzugsweise gegen die in den letzten Jahren allerdings mehr und mehr beseitigte Praxis selbst angesehener Bankhäuser, Stimmrechte auf den Generalversammlungen nicht bloß für die eigenen, sondern ohne Zustimmung der Deponenten auch für die bei ihnen deponirten Aktien auszuüben, und gegen das Leihen von Aktien zwecks Benutzung derselben in der Generalversammlung um Leihgeld. Erlaubt bleibt der Erwerb von Aktien zu dem beregten Zwecke im Wege des Reportsgeschäfts, indessen unterliegen diesem nur wenige in großen Massen vorhandene Papiere, die per ultimo gehandelt werden, und dazu erfordert das Reportgeschäft so große Mittel, daß eine erhebliche Gefahr von demselben in der bezeichneten Richtung nicht zu erwarten ist. Komm.Ber. S. 39.

Anm. 2. Die Generalversammlung muß eine ordnungsmäßig berufene sein, da in einer nicht ordnungsmäßig berufenen Generalversammlung, deren Beschlüsse für nichtig erklärt werden können, die Ausübung des Stimmrechts werthlos ist und eine wirksame Fälschung des Mehrheitswillens dadurch nicht herbeigeführt werden kann.

Anm. 3. Aktienbriefe oder Interimsscheine, welche zur Ausübung des Stimmrechts berechtigen.

Anm. 4. Die Einwilligung braucht nicht vor der Benutzung ertheilt zu sein; eine nachträglich ertheilte Genehmigung reicht aus, da die nachträgliche Genehmigung erweist, daß eine Fälschung des Mehrheitswillens nicht beabsichtigt war.

Anm. 5. Die einzelnen Geldstrafen werden zusammengerechnet, § 78 StGB.; dieselben sind, wenn sie nicht beigetrieben werden können, in Gefängniß umzuwandeln, wobei der Betrag von drei bis zu fünfzehn Mark einer eintägigen Freiheitsstrafe gleich zu achten ist (§§ 28 Abs. 1. 29 Abs. 1 StGB.). Bei Umwandlung mehrerer Geldstrafen in Freiheitsstrafe ist aber der Höchstbetrag der an die Stelle derselben tretenden Freiheitsstrafe zwei Jahre Gefängniß (§ 78 Abs. 2 StGB.). Zuständig sind die Strafkammern. § 73 GVG.

Anm. 6. Nur das entgeltliche Leihen und Verleihen ist strafbar. Insbesondere soll die unentgeltliche Vertheilung von Aktien an mehrere Personen Zwecks Umgehung der Beschränkungen, welchen etwa statutenmäßig die Besitzer einer Mehrzahl von Aktien (Art. 190. 221 HGB.) rücksichtlich der Ausübung des Stimmrechts für die mehreren Aktien unterliegen, durch die Strafbestimmung nicht getroffen werden. Das Delikt ist vollendet erst durch die wirkliche Ausübung des Stimmrechts auf Grund der entgeltlich geliehenen Aktien.

Anm. 7. Auch der Verleiher ist nur dann strafbar, wenn er bei dem Verleihen gewußt hat, daß die entgeltlich geliehenen Aktien zum Zweck der Ausübung des Stimmrechts geliehen sind und wenn das Stimmrecht wirklich ausgeübt worden ist.

### Art. 249g.[1])

Die persönlich haftenden Gesellschafter und die Liquidatoren einer Kommanditgesellschaft auf Aktien sind zur Befolgung der in den Art. 179. 185. 185c. 190a Absatz 4 und 5, 193 Absatz 2 und 205 Absatz 3 enthaltenen Vorschriften von dem Handels-(Amts-)gerichte durch Ordnungsstrafen anzuhalten.

In gleicher Weise sind die Mitglieder des Vorstandes und die Liquidatoren einer Aktiengesellschaft zur Befolgung der in den Art. 212. 213f Absatz 4, 222 (Art. 190a Absatz 4. 5), 222a Absatz 3 und 4, 225 Absatz 1, 228, 233 Absatz 1, 238a Absatz 2, 239 Absatz 2, 239b (Art. 185c), 240 Absatz 1, 243 Absatz 1, 244 Absatz 3, 244a Absatz 3 und 247 Ziffer 4 enthaltenen Vorschriften anzuhalten.

#### Zu Art. 249g.

Anm. 1. Die einzelnen Artikel sind besonders kommentirt. — Ueber das Ordnungsstrafverfahren in Gemäßheit des § 5 des Pr. Einf.-Ges. z. HGB. s. S. 8 ff.

# Fünftes Buch.

# Vom Seehandel.

## Erster Titel.

## Allgemeine Bestimmungen.*)

### Gesetz,

**betreffend die Nationalität der Kauffahrteischiffe und ihre Befugniß zur Führung der Bundesflagge vom 25. Oktober 1867 (BGBl. 1867 S. 35).**

#### §. 1.

Die zum Erwerb[1]) durch die Seefahrt[2]) bestimmten Schiffe (Kauffahrteischiffe) der Bundesstaaten[3]) haben fortan als Nationalflagge ausschließlich die Bundes(Reichs-)flagge[6]) zu führen (Artikel 54 und 55 der Bundes(Reichs-)verfassung).

#### Zu § 1.

Anm. * Die Art. 432 bis 438 HGB. sind abgeändert durch das Ges. betr. die Nat. der Kauffahrteischiffe und das Ges. betr. die Registrirung u. s. w. der Kauffahrteischiffe. Vgl. Reichsverfassung Art. 4. 8. 53. 54.

Anm. 1. Zum Erwerb durch die Seefahrt gehört ebensowohl der Erwerb durch den Transport von Personen und Gütern auf den Seewasserstraßen, als auch der Erwerb durch die Gewinnung der Meeresprodukte auf hoher See, als Fischerei, Gewinnung von Muscheln, Korallen,

Perlen und dgl.; vgl. Mewes bei Bezold, Die Gesetzgebung des Deutschen Reichs Bd. 3 Th. 1 S. 417; auch der Erwerb der Taucher, sofern das Tauchergewerbe von besonders hierzu bestimmten Schiffen aus betrieben wird, ist zum Erwerb durch Seefahrt zu rechnen. Nach der Verordnung des Reichskanzlers vom 13. November 1873 (RGBl. 1873 S. 367) § 2 sind unbedingt hierher zu rechnen

a) die zur großen Seefischerei bestimmten Schiffe und
b) die zum Schleppen anderer Schiffe bestimmten Fahrzeuge, welche Seefahrt betreiben.

Dagegen gehören nicht hierzu die Schiffe und Fahrzeuge der Kaiserlichen Marine, alle andern für Staatszwecke dienenden Fahrzeuge, wie Zollkreuzer, Vermessungsfahrzeuge, Feuerschiffe, Fahrzeuge der staatlichen Bauressorts, des Lootsenwesens; Postschiffe nur insoweit, als nicht durch besondere Gesetze und Verordnungen für dieselben etwas Anderes vorgeschrieben ist (HGB. Art. 449), Schiffe, welche nur zu wissenschaftlichen Zwecken, wie Erforschung der Meere und dgl., bestimmt sind, und Schiffe, welche lediglich zu Vergnügungszwecken dienen (Jachten). Perels, Handbuch des allgemeinen öffentlichen Seerechts im Deutschen Reich S. 20; Lewis, Das Deutsche Seerecht, Komm. 2. Aufl. S. 9. 10.

Anm. 2. V. vom 13. November 1873 § 1: Als „Seefahrt" im Sinne des § 1 des Gesetzes vom 25. Oktober 1867 ist in den nachstehend aufgeführten Revieren die Fahrt außerhalb der dabei bezeichneten Grenzen anzusehen: 1) bei Memel außerhalb der Mündung des Kurischen Haffs, 2) bei Pillau außerhalb des Pillauer Tiefs, 3) bei Neufahrwasser außerhalb der Mündung der Weichsel, 4) in der Putziger Wiek außerhalb Rewa und Heisternest, 5) bei Dievenow, Swinemünde und Peenemünde außerhalb der Mündungen der Dievenow und Swine, sowie außerhalb der nördlichen Spitzen der Insel Usedom und der Insel Ruden, 6) bei Rügen östlich: außerhalb der Insel Ruden und dem Thiessower Höft, westlich: außerhalb Wittower Posthaus und der nördlichen Spitze von Hildens=Oe, sowie außerhalb des Bock bei Barhöft, 7) bis Wismar außerhalb Jackelbergs=Riff, Hannibal=Grund, Schweinskötel und Lieps, sowie außerhalb Tarnewitz, 8) auf der Kieler Föhrde außerhalb Stein bei Labö und Bülk, 9) auf der Eckern Föhrde außerhalb Nienhof und Bocknis, 10) bei Flensburg, Sonderburg und Apenrade außerhalb Birknakke und Kekenis=Leuchtthurm, sowie außerhalb Tundtoft=Nakke und Kundshoved, 11) bei Hadersleben außerhalb Raadhoved, Insel Aarö, Insel Linderum und Orbyhage, 12) bei Husum außerhalb Nordstrand, 13) auf der Eider außerhalb Vollerwiek und Hundeknoll, 14) auf der Elbe außerhalb der westlichen Spitze des hohen Ufers (Dieksand) und der Kugel=Bake bei Döse, 15) auf der Weser außerhalb Cappel und Langwardeck, 16) auf der Jade außerhalb Langwarden und Schilligshörn, 17) auf der Ems außerhalb der westlichen Spitze der Westermarsch (Utlands=Hörn) und Ostpolder Siel.

Anm. 3. Das Gesetz war ursprünglich Gesetz des Norddeutschen Bundes. Dasselbe ist aber auf Grund der zwischen dem Norddeutschen

Bund und den Großherzogthümern Baden und Hessen vereinbarten Verfassung des Deutschen Bundes vom 15. November 1870 (RGBl. 1870 S. 647), Art. 80 I. Nr. 2 des Reichsgesetzes vom 22. April 1871, betr. die Einführung Nordd. Bundesgesetze in Bayern (RGBl. 1871 S. 87) § 2 I. Nr. 2, des Vertrages mit Württemberg vom 25. November 1870 (RGBl. 1870 S. 657) und des § 2 des Gesetzes, betr. die Verfassung des Deutschen Reichs vom 16. April 1871 (RGBl. 1871 S. 63) zum Reichsgesetz erklärt und in das ganze Reichsgebiet eingeführt, mit der Wirkung, daß wo in diesem Gesetze von dem Norddeutschen Bunde, dessen Verfassung, Gebiet, Mitgliedern oder Staaten, Indigenat, verfassungsmäßigen Organen, Angehörigen, Beamten, Flagge u. s. w. die Rede ist, das Deutsche Reich und dessen entsprechende Beziehungen zu verstehen sind.

Anm. 4. wenn sie überhaupt berechtigt sind, die Reichsflagge zu führen, d. h. wenn die Eigenthümer das deutsche Indigenat haben (§ 2 Ges.), wenn die Schiffe in das Schiffsregister eingetragen und die Certifikate ausgefertigt sind (§ 10 Ges.).

Doch ist der Schiffer zur Führung der Bundesflagge nicht verpflichtet und die Unterlassung der Aufhissung derselben nicht strafbar; nur die unbefugte und unberechtigte Führung der Bundesflagge (§§ 13. 14 Ges.) ist unter Strafe gestellt.

Anm. 5. Es ist aber dem Schiffer gestattet, neben der Nationalflagge auch andere Flaggen zur Dekoration zu führen, so Landesflaggen, Flaggen mit dem Namen des Schiffers, dem Wappen oder Namen des Heimathshafens, vgl. Perels a. a. O. S. 46; nur dürfen dieselben nicht ohne die Nationalflagge oder an der Stelle, wo diese gesetzmäßig zu führen ist (Anm. 6), aufgehißt werden. a. M. Mewes a. a. O. S. 418; s. dagegen Bergmann, Die Vorschriften über das Schiffsregister S. 18.

Anm. 6. Die Reichsflagge bildet ein längliches Rechteck, bestehend aus drei gleich breiten horizontalen Streifen, von welchen der obere schwarz, der mittlere weiß, der untere roth ist. Das Verhältniß der Höhe der Flagge zur Länge ist wie zwei zu drei. Die Reichsflagge wird von den Schiffen am Heck oder am hinteren Maste, und zwar in der Regel an der Gaffel dieses Mastes, in Ermangelung eines solchen aber am Topp oder im Want geführt.

Ein besonderes Abzeichen in der Reichsflagge, oder einen Wimpel zu führen, ähnlich demjenigen der Kriegsmarine des Deutschen Reichs, ist den Kauffahrteischiffen nicht gestattet. V. betr. die Bundesflagge für Kauffahrteischiffe vom 25. Oktober 1867 (BGBl. 1867 S. 39).

## §. 2.

Zur Führung der Bundes-(Reichs-)flagge sind die Kauffahrteischiffe nur dann berechtigt, wenn sie in dem ausschließlichen [1]) Eigenthum solcher Personen sich befinden, welchen das Bundes-(Reichs-)indigenat [2]) (Artikel 3 der Bundes-[Reichs-]verfassung) zusteht.

Diesen Personen sind gleich zu achten die im Bundes-(Reichs-) gebiete errichteten [3]) Aktiengesellschaften und Kommanditgesellschaften auf Aktien, in Preußen auch die nach Maßgabe des Gesetzes vom 27. März 1867 eingetragenen Genossenschaften [4]), sofern diese Gesellschaften und Genossenschaften innerhalb des Bundes-(Reichs-)gebiets ihren Sitz haben und bei den Kommanditgesellschaften auf Aktien allen persönlich haftenden Mitgliedern das Bundes-(Reichs-)indigenat zusteht. [5])

### Zu § 2.

Anm. 1. Es müssen also alle Personen, welchen Eigenthumsrechte am Schiff zustehen, das Reichsindigenat selbst besitzen; wenn demnach Ausländer durch Erbgang von einem Reichsangehörigen das Eigenthum eines Schiffs oder eines Schiffstheils erwerben, so erlischt das Recht zur Führung der Deutschen Flagge. Vgl. Mewes a. a. O. S. 419. Dagegen ist der bloße Besitz des Schiffs in der Gewahrsam eines Ausländers, auf Grund eines Titels, welcher zur Eigenthumsübertragung nicht geeignet ist, z. B. auf Grund der Miethe, Verpfändung, Deposition nicht ausreichend zum Verlust des Flaggenrechts; auch wenn das Schiff im Verjährungsbesitz eines Ausländers ist, verliert es sein Flaggenrecht erst mit der Vollendung der Acquisitivverjährung. Was hier von dem ganzen Schiff bemerkt ist, gilt in allen Beziehungen auch vom Schiffstheil.

Anm. 2. Das Reichsindigenat besteht und wird erworben durch die Staatsangehörigkeit in einem Bundesstaate (§ 1 Bund.Ges. vom 1. Juni 1870 über die Erwerbung und den Verlust der Bundes- und Staatsangehörigkeit, BGBl. 1870 S. 355); wie diese letztere erworben ist, kommt für das Flaggenrecht nicht in Betracht; auch ist irrelevant, ob die Reichsangehörigen ihren Wohnsitz im Inland haben oder nicht. Vgl. Perels a. a. O. S. 48.

Anm. 3. Zur Errichtung reicht die Eintragung der Gesellschaft in das Handelsregister eines deutschen Gerichts nicht aus; eine Aktien- oder Aktienkommanditgesellschaft also, die im Ausland nach den Bestimmungen des ausländischen Rechts oder selbst des deutschen Handelsgesetzbuchs errichtet ist, und sodann als selbstständige Gesellschaft in einem deutschen Handelsregister eingetragen wird, auch den Sitz ihrer Hauptniederlassung in Deutschland nimmt, ist gleichwohl zur Führung der deutschen Reichsflagge nicht berechtigt. Denn da die Errichtung selbst im Reichgebiete vollzogen werden muß, so muß bei Aktienkommanditgesellschaften die von den persönlich haftenden Gesellschaftern berufene Generalversammlung der Kommanditisten, welche den Beschluß über die Errichtung faßt, im Inland abgehalten werden (Art. 175f. HGB.), während bei Aktiengesellschaften entweder, wenn sämmtliche Aktien durch die Gründer übernommen werden, die die Uebernahme enthaltende Feststellung des Statuts bezw. die über die Uebernahme aufgenommene besondere gerichtliche oder notarielle Verhandlung im Inlande erfolgen muß, oder, wenn nicht sämmtliche Aktien durch die Gründer übernommen sind, die Zeichnung der übrigen Aktien im Inlande erfolgen muß (Art. 209 d., 209 e. HGB.). — Aus diesem Grunde können auch inländische Zweigniederlassungen einer ausländischen Aktiengesellschaft niemals die Berechtigung zur Führung der deutschen Reichsflagge erwerben, weil solche Zweigniederlassungen nicht im Sinne des deutschen Handelsgesetzbuchs im Inlande errichtet sind.

Anm. 4. An die Stelle des Preußischen Gesetzes ist für das ganze Reich das Bundes-Gesetz vom 4. Juli 1868 betr. die privatrechtliche Stellung der Erwerbs- und Wirthschaftsgenossenschaften (BGBl. 1868 S. 415) nebst der Deklaration vom 19. Mai 1871 (RGBl. 1870 S. 101) getreten. § 2 Ges. ist demnach auf alle in Gemäßheit des Reichsgenossenschaftsgesetzes errichteten Genossenschaften zu erstrecken, da im Gesetz selbst das Preußische Gesetz nur deshalb erwähnt ist, weil das Reichsgesetz zur Zeit noch nicht in Kraft war, und da ferner sich die Bestimmungen des Reichsgesetzes mit denen des Preußischen Gesetzes im Wesentlichen decken, im Wege der gesetzlichen Analogie also die im § 2 Abs. 2 Ges. gelassene Lücke im obigen Sinne zu ergänzen ist. Vgl. Bergmann a. a. O. S. 19 Note 3.

Anm. 5. Vgl. hierzu Anm. 2. — Ebenso wie es auf die Staatsangehörigkeit der Aktionäre und Mitglieder des Aufsichtsraths für die Aktiengesellschaften nicht ankommt, ist auch die Staatsangehörigkeit der Kommanditisten für das Recht der Aktienkommanditgesellschaften zur Flaggenführung ohne Belang.

## §. 3.

Für die zur Führung der Bundes-(Reichs-)flagge befugten Kauffahrteischiffe sind in den an der See belegenen Bundesstaaten Schiffsregister zu führen. Die Landesgesetze bestimmen die Behörden, welche die Schiffsregister zu führen haben. [1])

### Zu § 3.

Anm. 1. Nach dem Gesetz sollen nur die inländischen Behörden, nicht etwa die deutschen Konsuln im Auslande zur Registerführung ermächtigt werden. Bergmann a. a. O. S. 20.

## §. 4.

Das Schiffsregister ist öffentlich; die Einsicht desselben ist während der gewöhnlichen Dienststunden einem Jeden gestattet.

## §. 5.

Ein Schiff kann nur[1]) in das Schiffsregister desjenigen Hafens eingetragen werden, von welchem aus die Seefahrt mit ihm betrieben werden soll[2]) (Heimathshafen, Registerhafen).

### Zu § 5.

Anm. 1. Eine doppelte Registrirung ist danach zwar unstatthaft, aber nicht in der Richtung ungültig, daß der Schiffer deshalb wegen unbefugter Führung der Reichsflagge (§§ 10, 14 Ges.) bestraft werden kann.

Anm. 2. Die Wahl des Hafens untersteht ganz der Willkür des Rheders; es ist nicht erforderlich, daß thatsächlich von diesem Hafen aus die Seefahrt mit dem Schiff betrieben wird. Der Heimathshafen ist als Domizil des Schiffs zu erachten. Bergmann a. a. O. S. 22.

## §. 6.

Die Eintragung des Schiffes in das Schiffsregister muß enthalten:

1) den Namen und die Gattung des Schiffes (ob Barke, Brigg u. s. w.);
2) seine Größe und die nach der Größe berechnete Tragfähigkeit;
3) die Zeit und den Ort seiner Erbauung, oder wenn es die Flagge eines nicht zum (Norddeutschen Bunde) Deutschen Reiche gehörenden Landes geführt hat, den Thatumstand, wodurch es das Recht, die Bundes-(Reichs-)flagge zu führen, erlangt hat, und außerdem, wenn thunlich, die Zeit und den Ort der Erbauung;
4) den Heimathshafen;
5) den Namen und die nähere Bezeichnung des Rheders, oder, wenn eine Rhederei besteht, den Namen und die nähere Bezeichnung aller Mitrheder und die Größe der Schiffspart eines Jeden; ist eine Handelsgesellschaft Rheder oder Mitrheder, so sind die Firma und der Ort, an welchem die Gesellschaft ihren Sitz hat, und, wenn die Gesellschaft nicht eine Aktiengesellschaft ist, die Namen und die nähere Bezeichnung aller die Handelsgesellschaft bildenden Gesellschafter einzutragen; bei der Kommanditgesellschaft auf Aktien genügt statt der Eintragung aller Gesellschafter die Eintragung aller persönlich haftenden Gesellschafter;
6) den Rechtsgrund, auf welchem die Erwerbung des Eigenthums des Schiffes oder der einzelnen Schiffsparten beruht;
7) die Nationaliät des Rheders oder der Mitrheder;
8) den Tag der Eintragung des Schiffes.

Ein jedes Schiff wird in das Schiffsregister unter einer besonderen Ordnungsnummer eingetragen.[1,2])

Zu § 6.

Anm. 1 Vgl. Art. 53 § 4 des Pr. Einf.Ges. z. HGB.

Anm. 2. Die Unterlassung der Anzeige zu der von den Preußischen Gesetzen (Einf.Ges. z. HGB. Art. 59, Pr. Ges. vom 26. Mai 1873 § 48, Pr. Ges. vom 27 Mai 1873 § 48) für Preußen, Neuvorpommern und Rügen und Schleswig-Holstein geforderten Eintragung der Verpfändung der Schiffe und Schiffsparten ist nicht strafbar, diese Vorschriften sind zwar durch § 19 dieses Gesetzes aufrecht erhalten, die Verpfändung kann aber nicht als eine Veränderung im Sinne der §§ 11, 12, 15 d. Ges. aufgefaßt werden.

§. 8.

Ueber die Eintragung des Schiffes in das Schiffsregister wird von der Registerbehörde eine mit dem Inhalt der Eintragung übereinstimmende Urkunde (Certifikat) ausgefertigt.

Das Certifikat muß außerdem bezeugen, daß die nach § 7 erforderlichen Nachweisungen geführt sind, sowie daß das Schiff zur Führung der (Bundes-) Reichsflagge befugt sei.

§. 10.

Das Recht, die (Bundes-) Reichsflagge zu führen, darf weder vor der Eintragung des Schiffes in das Schiffsregister, noch vor der Ausfertigung des Certifikats ausgeübt werden[1]).

Zu § 10.

Anm. 1 Beide Thatsachen, die Eintragung des Schiffes sowohl, wie die Ausfertigung des Certifikats, müssen vorhergegangen sein, ehe das Recht, die Reichsflagge zu führen, erlangt ist, die Eintragung allein genügt demnach nicht, andrerseits bedarf es aber auch nicht der Aushändigung des Certifikats an den Schiffer oder Rheder, das Schiff kann daher, ohne im thatsächlichen Besitz des Certifikats zu sein, unter der Reichsflagge fahren, sobald die Urkunde mit der die Ausfertigung vollendenden Unterschrift und dem Siegel der Schiffsregisterbehörde versehen ist.

§. 11.

Treten in den Thatsachen, welche in dem § 6 bezeichnet sind, nach der Eintragung Veränderungen ein[1]), so müssen dieselben in das Schiffsregister eingetragen und auf dem Certifikate vermerkt werden[2]).

Im Fall das Schiff untergeht[3]) oder das Recht, die Bundes-(Reichs-)flagge zu führen, verliert[4]), ist das Schiff in dem Schiffsregister zu löschen und das ertheilte Certifikat zurückzuliefern, sofern nicht glaubhaft bescheinigt wird, daß es nicht zurückgeliefert werden könne.

## Zu § 11.

Anm. 1. z. B. Veränderungen im Namen des Schiffs, vgl. § 2 RGes. betr. die Registrirung und die Bezeichnung der Kauffahrteischiffe vom 28. Juni 1873 und § 4 der Verordnung vom 13. November 1873, betr. Vorschriften über die Registrirung und die Bezeichnung der Kauffahrteischiffe, ferner Veränderungen in der Person der Rheder oder in dem Sitz der Handelsgesellschaft, falls der Rheder oder ein Mitrheder eine Handelsgesellschaft ist. Welche Veränderungen in der näheren Bezeichnung des Rheders (Wohnort, Stand, Rang, Gewerbe) eintragungsbedürftig sind, darüber entscheidet das Ermessen der Registerbehörde, vorzüglich in Rücksicht auf die bei der ersten Eintragung zur näheren Bezeichnung des Rheders vorgemerkten Thatsachen. Rg. Str. VII. 65 ff.

Wenn der Heimathshafen des Schiffes sich ändert, so jedoch, daß der neue Heimathshafen auch innerhalb des Gebietes des Deutschen Reichs gelegen ist, so hat auf die vom Rheder oder einem anderen Verpflichteten zu erstattende Anzeige das Gericht, in dessen Schiffsregister das Schiff eingetragen war, das betreffende Folium zu schließen, dem anderen Gericht, zu dessen Bezirk der neue Heimathshafen gehört, eine beglaubigte Abschrift jenes Foliums nebst den auf die Registrirung des Schiffes sich beziehenden Akten mitzutheilen; das andere Gericht das Schiff in sein Schiffsregister nur nach Maßgabe der zu dieser Zeit bestehenden Thatsachen und Verhältnisse einzutragen und dem Rheder ein neues Certifikat zu ertheilen. § 19 II. Allgem. Verf. und Instr. des Justizministers vom 12. Dezember 1861 (JMBl. S. 328 ff.). Vgl. auch § 18 Instr. vom 31. August 1867 (JMBl. S. 275 ff.); § 23 Instr. des Ministers für Handel vom 9. Februar 1867 (IV. 1078) und die Allgemeine Verfügung des Justizministers an die zur Führung der Schiffsregister berufenen Gerichtsbehörden vom 25. März 1868 (JMBl. S. 95 ff.).

Anm. 2. von der Registerbehörde; ein Vermerk des Rheders oder Schiffers oder anderer privater Personen ist unwirksam. Vgl. Bergmann a. a. O. S. 29 N. 2.

Anm. 3. oder in einen Zustand geräth, welcher dem Untergange gleich zu stellen ist, also verschollen ist oder für reparaturunfähig oder oder reparaturunwürdig kondemnirt wird. Vgl. Bergmann a. a. O. S. 30 N. 3.

Anm. 4. Das Recht, die Reichsflagge zu führen, geht verloren, wenn der Eigenthümer oder einer der Miteigenthümer des Schiffes das Reichsindigenat verliert, oder wenn die Handelsgesellschaft (mit Ausnahme der offenen Handelsgesellschaften), welche Eigenthümerin des Schiffes ist, den Sitz aus dem Bereich des Bundesgebietes verlegt (§ 2 dieses Gesetzes). — Unrichtig ist es, wenn Bergmann a. a. O. S. 31

N. 4 den Verlust des Rechts auch dann annehmen will, wenn der Rheder den Seefahrtsbetrieb mit dem Schiffe einstellt, sei es, um es abzuwracken, sei es, um es zu andern Zwecken, z. B. zur Flußschifffahrt zu verwenden; das Recht des Schiffes, die Reichsflagge zu führen, hat das Reichsindigenat der Eigenthümer zur alleinigen Voraussetzung und kann daher auch nur bei dem Wegfall dieser Voraussetzung untergehen; der thatsächliche Betrieb der Seefahrt aber ist für die Existenz und den Untergang dieses Rechts ohne Bedeutung. Der Rheder, welcher den Seefahrtsbetrieb des Schiffes einstellt, kann daher nicht wegen unterlassener Anmeldung dieser Thatsache bestraft werden.

## §. 12.[1])

Die Thatsachen, welche gemäß §. 11 eine Eintragung oder die Löschung im Schiffsregister erforderlich machen, sind von dem Rheder binnen sechs Wochen nach Ablauf des Tages, an welchem er von ihnen Kenntniß erlangt hat,[2]) der Registerbehörde zum Zweck der Verfolgung[3]) der Vorschriften des §. 11 anzuzeigen und glaubhaft nachzuweisen,[4]) betreffenden Falls unter Zurücklieferung des Certifikats.

Die Verpflichtung zu der Anzeige und Nachweisung liegt ob:[5])

1) wenn eine Rhederei besteht, allen[6]) Mitrhedern,
2) wenn eine Aktiengesellschaft Rheder oder Mitrheder ist, für dieselbe allen Mitgliedern des Vorstandes,
3) wenn eine andere Handelsgesellschaft Rheder oder Mitrheder ist, für dieselbe allen persönlich haftenden Gesellschaftern,
4) wenn die Veränderung in einem Eigenthumswechsel besteht, wodurch das Recht des Schiffes, die Bundes(Reichs-)flagge zu führen, nicht berührt wird, dem neuen Erwerber des Schiffes oder der Schiffspart.

### Zu § 12.

Anm. 1. Vgl. § 8 Art. 53 Pr. Einf.Ges. z. HGB.

Anm. 2. Mit dem Ablauf des letzten Tages der sechsten Woche nach erlangter Kenntniß ist durch die bis zu diesem Zeitpunkt unterlassene Anzeige der nach § 11 dieses Gesetzes anzeigebedürftigen Thatsachen das Omissivdelikt vollendet (vgl. Lewis bei Endemann a. a. O. IV. S. 34), und mit diesem Zeitpunkt beginnt auch die Verjährung der Strafverfolgung. Unrichtig ist es, wenn Bergmann a. a. O. S. 32 N. 2 behauptet, das in der Nichterfüllung der gesetzlichen Verpflichtung bestehende Omissivdelikt dauere auch noch nach Ablauf der sechs Wochen fort und ebenso beginne der Lauf der Verjährung zu dieser Zeit noch nicht. Wann denn? Bergmann sagt es nicht und läßt nur vermuthen, daß die Verjährung nach der wirklichen Erfüllung beginne. Und wenn der Verpflichtete gar nicht erfüllt?! Die Auslegung Bergmanns, welche an sich dem bei der Verjährung der Omissivdelikte geltenden Grundsatz entspricht, ist eben in diesem Fall nicht haltbar. Die Verpflichtung beginnt mit der Kenntniß des Verpflichteten von dem Eintritt der im § 11 bezeichneten Veränderungen; die strafbare Verletzung derselben durch Nichterfüllung vollendet sich mit dem Ablauf der sechswöchentlichen Frist. Die fortgesetzte Unterlassung der Erfüllung dieser Pflicht wird in Gemäßheit des § 15 dieses Gesetzes erst strafbar, wenn der Verpflichtete binnen sechs Wochen nach Ablauf des Tages, an welchen das ihn wegen der ersten Unterlassung verurtheilende Erkenntniß rechtskräftig geworden ist, die Erfüllung wiederum versäumt; die fortgesetzte Unterlassung bildet sonach ein neues Delikt. Vgl. Oppenhoff Rechtspr. Bd. 15 S. 580.

Anm. 3. Der Ausdruck „Verfolgung" ist ein Druckfehler, welcher sich in den Gesetzestext eingeschlichen hat; es soll heißen „Befolgung", Bergmann a. a. O. S. 32 N. 3.

Anm. 4. Die Verpflichtung besteht demnach nicht bloß in der Anzeige der Veränderung, sondern auch in der Beibringung solcher Beweismittel, welche dem Richter die eingetretene Veränderung glaubhaft machen, d. i. nicht die Wahrheit der behaupteten Veränderung durch zwingende Beweise erhärten, dieselbe vielmehr nur bis zu dem Grade wahrscheinlich machen, daß der Richter keine erheblichen Bedenken haben kann, an dieselbe zu glauben (z. B. eidesstattliche Versicherungen). Diese Glaubhaftmachung muß innerhalb der sechswöchigen Frist erfolgt sein, da der Mangel derselben, selbst bei rechtzeitig erstatteter Anzeige, für sich die Strafbarkeit aus § 15 d. Ges. begründet.

Anm. 5. Die Strafbarkeit der einzelnen Verpflichteten wird aber dadurch aufgehoben, daß vor Ablauf der Frist die Verpflichtung auch nur von einem der Mitverpflichteten erfüllt ist. § 15 d. Ges.

Anm. 6. Der Korrespondentrheder, welcher nicht Mitrheder ist (Art. 459 HGB.), ist zur Anzeige und Glaubhaftmachung nicht verpflichtet.

## §. 13.

Wenn ein Schiff, welches gemäß der Bestimmung des § 2 zur Führung der (Bundes-) Reichsflagge nicht berechtigt ist[1]), unter der (Bundes-) Reichsflagge fährt[2]), so hat der Führer[3]) des Schiffes Geldbuße bis zu fünfhundert Thalern (fünfzehnhundert Reichsmark) oder Gefängnißstrafe bis zu sechs Monaten verwirkt[4]), auch kann auf Konfiskation[5]) des Schiffes erkannt werden.

### Zu § 13.

Anm. 1. vgl. § 2 Ges. u. Anm.

Anm. 2. Das Schiff fährt unter der Reichsflagge von dem Augenblicke an, in dem es die Anker gelichtet hat, bis zu dem Zeitpunkt, in welchem es in den Hafen, von dem aus es die Reise angetreten hat, wieder zurückgekehrt ist. Es ist hierunter also die ganze Reiseperiode zu verstehen, nicht bloß, wie Mewes a. a. O. S. 421 N. 5 meint, die Fahrt von dem Ausgangs- nach dem Bestimmungshafen. Vgl. auch Perels a. a. O. S. 61. Das Stilliegen des Schiffes in Zwischenhäfen oder auch im Bestimmungshafen, mag dieses längere oder kürzere Zeit währen, fällt demnach gleichfalls unter den Begriff „fahren" im Sinne dieses Gesetzes.

Andrerseits ist es nicht erforderlich, daß das zur Führung der Reichsflagge nicht berechtigte Schiff während der ganzen Fahrt die Flagge geführt haben muß, um das Vergehen zu konsumiren. Das Vergehen vollendet sich vielmehr mit dem einmal erfolgten Aufhissen der Reichsflagge, wenn diese auch nur eine kurze Zeit geführt worden ist. Unbedingte Voraussetzung der Strafbarkeit der Handlung aber ist die Absicht des Schiffsführers, durch das Aufhissen der Reichsflagge dem Schiff den Anschein geben zu wollen, als sei es zur Führung derselben berechtigt. Als Indiz für den Dolus des Schiffsführers wird es beispielsweise gelten, wenn er die Flagge längere Zeit während der Fahrt führt oder wenn er auf Grund der Flagge den Schutz deutscher oder anderer Staatsbehörden im Ausland oder der Kriegsschiffe in Anspruch nimmt. — Dagegen kann das Aufhissen der Reichsflagge als Dekorationsflagge wegen des mangelnden Dolus niemals strafbar sein.

Anm. 3. Führer des Schiffes ist derjenige, welcher den Oberbefehl auf dem Schiffe hat, Schiffer, Kapitän. Dieser ist aber nicht nur für sein eigenes, sondern auch für das Verhalten seiner Leute strafrechtlich verantwortlich. Das Seestrafrecht überschreitet hier die allgemeinen Grundsätze des Strafrechts, weil die Vortheile, welche sich aus der unberechtigten Führung der Reichsflagge ergeben könnten, nicht den einzelnen Personen der Schiffsmannschaft, sondern dem Schiffe selbst zu Gute kommen würden, dieses aber von dem Schiffsführer vertreten wird. Auch zeigt eine Gegenüberstellung der §§ 13. 14 d. Ges., in welchen letzteren das mangelnde Verschulden des Schiffsführers als Strafausschließungsgrund ausdrücklich erwähnt ist, daß dieses Gesetz das Verschulden des Schiffsführers nur dann als Voraussetzung der Strafbarkeit erfordert, wenn es dies ausdrücklich sagt. Vgl. auch Mewes, a. a. O. S. 422 N. 7; a. M. Wagner, Seerecht S. 166.

Die Strafe trifft auch nicht subsidiär einen Andern, der nicht Führer des Schiffs ist; ebenso wenig den Rheder. Andere Personen sind nur unter dem Gesichtspunkt der Theilnahme oder der Anstiftung strafbar.

Die Staatsangehörigkeit des Schiffsführers ist für die Strafbarkeit desselben irrelevant, wenn das Vergehen in einem deutschen Hafen oder in dem nach den Grundsätzen des Völkerrechts zum deutschen Reichsgebiet gehörigen Meerestheilen begangen ist; ist dasselbe dagegen außerhalb des deutschen Gebietes begangen, so ist es nur strafbar, wenn der Thäter das deutsche Indigenat besitzt und wenn das Vergehen auch nach den Gesetzen des Ortes der That strafbar ist, die Strafe selbst aber noch nicht vollzogen ist oder aus anderen Gründen die Strafbarkeit cessirt, §§ 4. 5 RStG. Hieraus folgt, daß das Vergehen, wenn es auf offener See begangen wird, nach dem deutschen Gesetze niemals strafbar ist, selbst wenn der Thäter ein Deutscher ist; denn da das Schiff zur Führung der deutschen Flagge nicht berechtigt ist, so kann der völkerrechtliche Grundsatz, nach dem ein Schiff auf offener See zu demjenigen Staatsgebiet gehört, dessen Flagge es führt, hier nicht zur Anwendung gelangen. Ebenso bleibt das von einem Ausländer im Auslande begangene Vergehen des § 13 d. Ges. stets straflos; a. M. Mewes a. a. O. S. 423 N. 9.

Anm. 4. Zuständig zur Entscheidung sind die Strafkammern der Landgerichte. § 74 Nr. 1 GVG. — Mit Bezug auf die örtliche Zuständigkeit wird hier neben dem Gericht der begangenen That und des Wohnsitzes (§§ 7. 8 RStPO.) auch das Gericht der Ergreifung bez. das vom Reichsgericht zu ernennende Gericht (§ 9 RStPO.) häufig in Anspruch zu nehmen sein. — Die alternativ angedrohte Gefängnißstrafe soll hauptsächlich in Kriegszeiten zur Anwendung gebracht werden (Mot. S. 12).

Anm. 5. Auf die Konfiskation wird stets zu erkennen sein, wenn der Führer des Schiffs verstorben oder die Verfolgung desselben aus andern Gründen nicht ausführbar ist, § 42 RStGB.; niemals aber, wenn der Thäter nach den in Anm. 4 dargelegten Grundsätzen straflos ist.

## §. 14.

Wenn ein Schiff, welches gemäß § 10 sich der Führung der Bundes (Reichs-) flagge enthalten muß[1]), weil die Eintragung in das Schiffsregister oder die Ausfertigung des Schiffscertifikats noch nicht erfolgt ist[2]), unter der Bundes-(Reichs-)flagge fährt[3]), so hat der Führer des Schiffes Geldbuße bis zu Einhundert Thalern (Dreihundert Reichsmark) oder verhältnißmäßige Gefängnißstrafe verwirkt[4]), sofern er nicht nachweist, daß der unbefugte Gebrauch der Bundes-(Reichs-)flagge ohne sein Verschulden geschehen sei.[5])

### Zu § 14.

Anm. 1. Hier steht das Recht des Schiffes zur Führung der Reichsflagge nicht in Frage; nur der Mangel der formellen Erfordernisse, deren Vorhandensein die Ausübung des Rechts bedingt, giebt zur Einleitung des Strafverfahrens Anlaß. Eine Konkurrenz der strafbaren Handlung des Art. 14 mit der des Art. 13 ist demnach ausgeschlossen, da ein Schiff, welches nicht das Recht zur Führung der Reichsflagge hat, die formellen Erfordernisse, welche zur Ausübung dieses Rechts befähigen, niemals erlangen kann, und demnach wegen der Unterlassung der gesetzlichen Formvorschriften bei Führung der Reichsflagge sich nicht strafbar machen kann.

Der kriminalistische Charakter des Delikts ist die Verletzung einer Ordnungsvorschrift, nicht, wie in § 13, die eines staatlichen Hoheitsrechts. Die Eintragung in das Schiffsregister ist nur der Controle halber erfordert, und die Vernachlässigung dieser Controlvorschrift soll durch die Strafandrohung verhütet werden. Gleichwohl vollendet sich das Delikt nicht schon mit der unterlassenen Anmeldung zur Eintragung, sondern erst mit der wirklich begonnenen Fahrt. — Ueber den Begriff der „Führung der Bundesflagge" vgl. Anm. 5 zu § 1.

Anm. 2. Da die Ausfertigung des Certificats nur nach erfolgter Eintragung in das Schiffsregister ertheilt wird, hätte es der Erwähnung der unterlassenen Eintragung als Strafbarkeitsmerkmal nicht bedurft.

Anm. 3. Vgl. Anm. 2 zu § 13.

Anm. 4. Der Ausdruck „verhältnißmäßig" weist darauf hin, daß hier die Gefängnißstrafe nur als subsidiäre Strafe für den Fall des Unvermögens gedacht ist; es gelangen demnach zur Feststellung des Verhältnisses die §§ 28 ff. RStGB. zur Anwendung. Zuständig sind die Strafkammern der Landgerichte, § 74 Nr. 1 GVG. Vgl. im Uebrigen Anm. 3 ff. zu § 13.

Anm. 5. Die Beweislast ist hier ausdrücklich dem Angeklagten auferlegt. Gleichwohl wird es der Staatsanwaltschaft auch in diesem Fall obliegen, in Ausübung ihrer gesetzlichen Pflicht auch die zur Entlastung dienenden Umstände zu ermitteln und für die Erhebung derjenigen Beweise Sorge zu tragen, welche den Mangel des Verschuldens des Angeklagten darthun (§ 158 Abs. 2 StPO.). Dagegen erscheint die freie richterliche Thätigkeit und das richterliche Ermessen insoweit gebunden, als das Gericht nicht in der Lage ist, zur besseren Aufklärung der Sache Beweiserhebungen über den Mangel des Verschuldens des Angeklagten anzuordnen (§ 200 StPO.), oder zu diesem Zweck die Ladung von Zeugen oder Sachverständigen oder die Herbeischaffung anderer Beweismittel anzuordnen (§ 243 StPO), wenn nicht der Nachweis des mangelnden Verschuldens bereits vom Angeklagten selbst angetreten ist.

Die Frage, welche Umstände das Verschulden ausschließen, ist quaestio facti. Es wird aber niemals dem Führer des Schiffes zur Entschuldigung gereichen dürfen, daß nicht er selbst, sondern seine Leute ohne sein Wissen die Flagge aufgehißt haben; die Strafe soll auch für diesen Fall allein den Führer des Schiffs treffen, weil dieser während der Fahrt für die unter seiner absoluten Zwangsgewalt stehenden Schiffsleute verantwortlich ist.

## §. 15.

Die im §. 14 angedrohte Strafe hat auch derjenige [1]) verwirkt, welcher eine nach den Bestimmungen des §. 12 ihm obliegende Verpflichtung [2]) binnen der sechswöchentlichen Frist [3]) nicht erfüllt, sofern er nicht beweist, daß er ohne sein Verschulden außer Stande gewesen sei, dieselbe zu erfüllen. [4]) Die Strafe tritt nicht ein, wenn vor Ablauf der Frist die Verpflichtung von einem Mitverpflichteten erfüllt ist. Die Strafe wird gegen denjenigen verdoppelt [5]), welcher die

Verpflichtung auch binnen sechs Wochen nach Ablauf des Tages, an welchem das ihn verurtheilende Erkenntniß rechtskräftig geworden ist, zu erfüllen versäumt.[6])

Zu § 15.

Anm. 1. Subjekt des Delikts ist hier nicht der Schiffsführer, vielmehr nur die im § 12 Abs. 2 als anzeigepflichtig benannten Personen.

Anm. 2. Vgl. die Anm. zu §§ 6, 11, 12.

Anm. 3. Die Frist läuft in Gemäßheit des § 12 von dem Tage ab, an dem der Anzeigepflichtige überzeugende Kenntniß von der anzuzeigenden Thatsache erhalten hat; sie läuft demnach für jeden Anzeigepflichtigen besonders.

Anm. 4. Vgl. Anm. 5 zu § 14.

Anm. 5. Der Richter ist hier in der Abwägung des Strafmaßes an das Strafmaß des ersten Richters gebunden, insbesondere auch an die Entscheidung, ob Geldstrafe oder Gefängnißstrafe zu verhängen ist.

Anm. 6. Die Strafe tritt aber wiederum nicht ein, wenn vor dem Ablauf von sechs Wochen nach der Rechtskraft ein Mitverpflichteter die Anzeige erstattet hat. — Im wiederholten Rückfall wird stets die Verdoppelung von Neuem einzutreten haben.

## Gesetz,

### betreffend die Registrirung und die Bezeichnung der Kauffahrteischiffe. Vom 28. Juni 1873.

(RGBl. 1873 S. 184.)

§. 3.

Jedes in das Schiffsregister eingetragene Schiff muß

1) seinen Namen auf jeder Seite des Bugs und

2) seinen Namen und den Namen des Heimathshafens am Heck

an den festen Theilen in gut sichtbaren und fest angebrachten Schriftzeichen führen.[1])

Zu § 3.

Anm. 1. Die von den Schiffen zu führenden Namen sind hell auf dunkelem Grunde in lateinischer Druckschrift von solcher Größe anzubringen, daß

1) die Höhe der kleinsten Buchstaben
bei Schiffen unter 300 Kubikmeter Nettoraumgehalt mindestens 5 Centimeter,
bei Schiffen von 300 bis 1000 Kubikmeter Nettoraumgehalt mindestens 7,5 Centimeter,
bei Schiffen von 1000 Kubikmeter Nettoraumgehalt und darüber mindestens 10 Centimeter und

2) die Breite der die Buchstaben bildenden Grundstriche mindestens $^1/_5$ der Höhe der Buchstaben beträgt.

§ 5 c. V. v. 13. Novbr. 1873 betr. Vorschriften über die Registrirung und die Bezeichnung der Kauffahrteischiffe (RGBl. 1873 S. 367).

## §. 4.

Im Falle einer Zuwiderhandlung gegen die Vorschriften des §. 3 hat der Führer des Schiffes [1]) Geldstrafe bis zu einhundertfünfzig Mark oder Haft [2]) verwirkt. [3])

### Zu § 4.

Anm. 1. Der Führer des Schiffes ist allein strafrechtlich verantwortlich, nicht auch zugleich seine Leute, welche auf seinen Befehl oder sein Antreiben oder auch ohne sein Wissen die Vorschriften des § 3 verletzt haben.

Anm. 2. bis zu sechs Wochen, § 18 RStGB. Die Handlung ist demnach eine Uebertretung und gehört zur Zuständigkeit der Schöffengerichte.

Anm. 3. Die Uebertretung ist begangen, wenn nach der vollzogenen Eintragung ins Schiffsregistet die Vorschriften des § 3 nicht erfüllt sind. Die vollzogene Eintragung und die Unterlassung der beregten Vorschriften sind demnach die beiden wesentlichen Strafbarkeitsmerkmale, bei deren gleichzeitigem Vorhandensein das Delikt konsumirt ist. Daher wird auch stets das Gericht des Registerhafens für die Entscheidung zuständig sein, weil eben alsbald nach der erfolgten Registrirung die strafbare Unterlassung vollendet erscheint.

## Vierter Titel.

## Von der Schiffsmannschaft.

(Art. 528—556.*)

## Seemannsordnung vom 27. Dezember 1872.

(RGBl. 1872 S. 409 ff.)

## Fünfter Abschnitt.

## Strafbestimmungen. [1])

## §. 81.

Ein Schiffsmann [2]), welcher nach Abschluß des Heuervertrages [3]) sich verborgen hält, um sich dem Antritte des Dienstes zu entziehen [4]), wird mit Geldstrafe bis zu zwanzig Thalern (sechszig Reichsmark) gestraft [5]). Die Verfolgung tritt nur auf Antrag [6]) ein.

Wenn ein Schiffsmann, um sich der Fortsetzung [7]) des Dienstes zu entziehen [8]), entläuft oder sich verborgen hält [9]), so tritt Geldstrafe bis zu Einhundert Thalern[10]) (Dreihundert Reichsmark) oder Gefängnißstrafe bis zu drei Monaten ein[11]). Die Verfolgung tritt nur auf Antrag[6]) ein.

[12]) Ein Schiffsmann, welcher mit der Heuer[13]) entläuft oder sich verborgen hält, um sich dem übernommenen Dienste zu entziehen, wird mit der im §. 298 des Strafgesetzbuchs angedrohten Gefängnißstrafe bis zu einem Jahre[14]) belegt[15]).

## Zu § 81.

Anm. *. Diese Artikel sind aufgehoben durch § 110 der Seemannsordnung; letztere ist an deren Stelle getreten.

Anm. 1. Die in den §§ 81—103 enthaltenen Vorschriften rechtfertigen den Titel „Strafbestimmungen" nur theilweise; sie enthalten neben dem materiellen Strafrecht auch Strafprozeßrecht. Von den Strafbestimmungen der Seemannsordnung sind die im Vierten Abschnitt enthaltenen Disziplinarbestimmungen §§ 72—80 streng zu scheiden; die durch die letzteren zugelassenen Strafen sind nur a) Erschwerungen des Dienstes, b) mäßige Schmälerung der Kost auf höchstens drei Tage. Diese Strafen hat allein der Schiffer bez. sein Stellvertreter kraft seiner disziplinaren Gewalt nach freiem Ermessen zu verhängen; seine Entscheidung unterliegt keiner Berufung an eine höhere Instanz. Dagegen darf sich der Schiffer derjenigen Strafmittel, welche das Reichsstrafgesetzbuch kennt, der Geldbuße und der Beschränkung der Freiheit durch Einsperrung, und darüber hinaus noch der körperlichen Züchtigung bedienen, nicht zum Zwecke der Strafe, sondern um eine Widersetzlichkeit zu beugen oder Gehorsam zu erzwingen. Auch in der Anwendung dieser Zwangsmittel ist dem gerechten Ermessen des Schiffers freier Spielraum gegeben (§ 79 SO.). Lewis bei Endemann, IV. S. 109. Wagner a. a. O. S. 323 ff.

Die Strafbestimmungen des Entwurfs des Gesetzes (Stenogr. Ber. d. Deutschen Reichs, Drucksachen S. 289) wurden bei der ersten Berathung des Gesetzentwurfs von den Abg. Lesse und Dr. Banks, besonders von Letzterem wegen ihrer Härte auf das Heftigste angegriffen; dieselben haben aber in den Kommissionsberathungen und in dem endgültig angenommenen Gesetz nur wenig Milderungen erfahren. Der Umstand indeß, daß seit der Geltungskraft der SO. seit nunmehr zwölf Jahren kein gegen die eigentlichen Strafvorschriften verstoßendes Delikt zur Entscheidnug eines höchsten Gerichtshofes gelangt ist, mag zur Genüge beweisen, daß die Strafvorschriften in der That überflüssig sind. Wenn aber eine Spezialstrafgesetzgebung, die das gemeine Strafrecht verschärft und darum schon an sich bedenklich ist, während der ganzen Zeit ihres Bestehens nur durch so geringe Bedürfnißfälle gerechtfertigt wird, so muß sie beseitigt werden, einmal weil sie wirkungslos ist, und zum zweiten, weil schon das bloße formelle Bestehen der strengen Strafvorschriften gerade die besten deutschen Seeleute veranlaßt, den deutschen

Schifffahrtsdienst aufzugeben und sich den Schiffen solcher Staaten, die dieser harten Strafbestimmungen entbehren, wie England und Frankreich, zuzuwenden. Ueber die grausamen Strafen der älteren Seerechte vgl. Perels a. a. O. S. 191 N. 1. a. M. Mewes bei Bezold a. a. O. S. 445.

Anm. 2. Schiffsmann im Sinne dieses Gesetzes ist jeder Schiffsoffizier, die eigentlichen Schiffsleute (Schiffsjungen, Leichtmatrosen, Vollmatrosen), sowie auch jede andere Person, welche, ohne zur Schiffsmannschaft zu gehören, auf dem Schiffe angestellt ist, wie z. B. Maschinisten, Aufwärter, Köche und dgl. § 3 SO. Vgl. Lewis Kommentar S. 181 N. 3.

Anm. 3. Der bloße Abschluß des Heuervertrages reicht als Strafbarkeitsmoment aus, obwohl der Schiffsmann nicht schon durch diesen, sondern erst durch die dem Heuervertrag nachfolgende Anmusterung in den Dienst des Schiffes tritt. §§ 5. 10. 11 SO. Das Delikt enthält sonach nicht eine Auflehnung gegen das Dienstverhältniß zu dem Vorgesetzten, denn dieses wird erst durch die Anmusterung begründet, vielmehr einen rein civilen Vertragsbruch. Die Strafbarkeit desselben erscheint daher nur aus dem einzigen Grunde erklärlich, daß der Schiffsmann noch nicht nach Abschluß des Heuervertrages, sondern erst nach erfolgter Anmusterung zum Antritt des Dienstes durch das Seemannsamt gezwungen werden konnte. § 29 SO. Aber diese Schwierigkeit wäre bei einer Revision der SO. einfach dadurch zu vermeiden, daß auch schon nach Abschluß des Heuervertrages der Antritt des Dienstes durch gesetzliche Zwangsmittel geschützt ist, vgl. § 51 der Preußischen Gesindeordnung vom 8. November 1810 (GS. S. 101). Die Bestrafung des Vertragsbruchs aber mit einer Kriminalstrafe verwischt die Grenze zwischen Kriminal- und Civilunrecht völlig.

Die Heuer darf dem Schiffer weder ganz, noch theilweise, noch auch in der Form eines Vorschusses ausgezahlt sein; hat der Schiffer schon die Heuer oder einen Theil derselben, oder in Anrechnung auf die Heuer etwas erhalten, so tritt Abs. 3 § 81 zur Anwendung, da sich der Vertragsbruch dann in eine strafbare Vermögensbeschädigung umwandelt.

Anm. 4. Der Begriff „Sich verborgen halten" ist für die strafrechtliche Verwerthung zu wenig präcis: an Bord zu sein, ist der Schiffsmann erst nach der Anmusterung verpflichtet, § 28 SO.; der Aufenthalt am Land wird daher nur dann als ein „sich verborgen halten" im Sinne dieses Paragraphen ausgelegt werden können, wenn der Schiffsmann nach Abschluß des Heuervertrages sich nicht zur Anmusterung stellt, § 10 Abs. 2 SO. Der Staatsanwaltschaft liegt aber der Beweis ob, daß die Unterlassung der Stellung zur Musterung in der Absicht geschah, sich dem Antritt des Dienstes zu entziehen.

Das Delikt ist vollendet, sobald die Musterrolle für das Schiff ausgefertigt ist, da der Schiffsmann bis zu diesem Zeitpunkte Gelegenheit hat, sich zur Anmusterung zu stellen.

Anm. 5. Im Unvermögensfalle tritt an die Stelle der Geldstrafe die Haftstrafe, da eine Uebertretung vorliegt (§§ 1, 28 StGB.); der Mindestbetrag der Geldstrafe ist Eine Mark, § 27 StGB. Zuständig sind die Schöffengerichte, § 27 Nr. 1 GVG. — Das forum delicti commissi ist das Gericht des Ortes, wo die Anmusterungsverhandlung zu vollziehen ist. (Musterungshafen.)

Anm. 6. Zum Antrage berechtigt ist nur der Rheder, nicht auch der Schiffer; denn der Rheder allein ist der Verletzte, weil der Vertrag, dessen Bruch Gegenstand des Delikts ist, von dem Vertragsbrüchigen mit dem Schiffer nur als Bevollmächtigten des Rheders, und im Namen des Rheders geschlossen wurde, und dem Schiffer daher auch aus dem Vertragsabschluß ein eigenes Recht gegen den Schiffsmann nicht erwuchs. Vgl. § 65 StGB. a. M. Wagner a. a. O. S. 363, aber ohne jede Begründung.

Anm. 7. Der Gesetzgeber unterscheidet in diesem Absatz von dem im ersten Absatz erwähnten Fall der einfachen Entweichung den der Entweichung nach Antritt des Dienstverhältnisses, und bestraft diesen auch um deswillen schwerer, weil dem Rheder der Ersatz für den vor dem Dienstantritt entweichenden Schiffsmann eher möglich und weniger kostspielig zu sein pflegt, als im Fall einer späteren, insbesondere etwa im Auslande erfolgenden Entweichung. Mot. (Drucks. S. 306.)

Anm. 8. Der Dolus ist nicht darauf gerichtet, durch Entlaufen oder Sichverbergen eine Dienstwidrigkeit zu begehen; dies wäre nach § 51 SO. nicht strafbar; die Absicht des Thäters muß vielmehr strikt darauf gerichtet sein, den Dienst aufzugeben; die Absicht muß von der Anklagebehörde erwiesen werden.

Auch in denjenigen Fällen, in denen der Schiffsmann auf Grund der §§ 61, 64 SO. seine Entlassung fordern darf, ist er, wenn ihm dieselbe selbst widerrechtlicher Weise nicht genehmigt wird, nicht berechtigt aus eigener Machtvollkommenheit das Schiff zu verlassen; er verfällt gleichfalls der Strafe des § 81 Abs. 2 SO. (vgl. übrigens § 83 SO. und die Anm.), wenn nicht ein Nothstand oder eine Nothwehr im Sinne der §§ 53, 54 StGB. vorliegt, wie z. B. wenn der Schiffer sich durch den Flaggenwechsel der Gefahr der Auslieferung wegen eines politischen, mit der Todesstrafe bedrohten Verbrechens an den neuen Heimathsstaat gegenübersieht (Nothstand), oder wenn er durch das Entlaufen sich vor fortgesetzten Mißhandlungen des Schiffers sichert (Nothwehr). Das frühere Preußische Obertribunal erachtete nach älterem Recht den Ausbruch eines Krieges nicht als ausreichenden Nothstandsgrund, um die Weigerung des Schiffers zur Weiterreise zu exkulpiren. OT. 66. 9*. a. M. ROHG. VIII. 379 ff.

Anm. 9. Der Begriff der Desertion, welchen die Ausdrücke „Entlaufen" und „Sich verborgen halten" bezeichnen, hat zur Voraussetzung, daß die Entfernung des Schiffsmanns wider Wissen und Willen des Schiffers erfolgt, ROHG. IV. 291; dem steht es natürlich gleich, wenn der Schiffsmann sich mit der Erlaubniß des Schiffers auf kurze Zeit entfernt, und nach Ablauf des Urlaubs, in der Absicht sich der Fortsetzung des Dienstes zu entziehen, nicht zurückkehrt; im letzteren Falle ist das Delikt mit dem Ablauf des von dem Schiffer ertheilten Urlaubs konsumirt, im ersteren Falle mit der Entfernung von dem Schiff.

Anm. 10. Die Handlung ist ein Vergehen; im Unvermögensfalle tritt bei der Verurtheilung zur Geldstrafe Gefängnißstrafe ein (§§ 1, 28 StGB.); der Mindestbetrag der Geldstrafe sind drei Mark (§ 27 StGB.).

Anm. 11. Zuständig ist das Schöffengericht, § 27 Nr. 2 GVG.

Anm. 12. Dieser Absatz wiederholt wörtlich den § 298 RStGB., hebt denselben jedoch nicht etwa nach der Regel lex posterior derogat priori auf (vgl. Olshausen, Kommentar § 298 N. 1), der § 298 StGB. ist vielmehr noch in Geltung für alle diejenigen Schiffe, welche nicht Kauffahrteischiffe sind, da die SO. sich nur auf letztere bezieht. § 1 SO. Vgl. Mewes bei Bezold a. a. O. S. 453.

Anm. 13. Dieser Fall der Dienstverweigerung enthält zugleich ein vermögensrechtliches Delikt, die Schädigung des Rheders um die noch nicht verdiente Heuer, und unterliegt daher der schwersten Strafe. Ob dem Schiffsmann die Heuer bereits ganz oder nur theilweise gezahlt ist, ist irrelevant. Wenn aber dem Schiffsmann nur für denjenigen Theil der Dienste, den er wirklich geleistet hat, der entsprechende Theilbetrag der Heuer gezahlt ist und er mit der bereits von ihm verdienten Heuer entläuft, so ist Abs. 3 § 81 nicht anwendbar, weil hierdurch die eigentliche Vermögensbeschädigung des Rheders, welche allein die strengere Bestrafung rechtfertigt, entfällt; es tritt dann § 81 Abs. 2 zur Anwendung. a. M.: Olshausen a. a. O. N. 2, Mewes, StRZ. XIII. 390. Es ist daher auch der Grund der Strafbarkeit der Handlung nicht in deren einfachem Vertragsbruch zu finden, wie Liszt, Lehrbuch des Strafrechts S. 288, H. Meyer, Lehrbuch des Strafrechts S. 573 wollen, vielmehr vorwiegend in der absichtlichen Vermögensschädigung; der einfache Vertragsbruch findet seine Ahndung in Abschn. 1. 2 § 81.

Das Delikt ist vollendet mit der Entfernung von dem Schiff.

Anm. 14. Zuständig ist die Strafkammer event. das Schöffengericht. § 73, 75 Nr. 11 GVG.

Anm. 15. Ueber die Bestrafung des im Auslande und von Ausländern begangenen Delikts s. § 100 SO. und die Anm.

## §. 82.

In den Fällen der beiden letzten Absätze des §. 81 verliert der Schiffsmann, wenn er vor Abgang des Schiffes weder zur Fortsetzung des Dienstes freiwillig zurückkehrt, noch zwangsweise[1]) zurückgebracht wird, den Anspruch auf die bis dahin verdiente Heuer.[2]) Die Heuer und, sofern diese nicht ausreicht, auch die Effekten können zur Deckung der Schadensansprüche des Rheders aus dem Heuer- oder Dienstvertrage in Anspruch genommen werden; soweit die Heuer hierzu nicht erforderlich ist, wird mit ihr nach Maßgabe des § 107[3]) verfahren.

### Zu § 82.

Anm. 1. Die zwangsweise Zurückführung erfolgt durch das Seemannsamt bez. den Konsul. §§ 29. 4 SO.

Anm. 2. Aus dieser Bestimmung folgert Mewes bei Bezold a. a. O. S. 451, daß das Entlaufen mit der Heuer, auch wenn dieselbe bereits verdient sei, unter die Strafe des § 81 Abs. 3 falle, da sonst § 82 neben § 81 Abs. 3 nicht bestehen könne. Zu Unrecht! Wenn ein Schiffsmann z. B. einen Theilbetrag der Heuer, aber weniger als er bereits verdient, erhalten hat, so ist er zwar von der Strafe des § 81 Abs. 3 befreit, aber er verliert zufolge § 82 seinen privatrechtlichen Anspruch auf den Mehrbetrag der Heuer, den ihm der Rheder für die bereits geleisteten Dienste noch schuldet.

Anm. 3. Die Heuerrückstände werden der Seemannskasse und in Ermangelung einer solchen der Ortsarmenkasse des Heimathshafens des Schiffes, welchem der Thäter zur Zeit der Begehung der strafbaren Handlung angehörte, zugewiesen.

## §. 83.

Hat der Schiffsmann sich dem Dienste in einem der Fälle des § 61, 1 und 3[1]) ohne Genehmigung des Seemannsamtes (§ 64)[2]) entzogen, so tritt Geldstrafe bis zum Betrage einer Monatsheuer[3]) ein.

### Zu § 83.

Anm. 1. Der Schiffsmann kann seine Entlassung fordern: 1) wenn sich der Schiffer einer schweren Verletzung seiner ihm gegen denselben obliegenden Pflichten, insbesondere durch Mißhandlung oder durch grundlose Vorenthaltung von Speise und Trank schuldig macht, oder 2) wenn nach Beendigung der Ausreise eine Zwischenreise beschlossen, oder wenn eine Zwischenreise beendigt ist, sofern seit dem Dienstantritt zwei oder drei Jahre, je nachdem das Schiff in einem europäischen bez. einem nicht europäischen Hafen des Mittelländischen, Schwarzen und Azow'schen Meeres oder in einem anderen nicht europäischen Hafen sich befindet, verflossen sind. § 61 Nr. 1 und 3, § 70 SO.

Wesentlich ist die Unterscheidung des Sichentziehens vom Dienste, welches der § 83 unter Strafe stellt, von dem Entlaufen oder „Sichverborgenhalten" des § 81. Der Thatbestand des § 83 enthält nur eine Arbeitsweigerung, die, wenn das Schiff die Flagge wechselt (§ 61 Nr. 2) straflos ist, und in den Fällen des § 61 Nr. 1 und 3 zu ihrer Berechtigung der Genehmigung des Seemannsamtes bedarf (§ 64), ohne diese aber der Strafe des § 83 untersteht. Das „Entlaufen oder Sichverborgenhalten" aber, welches den Charakter der Heimlichkeit an sich trägt und als eine Auflehnung gegen die Dienstpflicht ohne die formgemäße Geltendmachung etwaiger berechtigter Ansprüche anzusehen ist, wird stets nach den Vorschriften des § 81 zu bestrafen sein. Vgl. Anm. 8 zu § 81.

Anm. 2. Die Genehmigung des Seemannsamtes ist eine nur vorläufige, welche in Fällen, die keinen Aufschub leiden, zu ertheilen ist. Der Schiffer darf dem Schiffsmann die Gelegenheit zur Einholung der Genehmigung nicht versagen, wenn nicht zu befürchten ist, daß dadurch eine die Sicherheit des Schiffs bedrohende Verzögerung der Abreise herbeigeführt wird.

Anm. 3. Als Betrag der Heuer wird beim Mangel einer Vereinbarung diejenige Heuer erachtet, welche das Seemannsamt des Hafens, in welchem der Schiffsmann angemustert wird, für die daselbst zur Zeit der Anmusterung übliche erklärt, § 25 SO. Ueber die gesetzliche Erhöhung der Heuer vgl. § 41 SO.

Nach dem Betrage der Heuer richtet sich die sachliche Zuständigkeit des Gerichts.

## §. 84.

Mit Geldstrafe bis zum Betrage einer Monatsheuer wird ein Schiffsmann bestraft, welcher sich einer groblichen[1]) Verletzung seiner Dienstpflichten schuldig macht.

Als Verletzung der Dienstpflicht in diesem Sinne wird insbesondere angesehen:

Nachlässigkeit im Wachdienste[2]);

Ungehorsam gegen den Dienstbefehl[3]) eines Vorgesetzten, ungebührliches Betragen gegen Vorgesetzte, gegen andere Mitglieder der Schiffsmannschaft oder gegen Reisende;

Verlassen des Schiffes ohne Erlaubniß oder Ausbleiben über die festgesetzte Zeit[4]);

Wegbringen eigener oder fremder Sachen von Bord des Schiffes und an Bord bringen oder an Bord bringen lassen von Gütern oder sonstigen Gegenständen ohne Erlaubniß[5]);

eigenmächtige Zulassung fremder Personen an Bord und Gestattung des Anlegens von Fahrzeugen an das Schiff;

Trunkenheit im Schiffsdienste;

Vergeudung, unbefugte Veräußerung oder bei Seite bringen von Proviant[6]).

Gegen Schiffsoffiziere[7]) kann die Strafe bis auf den Betrag einer zweimonatlichen Heuer erhöht werden.

Wenn die Heuer nicht zeitweise bedungen ist, so wird die Strafe auf einen nach dem Ermessen des Seemannsamtes der Monatsheuer entsprechenden Geldbetrag bestimmt.

Die Verfolgung tritt nur auf Antrag ein[8]), der Antrag ist bis zur Abmusterung zulässig.

## Zu § 84.

Anm. 1. Die Strafbarkeit der Handlung setzt eine „gröbliche" Verletzung der Dienstpflicht voraus; eine gesetzliche Definition des Begriffes „gröblich" konnte der Gesetzgeber nicht geben, da stets der einzelne Fall in subjektiver und objektiver Betrachtung von dem freien Ermessen des Richters daraufhin geprüft werden muß, ob die inkriminirte Handlung in einem so besonders hohen Grade dienstwidrig war, daß die disziplinare Ahndung nicht ausreicht und statt derselben das formelle Strafverfahren und die kriminelle Bestrafung eintreten muß. Es sind im Absatz 2 des Paragraphen eine Reihe von Handlungen beispielsweise aufgeführt, die als einfache Verletzungen der Dienstpflicht bezeichnet sind, und im Wege der Disziplin zur Sühne zu bringen sind; wenn diese und andere ihnen gleichzustellende Handlungen entweder durch häufige Wiederholung oder durch die Art der Begehung derselben als eine besonders schwere Auflehnung gegen die Dienstpflicht erscheinen, werden sie als „gröbliche Verletzungen" der Strafe des § 84 zu unterstellen sein.

Anm. 2. Der Wachdienst hat eine konkrete Fixirung in der Seemannsordnung nicht gefunden.

In den Sitzungen des Deutschen Nautischen Vereins vom Februar 1878 ist eine Resolution gefaßt worden: eine Abänderung des § 31 SO., welcher eine zehnstündige Arbeitszeit der Schiffsmannschaft als Regel hinstellt, dahingehend zu beantragen, daß der Schiffsmann ausdrücklich verpflichtet wird, außerhalb der in § 31 bezeichneten zehnstündigen Arbeitszeit noch bis zu zwei Stunden Wachdienst zu leisten. (Verhandlungen des zehnten Vereinstages. Bremen, Carl Schünemann'sche Buchdruckerei, 1878.) Es ist jedenfalls wünschenswerth, daß bei einer Revision der Seemannsordnung auch die Bestimmung des Wachdienstes ihre Regelung findet, da der Streit über die Ausdehnung desselben, wie sich aus den Debatten des Nautischen Vereins ergiebt, sehr häufig Anlaß zu Auflehnungen der Schiffsmannschaft giebt. Vor dem Eintritt der gesetzlichen Regelung ist aber jede eigenmächtige Verkürzung des Wachdienstes Seitens des hierzu abkommandirten Schiffsmanns als Nachlässigkeit im Wachdienst zu bestrafen, auch wenn die angeordnete Wachdienstzeit die üblichen zwei Stunden überschreitet.

Anm. 3. Der Befehl muß also im Dienst ertheilt sein und dienstliche Angelegenheiten betreffen. Der Ungehorsam gegen Befehle, welche außerhalb des Dienstes, z. B. auf dem Lande, ertheilt sind, oder welche nicht dienstliche Angelegenheiten betreffen, ist nicht strafbar.

Ueber die Unterscheidung des Ungehorsams von der Weigerung des schuldigen Gehorsams s. § 86.

Anm. 4. Wird die Handlung in der Absicht, sich der Fortsetzung des Dienstes zu entziehen, ausgeübt, so gelangt § 81 zur Anwendung.

Anm. 5. Wenn die an Bord gebrachten Sachen Gegenstände sind, welche das Schiff oder die Ladung gefährden, indem sie die Beschlag=

nahme oder Einziehung des Schiffes oder der Ladung veranlassen können (sog. Kontrebande), so tritt § 297 StGB. in Anwendung.

Anm. 6. Es ist hier nur an diejenigen Proviantrationen zu denken, die dem Schiffsmann selbst auf seinen Theil bereits angewiesen sind. Die Veräußerung oder das Beiseitebringen von Proviant, welcher noch unvertheilt vom Schiffer aufbewahrt wird, oder welcher andern Schiffsleuten zugetheilt ist, ist Diebstahl und in Gemäßheit des § 242 StGB. zu beurtheilen. Vgl. §. 43 SO.

Anm. 7. Schiffsoffiziere sind diejenigen Personen der Schiffsmannschaft, denen ein größerer oder geringerer Theil der Dienstaufsicht und der Dienstgewalt unter der Oberleitung des Schiffers anvertraut ist; so: Steuerleute aller Chargen, Obersteuermann, Steuermann und Untersteuermann, Ingenieure, Maschinisten, zuweilen auch Bootsmann und Zimmermann. Den Schiffsoffizieren werden gleichgeachtet der Schiffsarzt, der Schiffsprediger, der Proviant- oder Zahlmeister. Perels a. a. O. S. 144.

Anm. 8. Der Antragsberechtigte ist nur der Schiffer, da die einzelnen in diesem Paragraphen aufgeführten Delikte nur gegen die Disciplin, welche vom Schiffer gehandhabt wird, verstoßen und durch die Verletzung der Disciplin nur die Autorität des Schiffers verletzt wird.

Zuständig ist das Schöffen- bezw. das Landgericht, § 27, § 73: 75 Nr. 14 GVG.

Voraussetzung der Strafbarkeit ist außerdem die dem Schiffer obliegende Eintragung des Delikts in das Schiffsjournal. § 85 SO.

## §. 85.

Der Schiffer hat jede Verletzung der Dienstpflicht (§. 84), sobald es geschehen kann, mit genauer Angabe des Sachverhaltes in das Schiffsjournal einzutragen und, wenn thunlich, dem Schiffsmann von dem Inhalt der Eintragung unter ausdrücklicher Hinweisung auf die Strafandrohung des §. 84 Mittheilung zu machen.

Unterbleibt die Mittheilung, so sind die Gründe der Unterlassung im Journal anzugeben. Ist die Eintragung versäumt, so tritt keine Verfolgung ein.[1])

### Zu § 85.

Anm. 1. Die Eintragung muß spätestens mit Ablauf der Antragsfrist erfolgt sein, da sonst die andere Voraussetzung der Strafbarkeit, der rechtzeitig gestellte Antrag ermangelt.

Das Journal soll in der Regel nach Art. 486 HGB. von dem Steuermann und nur im Fall der Verhinderung desselben von dem Schiffer oder einem Stellvertreter geführt werden. Die hier erforderte Eintragung aber liegt principaliter dem Schiffer ob.

## §. 86.[1])

Ein Schiffsmann, welcher den wiederholten[2]) Befehlen des Schiffers oder eines anderen Vorgesetzten[3]) den schuldigen Gehorsam verweigert[4]), wird mit Gefängniß bis zu drei Monaten oder mit Geldstrafe bis zu Einhundert Thalern (Dreihundert Reichsmark) gestraft.[5])

### Zu § 86.

Anm. 1. Die nun folgenden §§ 86—92 enthalten die Delikte, welche den Widerstand gegen die Dienstgewalt des Schiffers zum Gegenstande haben. Dieselben zeichnen sich vor den im Reichsstrafgesetzbuch im 6. Abschnitt unter dem Rubrum „Widerstand gegen die Staatsgewalt" zusammengestellten Delikten, deren Thatbestand mit den Delikten der Seemannsordnung vielfach übereinstimmt, durch eine übermäßig große Härte der Strafen aus. Vgl. Anm. 1 zu §. 81; die Motive rechtfertigen diese Strenge, indem sie sagen: Bei der Strafabmessung konnte nicht außer Betracht bleiben, daß die große Gefahr, welche durch Ungehorsam und Widersetzlichkeiten der Schiffsleute gegen ihre Vorgesetzten, insbesondere auf hoher See bei dem Mangel jedes bereiten obrigkeitlichen Schutzes und Beistandes, entstehen kann, die Androhung schwerer Strafen nothwendig macht.

Anm. 2. Es genügt nicht, daß der Befehl nur mehrere Male wiederholt ist; vielmehr muß auf jeden Befehl des Schiffers die Weigerung des Schiffsmanns folgen, da der Ausdruck „wiederholt" auch auf die strafbare Handlung „das Verweigern" zu beziehen ist, und nur die auf den wiederholten Befehl wiederholte Weigerung gestraft werden soll. Wird ein Befehl nur mehrere Male hintereinander ausgesprochen, ohne daß zwischen den einzelnen Befehlsertheilungen dem Schiffsmann auch nur Zeit zur Weigerung gegeben ist, so ist die hinterher erfolgte Weigerung zweifelsohne nicht nach § 86 strafbar; aber auch wenn der Schiffsmann es unterläßt den ersten oder folgenden Befehl auszuführen, ohne indeß die Ausführung ausdrücklich zu weigern, oder durch sein Verhalten anzuzeigen, daß er nicht gesonnen ist, den Befehl auszuführen, so ist die endliche ausdrückliche Weigerung im Sinne des § 86 noch nicht strafbar.

Anm. 3. Vorgesetzter ist diejenige Person der Schiffsmannschaft, der dauernd oder für eine gewisse, wenn auch noch so kurze Zeit, oder zu einem ganz bestimmten Geschäft die Dienstgewalt oder die Dienstaufsicht über den Schiffsmann übertragen ist. Auch ein Schiffsmann, der nicht Schiffsoffizier ist, kann zum Vorgesetzten eines andern Schiffsmanns bestellt werden, mit der Wirkung, daß auch gegen seine Befehle die Weigerung strafbar wird.

Anm. 4. Die Weigerung muß eine ausdrückliche sein, entweder durch Worte geäußert oder durch das thatsächliche Verhalten deutlich zur Erscheinung gebracht werden; sie muß in der Absicht erfolgen, der

Autorität des Vorgesetzten Widerstand entgegenzusetzen. Die bloße selbst wiederholte Unterlassung der Ausführung ertheilter Befehle aus Fahrlässigkeit wird niemals zur strafbaren Weigerung.

Anm. 5. Zuständig ist das Schöffengericht. § 27 Nr. 2 GVG.

## §. 87.

Wenn zwei oder mehrere zur Schiffsmannschaft gehörige Personen dem Schiffer oder einem anderen Vorgesetzten den schuldigen[1]) Gehorsam auf Verabredung gemeinschaftlich[2]) verweigern, so tritt gegen jeden Betheiligten Gefängnißstrafe bis zu Einem Jahre ein.

Der Rädelsführer[3]) wird mit Gefängniß bis zu drei Jahren bestraft.

Sind mildernde Umstände vorhanden, so kann auf Geldstrafe bis zu zweihundert Thalern (sechshundert Reichsmark) erkannt werden.

Der Rädelsführer wird mit Gefängniß bis zu zwei Jahren bestraft[4]).

### Zu § 87.

Anm. 1. d. h. den innerhalb der Dienstpflicht geschuldeten Gehorsam.

Anm. 2. Es ist erfordert, daß die mehreren Mitthäter zunächst zusammen die Begehung des Delikts vereinbaren und sodann miteinander, unter Betheiligung eines Jeden, dasselbe begehen. Wer von den Mitthätern den Gedanken zur Ausführung der That anregt, ist irrelevant, wenn nur die Andern sich auch an der Vereinbarung betheiligen und in Folge der Vereinbarung zusammen handeln. Die Vorbesprechung der That sowohl, wie die Ausführung unter Mitwirkung Aller bilden die zwei unzertrennlichen Bestandtheile des Delikts, deren gemeinsames Vorhandensein zur Bedingung der Strafbarkeit nothwendig ist. Wenn daher nach getroffener Verabredung nur der Eine der Komplottanten das Delikt begeht, so sind die nicht an der That Betheiligten möglicherweise als Anstifter, der Thäter selbst nur aus § 84 oder § 86 zu bestrafen.

Anm. 3. Der Begriff der Rädelsführerschaft wird verschiedentlich definirt. Vgl. Olshausen a. a. O. S. 436 N. 5 und die dort cit. Als Rädelsführer wird derjenige anzusehen sein, der als das geistige Haupt der Ausführung der That gilt, der also die Verabredung, wenn auch nicht anstiftet, so doch leitet und der zugleich bei der Begehung der That Führer der Mitthäter ist.

Anm. 4. Zuständig ist das Landgericht, § 73 GVG.

## §. 88.

Ein Schiffsmann, welcher zwei oder mehrere zur Schiffsmannschaft gehörige Personen zur Begehung einer nach den §§ 87 und 91[1]) strafbaren Handlung auffordert[2]), ist gleich dem Anstifter zu bestrafen, wenn die Aufforderung die strafbare Handlung oder einen strafbaren Versuch derselben zur Folge[3]) gehabt hat.

Ist die Aufforderung ohne Erfolg geblieben, so tritt im Falle des § 87 Geldstrafe bis zu einhundert Thalern (dreihundert Reichsmark), im Falle des § 91 Geldstrafe bis zu zweihundert Thalern (sechshundert Reichsmark) oder Gefängnißstrafe bis zu einem Jahre ein[4]).

Zu § 88.

Anm. 1. Vgl. § 91.

Anm. 2. Zur Aufforderung ist nur nöthig die Ermunterung der Thäter zur Ausführung der That; es bedarf nicht der Erregung des Gedankens der That in dem Thäter, denn auch die Aufforderung, welche sich an den bereits zur Ausführung fest Entschlossenen richtet, ist strafbar; sie bestärkt im Entschluß; ebensowenig aber bedarf es der Anwendung besonderer Mittel, wie Drohung, Mißbrauch des Ansehens oder der Gewalt, Geschenke, Versprechen, durch welche der Auffordernde auf den Thäter einwirken soll (§ 48 RStGB.). Die Aufforderung ist im Verhältniß zur Anstiftung die weniger energische Anreizung zur That, und der verbrecherische Wille tritt in ihr weniger deutlich wie bei der Anstiftung hervor. Gleichwohl aber will der Gesetzgeber den Aufforderer gleich dem Anstifter bestraft wissen, in der Erwägung, daß die außerordentliche Gefährlichkeit einer von einem Mitgliede der Schiffsmannschaft ausgehenden Aufreizung des Schiffsvolks zu Unbotmäßigkeiten oder Gewaltthätigkeiten eine strenge Repression erheische (Drucks. des Reichst. 1872 S. 306). Vgl. übrigens § 111 StGB.

Anm. 3. Die Ausführung der Handlung oder des Versuchs derselben muß die unmittelbare Folge der Aufforderung sein. Ebenso wie der Aufforderer die Ausführung der Handlung beabsichtigen muß, so muß der Ausführende gerade durch die Aufforderung, wenn auch nicht ausschließlich durch diese, zu der That veranlaßt worden sein. Vgl. auch Wagner a. a. O. S. 365.

Anm. 4. Zuständig ist das Landgericht, § 73 GVG.

## §. 89.

Ein Schiffsmann, welcher es unternimmt[1]), den Schiffer oder einen andern Vorgesetzten durch Gewalt oder durch Bedrohung mit Gewalt[2]), oder durch Verweigerung der Dienste[3]) zur Vornahme oder zur Unterlassung einer dienstlichen Verrichtung[4]) zu nöthigen, wird mit Gefängniß bis zu zwei Jahren bestraft. Sind mildernde Umstände vorhanden, so kann auf Geldstrafe bis zu zweihundert Thalern (sechshundert Reichsmark) erkannt werden[5]).

## Zu § 89.

Anm. 1. Der Strafrahmen umfaßt demnach nicht bloß den Versuch im strengen Sinne des § 43 RStGB., sondern auch diejenigen Handlungen, welche die That nur vorbereiten. Doch muß immerhin die Verbindung zwischen der Vorbereitungshandlung und der That selbst subjektiv und objektiv eine derart nahe sein, daß durch die erste Handlung alle zur Ausführung der That nothwendigen Voraussetzungen so weit gefördert sind, daß die That selbst unmittelbar darauf erfolgen kann. Vgl. § 82 StGB.

Anm. 2. Die Gewalt ist der körperliche Zwang, welchen der Thäter auf den Schiffer oder den andern Vorgesetzten ausübt; es ist nicht erforderlich, daß die Gewalt den gewünschten Erfolg hat, noch auch, daß sie wegen der schwächeren Körperkraft des Zwingenden diesen Erfolg haben kann. Es reicht für die Strafbarkeit der Handlung aus, daß der Thäter beabsichtigt, durch Bezwingung des Schiffers vermöge der Anwendung seiner eigenen Körperkraft den Schiffer zu nöthigen. Uebrigens dürfte auch die Beschränkung der körperlichen Freiheit des Schiffers, die Einsperrung, unter den Begriff der Gewalt fallen.

Die Bedrohung mit Gewalt enthält die Androhung solcher Maßregeln, wie wir sie eben unter dem Begriff der Gewalt gekennzeichnet haben, und zwar unter der Ankündigung der unmittelbaren Ausführung. Die Bedrohung mit Gewalt ist im Verhältniß zur Anwendung der Gewalt selbst, das entfernter wirksame Mittel und bedarf daher in den begleitenden Umständen, in dem Verhalten des Drohenden eine um so energischere Unterstützung, um einen gleichen Erfolg zu erzielen, wie die Anwendung der Gewalt selbst; es wird daher bei der Aburtheilung der Anklage wegen Bedrohung mit Gewalt objektiv die Körperbeschaffenheit des Drohenden und des Bedrohten, subjektiv die Energie bei der Ausstoßung der Drohung zu beachten sein, um zu prüfen, ob die Drohung unter den gegebenen Verhältnissen ausreichend war, einen besonnenen Mann wider seinen Willen zur Vornahme oder Unterlassung einer Handlung zu nöthigen.

Anm. 3. Es sind hier nur die dem Schiffsmann zufolge seiner Dienstpflicht obliegenden Dienste gemeint, da die Verrichtung anderer Dienste vom Schiffsmann nicht gefordert werden kann, und die Weigerung solcher Leistungen daher, selbst wenn sie in der Absicht erfolgt, den Schiffer zur Vornahme oder Unterlassung einer dienstlichen Handlung zu nöthigen, straflos bleiben muß.

Anm. 4. Die erzwungene dienstliche Verrichtung muß zu den dem Schiffer oder dem betreffenden Vorgesetzten besonders obliegenden Geschäften gehören; denn gerade hierin liegt das erschwerende Moment, daß der Thäter durch den ausgeübten Zwang einen Einfluß auf diejenigen Maßnahmen zu gewinnen sucht, welche die Leitung des Schiffs und der hiermit in Verbindung stehenden Angelegenheiten betreffen. Wenn der Thäter daher den Schiffer oder Vorgesetzten zu einer Handlung zwingt oder zu zwingen versucht, welche nicht zu den Dienstverrichtungen des Bedrohten gehört, so liegt nur die einfache Nöthigung des § 240 StGB. vor, nach der die Strafe zu bemessen ist.

Anm. 5. Zuständig ist das Landgericht. § 73 GVG.

## §. 90.

Dieselben Strafbestimmungen (§. 89) finden auf den Schiffsmann Anwendung, welcher es unternimmt, dem Schiffer oder einem andern Vorgesetzten durch Gewalt oder durch Bedrohung mit Gewalt Widerstand zu leisten [1]) oder den Schiffer oder einen anderen Vorgesetzten thätlich anzugreifen.

### Zu § 90.

Anm. 1. Der Zweck, welchen der Schiffsmann mit dem Widerstand verfolgt, ist irrelevant; das Gesetz bestraft die gewaltsame Willensauflehnung des Dienstpflichtigen, ohne Rücksicht darauf, in welcher weiteren Absicht sie unternommen ist. § 113 StGB. fordert zur Bestrafung wegen Widerstandes gegen die Staatsgewalt, daß der angegriffene Beamte in der rechtmäßigen Ausübung seines Amtes oder Berufes gewesen sei. Dieses Erforderniß ist von der Seemannsordnung nicht aufgenommen und auch nicht ex analogia in dieselbe zu übertragen; denn der Verkehr der Schiffsmannschaft mit ihren Vorgesetzten ist während der ganzen Seereise ein ununterbrochener und steht demnach in steten Beziehungen zur Ausübung ihres Berufs. Vgl. auch Mewes bei Bezold a. a. O. S. 466.

## §. 91.

Wenn eine der in den §§ 89. 90 bezeichneten Handlungen von mehreren Schiffsleuten auf Verabredung gemeinschaftlich [1]) begangen [2]) wird, so kann die Strafe bis auf das Doppelte des angedrohten Höchstbetrages erhöht werden.

Der Rädelsführer [3]), sowie diejenigen, welche gegen den Schiffer oder einen andern Vorgesetzten Gewaltthätigkeiten verüben, werden mit Zuchthaus bis zu fünf Jahren oder mit Gefängniß von gleicher Dauer bestraft. Sind mildernde Umstände vorhanden, so tritt Gefängnißstrafe nicht unter drei Monaten ein.

### Zu § 91.

Anm. 1. Vgl. Anm. 2 zu § 87. Die Mitthäter müssen an der Verabredung sowohl wie an der Ausführung der That Theil nehmen und die Ausführung der That muß eine Folge der Verabredung sein; unwesentlich ist es allerdings, wenn Verabredung und Ausführung sich nur insoweit unterscheiden, daß die Verabredung auf passiven Widerstand ging und bei Ausführung der That der eine oder der andere der

Thäter zum thätlichen Angriff überging. Vgl. Mewes bei Bezold a. a. O. S. 470.

Anm. 2. Die mehreren Schiffsleute, welche die That verabredet haben, müssen auch im eigentlichen Sinne Mitthäter sein; es genügt nicht, daß von zwei Komplottanten einer bloß als Anstifter oder Gehülfe, der andere als Thäter agirt; ebenso müssen sämmtliche Theilnehmer Schiffsleute sein; wenn ein Reisender und ein Schiffsmann die That gemeinsam verabreden und begehen, so tritt § 91 nicht in Anwendung. Die strengere Strafe des § 91 wendet sich eben zugleich gegen die durch das gemeinschaftliche Wirken erhöhte Energie des verbrecherischen Willens, sowie gegen die durch mehrere ein und derselben Disziplin unterworfene Personen begangene Dienstauflehnung.

Anm. 3. Ueber den Begriff des Rädelsführers vgl. Anm. 3 zu § 87.

Anm. 4. Zuständig ist das Landgericht, § 73 N. 1 u. 2 GVG.

## §. 92.

Ein Schiffsmann, welcher solchen Befehlen des Schiffers oder eines anderen Vorgesetzten den Gehorsam verweigert[1]), welche sich auf die Abwehr oder auf die Unterdrückung[2]) der in den §§ 89. 90 bezeichneten Handlungen[3]) beziehen, ist als Gehülfe[4]) zu bestrafen[5]).

### Zu § 92.

Anm. 1. Die Weigerung kann entweder ausdrücklich ausgesprochen sein, oder durch das Verhalten des Schiffsmanns, die stillschweigende Nichtbefolgung der an ihn gerichteten Befehle, bethätigt werden. Daß die stillschweigende Weigerung erst dann vorliege, wenn der wiederholte Befehl nicht befolgt wird, vgl. Mewes a. a. O. S. 473, läßt sich aus dem Begriff der Weigerung nicht deduziren.

Anm. 2. Der Schiffsmann ist berechtigt, und zum Schutz seiner eigenen strafrechtlichen Verantwortlichkeit verpflichtet, zu prüfen, ob der Befehl diejenigen Maßregeln, welche zur Abwehr oder zur Unterdrückung erforderlich sind, nicht überschreite. Einem Befehle zum thätlichen Angriff auf andere Schiffsleute, der nur durch die Laune und Willkür des Schiffers oder durch dessen grundlose Aengstlichkeit veranlaßt wird, braucht er nicht Folge zu leisten. Vgl. auch Mewes a. a. O. S. 473.

Anm. 3. Auch der § 91 ist hiermit einbegriffen, da er nur eine Qualifikation des Thatbestandes der §§ 89. 90 enthält.

Anm. 4. Der allgemein geltende strafrechtliche Begriff des Gehülfen, welcher der Definition des § 49 RStGB. entspricht, kommt hier nicht zur Anwendung; nur die rein negative Seite der Gehülfschaft, die Unterlassung der Hülfeleistung für den Bedrohten wird hier unter Strafe gestellt, von dem Gesichtspunkt ausgehend, daß in der Weigerung der von dem Vorgesetzten geforderten Unterstützung zugleich eine positive Dienstauflehnung zu finden ist. Daneben besteht die Strafe der Gehülfschaft aus § 49 StGB. gegen denjenigen Schiffsmann, welcher dem gegen die §§ 89 ff. SO. Zuwiderhandelnden durch Rath oder That wissentlich Hülfe leistet.

Anm. 5. Mewes a. a. O. führt aus, daß den Gehülfen bei der Gehülfschaft zu § 91 die strengere Strafe des § 91 Abs. 2 nicht treffen könne, denn da der Thatbestand des § 91 zwei Handlungen, die einfache und die schwere Meuterei umfasse, und beide gleichzeitig ausgeübt würden, so könne man dem fingirten Gehülfen nur die einfache Meuterei zur Last legen. Diese Anwendung des Grundsatzes: in dubio mitius ist hier unrichtig. Denn wenn der Schiffsmann zur Abwehr oder Unterdrückung von Gewaltthätigkeiten aufgefordert wird, und er trotzdem den Gehorsam verweigert, so erhöht sich Angesichts der schwereren Gefahr, gegen die er seine Hülfe leisten soll, auch die Widerrechtlichkeit der Dienstauflehnung, welche er durch Weigerung des Gehorsams begeht, und es rechtfertigt sich somit die Auferlegung der schwereren Strafe aus § 91 Abs. 2.

## §. 93.

Mit Geldstrafe bis zu zwanzig Thalern (Sechszig Reichsmark) oder mit Haft bis zu vierzehn Tagen wird bestraft ein Schiffsmann, welcher

1) bei Verhandlungen, die sich auf die Ertheilung eines Seefahrtsbuches, auf eine Eintragung in dasselbe [1]) oder auf eine Musterung [2]) beziehen, wahre Thatsachen entstellt oder unterdrückt oder falsche vorspiegelt [3]), um ein Seemannsamt zu täuschen [4]);
2) es unterläßt, sich gemäß §. 10 zur Musterung zu stellen [5]);
3) im Falle eines dem Dienstantritt entgegenstehenden Hindernisses unterläßt, sich hierüber gemäß §. 15 gegen das Seemannsamt auszuweisen. [6])

Durch die Bestimmung der Ziffer 1 wird die Vorschrift des §. 271 des Strafgesetzbuchs nicht berührt. [7, 8])

### Zu § 93.

Anm. 1. Das Seefahrtsbuch ist das Dienstbuch des Schiffsmanns. Dasselbe wird ihm von dem Seemannsamt ausgefertigt. § 5 SO. Verhandlungen, die sich auf die Ertheilung eines solchen beziehen, finden Statt, wenn Jemand im Reichsgebiet als Schiffsmann in Dienst tritt, sowie wenn Jemand, der bereits ein älteres Seefahrtsbuch besitzt oder dasselbe verloren hat, die Ausfertigung eines neuen beantragt. §§ 5. 7. SO. — Verhandlungen, welche sich auf die Eintragung in ein Seefahrtsbuch beziehen, finden Statt, wenn bei der Anmusterung die Zeit des Dienstantritts (§ 14 SO.) vor der Abmusterung, die bisherigen Rang- und Dienstverhältnisse des Schiffsmanns und die Dauer der Dienstzeit, sowie auch die erfolgte Abmusterung (§§ 17. 20 SO.), und endlich bei einer Veränderung im Bestande der Mannschaft die Anzeige über den Sachverhalt (§ 22 SO.) im Seefahrtsbuch vermerkt werden soll.

Anm. 2. Anmusterung und Abmusterung sind diejenigen Verhandlungen vor dem Seemannsamte, durch welche der Dienstantritt und die Dienstentlassung des Schiffsmanns, sowie die bei jedem einzelnen Akt zwischen Schiffer und Schiffsmann getroffenen Stipulationen öffentlich verlautbart werden. (§§ 11. 16 SO.)

Anm. 3. Die Entstellung wahrer Thatsachen besteht darin, daß der Aussagende zwar nur wahre Behauptungen aufstellt, dieselben aber in ein derartiges Verhältniß zu einander bringt, daß das Resultat, welches der Dritte (zu Täuschende) aus dieser Zusammenstellung nach logischer Schlußfolge ziehen muß, nothwendig ein falsches, den wirklichen Verhältnissen nicht entsprechendes wird. Vgl. Olshausen a. a. O. S. 992 N. 12. — Die strafbare Unterdrückung wahrer Thatsachen besteht darin, daß der Aussagepflichtige seine Aussage so einrichtet, daß er Thatsachen, deren Mangel die Aussage in einem von der Wirklichkeit abweichenden Lichte erscheinen lassen würde, im Bewußtsein hiervon verschweigt, um durch die lückenhafte Aussage dem zu Täuschenden ein mit der Wahrheit nicht übereinstimmendes Bild von den zu schildernden Verhältnissen zu entwerfen. — Die falsche Vorspiegelung steht der Behauptung unwahrer Thatsachen gleich. Vgl. Anm. 4 ff. zu Art. 249 d. HGB.

Anm. 4. Der Dolus ist darauf gerichtet, das Seemannsamt zu täuschen, um dadurch ein mit den wirklichen Verhältnissen nicht übereinstimmendes Seefahrtsbuch zu erlangen, oder durch Verschweigen von Hindernissen, welche sich der Musterung entgegenstellen, diese zu erleichtern bez. herbeizuführen. Konkurrirt mit dieser Absicht noch eine andere, auf Erlangung eines Vermögensvortheils und auf Schädigung eines Andern berechnete, so liegt der Thatbestand des § 272 event. auch der des § 263 StGB. vor, je nachdem die abgegebenen Erklärungen für Rechte oder Rechtsverhältnisse von Erheblichkeit sind, oder der Thatbestand im Uebrigen nur die Requisite des § 93 N. 1 SO. enthält. In Folge der dann eintretenden Idealkonkurrenz würden nur die Strafen des Reichsstrafgesetzbuchs zur Anwendung kommen.

Anm. 5. Der Schiffsmann, welcher angeheuert ist, ist verpflichtet, sich zur Musterung zu stellen; er wird von dieser Pflicht nur befreit durch den Eintritt eines unabwendbaren Hindernisses, vis major, dessen Eintritt er bei Abschluß des Heuervertrages unter Wahrung aller Sorgfalt nicht voraussehen konnte (§ 10 SO.). Die Beweislast liegt dem Schiffsmann ob.

Anm. 6. Den bereits angemusterten Schiffsmann befreit ebenfalls der Eintritt eines unabwendbaren Hindernisses unter der in Anm. 5 genannten Voraussetzung von dem Dienstantritt. Der Schiffsmann ist aber verpflichtet, sich hierüber, sobald es ihm möglich ist, gegen den Schiffer und das Seemannsamt, vor welchem die Musterung erfolgt ist, auszuweisen (§ 15 SO.). Dem Schiffsmann liegt der Nachweis ob, daß ihm die Meldung der bezüglichen Thatsachen vor dem Schiffer und dem Seemannsamt nicht eher möglich war, als sie thatsächlich erfolgt ist.

Anm. 7. § 271 RStGB. gelangt zur Anwendung, wenn die von dem Schiffsmann bei der Ertheilung des Seefahrtsbuchs, bei Eintragungen in dasselbe oder bei der Musterung abgegebenen Erklärungen, welche in die amtlich beglaubigte Musterrolle eingetragen werden, Thatsachen betreffen, welche für Rechte oder Rechtsverhältnisse von Erheblichkeit sind und welche als geschehen beurkundet werden, während sie thatsächlich nicht geschehen sind; so z. B. die Behauptung des Minderjährigen, daß der Vater oder Vormund die Genehmigung zur Uebernahme des Schiffsdienstes ertheilt habe, weil durch diese fälschliche Behauptung der Dienstantritt erwirkt und das Recht der väterlichen bez. vormundschaftlichen Gewalt dadurch verletzt wird. Falsche Angaben über Namen, Heimath und dgl. gehören nicht hierher. Ist der Thatbestand des § 271 erwiesen, so tritt in Folge der Idealkonkurrenz die härtere Strafe des StGB. ein.

Anm. 8. Für die Uebertretungen des § 93 ist das Schöffengericht zuständig.

## §. 94.[1])

Wer wider besseres Wissen[2]) eine auf unwahre Behauptungen gestützte Beschwerde über Seeuntüchtigkeit des Schiffs oder Mangelhaftigkeit des Proviants bei einem Seemannsamte vorbringt und auf Grund dieser Behauptungen eine Untersuchung veranlaßt[3]), wird mit Gefängniß bis zu drei Monaten bestraft.

Wer leichtfertig[4]) eine auf unwahre Behauptungen gestützte Beschwerde über Seeuntüchtigkeit des Schiffs oder Mangelhaftigkeit des Proviants bei einem Seemannsamte vorbringt, und auf Grund dieser Behauptungen eine Untersuchung veranlaßt, wird mit Geldstrafe bis zu Einhundert Thalern (Dreihundert Reichsmark) bestraft.[5])

## Zu § 94.

Anm. 1. Dieser Paragraph ist von der Kommission eingeschaltet worden; derselbe wendet sich gegen die ungerechtfertigten Beschwerden der Schiffsmannschaft, durch welche die Weiterreise des Schiffs oft zum Nachtheil des Rheders erheblich verzögert werden kann. Das Recht der Beschwerde über die Seeuntüchtigkeit des Schiffs oder die Mangelhaftigkeit des Proviants ist im § 47 SO. geregelt; hiernach kann die Beschwerde nur von einem Schiffsoffizier oder von drei Schiffsleuten gemeinsam bei einem Seemannsamte angebracht werden. Das Seemannsamt hat daraufhin eine Untersuchung zu veranlassen und eventuell für deren Abhülfe Sorge zu tragen. Für die Konsulate hat die Allgemeine Dienstinstruktion für die Konsuln des Deutschen Reichs vom 6. Juni 1871 zu § 37 des Gesetzes betr. die Organisation der Bundeskonsulate vom 8. April 1867 folgende Vorschriften gegeben:

Um eine mißbräuchliche Anwendung des der Schiffsmannschaft durch diese Bestimmung eingeräumten Beschwerderechts und die daraus der Rhederei und den sonst Betheiligten erwachsenden Schäden zu verhüten, haben die Konsuln bei der Ausführung des § 47 folgende, im Einvernehmen mit den betreffenden Ausschüssen des Bundesraths aufgestellte Vorschriften auf das Sorgfältigste zu beobachten.

Wird bei dem Konsul von Angehörigen der Mannschaft eines Schiffs Beschwerde darüber erhoben, daß dasselbe nicht seetüchtig sei, oder daß die Vorräthe, welche es für den Bedarf der Mannschaft an Speisen und Getränken mit sich führt, ungenügend oder verdorben seien, so hat der Konsul zunächst die Legitimation der Beschwerdeführer festzustellen. Insbesondere ist, wenn die Beschwerde von einem Schiffsmann unter Berufung auf seine Eigenschaft als Schiffsoffizier erhoben wird, von ihm der Nachweis zu führen, daß ihm dieselbe wirklich zusteht. Nur der Steuermann des Schiffes ist von diesem Nachweise befreit.

Nach Feststellung der Legitimation sind die Beschwerdeführer über ihren Antrag zu Protokoll zu vernehmen.

Die Vernehmung jedes einzelnen Beschwerdeführers erfolgt abgesondert ohne Beisein der übrigen.

Vor der Vernehmung ist jeder derselben auf die Strafbestimmungen des § 94 der Seemannsordnung und auf die Entschädigungsansprüche hinzuweisen, welche er, falls die Beschwerde unbegründet befunden wird, zu gewärtigen hat.

Der Vernommene hat sich ausführlich darüber zu erklären:

a. auf welche Thatsachen er die Annahme stützt, daß das Schiff nicht seetüchtig, oder daß die Vorräthe, welche dasselbe für den Bedarf der Mannschaft an Speisen und Getränken mit sich führt, ungenügend oder verdorben seien;

b. durch welche Beweismittel die Feststellung dieser Thatsachen zu bewirken ist.

Nach dem Abschluß der Vernehmungen hat der Konsul zu prüfen:

a. ob die thatsächlichen Angaben der Beschwerdeführer, wenn sie durch die Beweisaufnahme bestätigt werden sollten, die Annahme rechtfertigen, daß das Schiff nicht seetüchtig sei, oder daß die Vorräthe desselben für den Bedarf der Mannschaft an Speisen und Getränken ungenügend oder verdorben seien;

b. ob, wenn die Beschwerde von mindestens drei Schiffsleuten erhoben ist, die thatsächlichen Angaben jedes *Einzelnen* von ihnen im Wesentlichen mit den Aussagen der anderen Beschwerdeführer übereinstimmen.

Trifft die eine oder die andere dieser beiden Voraussetzungen *nicht* zu, so ist die Beschwerde ohne Weiteres als unbegründet, bezw. unzulässig abzuweisen.

Wenn dagegen der erhobenen Beschwerde nach Maßgabe der unter Nr. 5 getroffenen Bestimmungen weitere Folge zu geben ist, so hat der Konsul zunächst den Schiffer über die einzelnen Beschwerdepunkte zu hören. Findet die Angelegenheit durch dessen Erklärung nicht ihre Erledigung, und ist auch durch die sonst sich darbietenden Beweismittel, insbesondere durch eine Vernehmung der übrigen Schiffsmannschaft eine genügende Aufklärung des Sachverhalts nicht zu gewinnen, so hat der Konsul eine Untersuchung des Schiffs, beziehungsweise der Vorräthe zu veranlassen und nach Beendigung derselben in Gemäßheit des § 47 der Seemannsordnung weiter zu verfahren.

Mit der Untersuchung des Schiffs oder der Vorräthe sind unparteiische Sachverständige, und zwar, wenn im Hafen deutsche oder einer anderen befreundeten Nation angehörige Schiffe anwesend sind, zwei oder drei von den Führern dieser Schiffe zu betrauen.

Das Ergebniß der Untersuchung ist durch ein von den Sachverständigen zu unterzeichnendes Protokoll festzustellen.

Hat eine Untersuchung des Schiffes oder der Vorräthe stattgefunden, so hat der Konsul unverzüglich unter abschriftlicher Einreichung der Verhandlungen, sowie unter Mittheilung der getroffenen Entscheidung und der zu deren Ausführung etwa erlassenen Anordnungen dem Auswärtigen Amte eingehenden Bericht zu erstatten. Hänel und Lesse, die Gesetzgebung des deutschen Reiches über Konsularwesen und Seeschifffahrt, S. 88 ff.

Anm. 2. Die Beschwerde muß objektiv falsch sein, d. h. die in ihr vorgetragenen Behauptungen müssen sich als unwahre erweisen, und sie muß zugleich subjektiv falsch sein: Der Beschwerdeführer muß wissen, daß die von ihm vorgetragenen Behauptungen unwahre sind.

Da der Schiffer, welcher seine Verpflichtung, für die gehörige Proviantirung des Schiffs zu sorgen, nicht erfüllt, nach § 97 SO. eine strafbare Handlung begeht, so würde die wider besseres Wissens über eine mangelnde Proviantirung erhobene Beschwerde den Thatbestand des § 164 RStGB. zugleich erfüllen, und in Folge der Idealkonkurrenz letzterer allein Anwendung finden.

Anm. 3. Das Seemannsamt bez. der Konsul muß die Untersuchung eröffnet haben, um die Strafbarkeit des § 94 SO. zu begründen; ist es zur Untersuchung nicht gekommen, so ist der Beschwerdeführer straffrei. Auch muß die Untersuchung die Folge der geführten Beschwerde sein; wenn die Behörde in die Einleitung der Untersuchung auf Grund anderer ihr bereits vorliegenden Verdachtsmomente geschritten ist, so würde der Kausalzusammenhang zwischen der Beschwerdeführung und der darauf folgenden Untersuchung entfallen und die Voraussetzung der Strafbarkeit beseitigt sein. Hat aber die Beschwerde nach Auskunft der Behörde neben anderen Gründen auch ihrerseits zur Einleitung der Untersuchung Anlaß gegeben, und ist über die einzelnen in der Beschwerde vorgetragenen Behauptungen ein besonderer Beweis erhoben worden, so ist ein Zusammenhang zwischen der Beschwerde und der Untersuchung bis zu dem Grade vorhanden, daß daraufhin bei falscher Beschwerde das Strafverfahren eingeleitet werden kann.

Es kann auch nicht auf Grund des Umstandes, daß die Beschwerde vorschriftsmäßig von drei Schiffsleuten gemeinsam angebracht werden muß (§ 47 SO.), und die Untersuchung gleichwohl nur in Folge der von einem Schiffsmann vorgetragenen Beschwerde eröffnet worden ist, die Strafbarkeit des § 94 entfallen. Mewes a. a. O. S. 485. Denn da § 94 weder auf § 47 SO. noch auf die citirte Dienstinstruktion für die Konsuln Bezug nimmt, so muß es als ausreichend erachtet werden, um die Strafbarkeit aus § 94 SO. zu begründen, daß auf die, wenn auch nur von einem oder zwei Schiffsleuten, vorgetragene Beschwerde, die Untersuchung eröffnet wird.

Anm. 4. Der Ausdruck „leichtfertig" findet sich im Reichsstrafgesetzbuch nicht. Er wird dahin zu interpretiren sein, daß der Beschwerdeführer sich nicht bemüht hat, über die Wahrheit der von ihm vorgetragenen, objektiv falschen Behauptungen sorgfältige Ermittelungen anzustellen; unbedingtes Erforderniß ist natürlich, daß er selbst von der Wahrheit derselben überzeugt ist. Praktische Anwendung wird der zweite Absatz des § 94 vorwiegend bei Beschwerden über die Seeuntüchtigkeit des Schiffes finden.

Anm. 5. Zuständig ist das Schöffengericht. § 27 Nr. 2 GVG.

## §. 95.

Die Verhängung einer in diesem Abschnitte oder durch sonstige strafgesetzliche Bestimmungen angedrohten Strafe wird dadurch nicht ausgeschlossen, daß der Schuldige aus Anlaß der ihm zur Last gelegten That bereits disziplinarisch bestraft worden ist. Jedoch kann eine erlittene Disziplinarstrafe, sowohl in dem Strafbescheide des Seemannsamtes (§. 101) wie in dem gerichtlichen Strafurtheil bei Abmessung der Strafe berücksichtigt werden.[1])

### Zu § 95.

Anm. 1. Vgl. § 60 RStGB. Es ist dem Ermessen des Richters bez. des Seemannsamtes überlassen, in dem Strafurtheil bez. Strafbescheid die Disziplinarstrafe auf die zu verhängende Strafe in Anrechnung zu bringen. Ueber diese Grenzen hinausreichende Folgen sind der disziplinarisch erfolgten Vorbestrafung in ihrem Verhältnisse zu der strafrechtlichen Ahndung, selbst für die minder schweren Fälle, nicht zuzugestehen. Bestimmung und Charakter beider Strafen gehen so weit aus einander, daß ein weiteres Zugeständniß mit den im öffentlichen Interesse zu stellenden Anforderungen in Widerspruch treten würde. Mot. Drucks. 1875 S. 306.

## §. 96.

Der Schiffer oder sonstige Vorgesetzte[1]), welcher einem Schiffsmann gegenüber seine Disziplinargewalt mißbraucht[2]), wird mit Geldstrafe bis zu Dreihundert Thalern (neunhundert Reichsmark), oder mit Gefängniß bis zu Einem Jahre bestraft.[3])

### Zu § 96.

Anm. 1. Der Schiffsmann ist nach § 72 SO. nur der Disziplinargewalt des Schiffers unterworfen; der Schiffer aber ist befugt, sich in seinen Funktionen sowohl bezüglich der Leitung des Schiffs, wie bezüglich der Dienstaufsicht und der Dienstgewalt vertreten zu lassen; die Uebertragung der Vertretung ist ganz seinem Ermessen überlassen, und er ist daher auch in der Lage, nur bezüglich eines Theiles seiner Funktionen sich vertreten zu lassen, während er im Uebrigen die Leitung selbst behält. Aus diesem Grunde ist nicht nur der Schiffer und derjenige Vorgesetzte, der vom Schiffer mit der Vertretung aller seiner Funktionen zeitweilig betraut ist, Subjekt des Delikts, vielmehr jeder Schiffsmann, welchem vom Schiffer oder dessen berechtigten Stellvertreter zu einem bestimmten Zweck der Befehl und damit die Dienstgewalt über andere Schiffsleute übertragen ist. S. jedoch Mewes a. a. O. S. 487.

Anm. 2. Der Mißbrauch der Disziplinargewalt ist je nach den vorliegenden Thatumständen zu beurtheilen. Die Art der Ausübung derselben ist gänzlich in das freie Ermessen des Schiffers gestellt und nur insoweit beschränkt, als Geldbuße, körperliche Züchtigung und Einsperrung nicht als Disziplinarstrafe verhängt werden darf (§ 79 SO.). Ein Mißbrauch würde also zunächst stets in der Anwendung dieser Strafmittel enthalten sein; es würde ferner anzunehmen sein, wenn der Vorgesetzte vorsätzlich die Mittel, welche ihm die Disziplinargewalt zu Gebote stellt, gegen den Schiffsmann anwendet, ohne daß dieser zum disziplinaren Einschreiten irgend welchen Anlaß gegeben hat, sowie wenn die angewandten disziplinaren Mittel wegen ihrer übermäßigen Strenge nicht im Verhältniß zu der begangenen That stehen, und diese Härte der Disziplinarstrafe nur auf die Mißgunst des Vorgesetzten gegen den Schiffsmann zurückzuführen ist.

Der Regierungsentwurf wollte nur den „gröblichen" Mißbrauch der Disziplinargewalt bestraft sehen, das Wort „gröblich" wurde aber in der Kommission gestrichen.

Anm. 3. Zuständig ist das Landgericht, § 73 GVG.

## §. 97.

Der Schiffer, welcher seine Verpflichtung, für die gehörige Verproviantirung des Schiffes zu sorgen[1]), vorsätzlich nicht erfüllt[2]), wird mit Gefängniß bestraft, neben welchem auf Geldstrafe bis zu fünfhundert Thalern (fünfzehnhundert Reichsmark) sowie auf Verlust der bürgerlichen Ehrenrechte erkannt werden kann.

Hat der Schiffer die Erfüllung der Verpflichtung fahrlässiger Weise unterlassen[3]), so ist, wenn in Folge dessen der Schiffsmannschaft die gebührende Kost nicht gewährt werden kann[4]), auf Geldstrafe bis zu zweihundert Thalern (sechshundert Reichsmark) oder Gefängniß bis zu Einem Jahre zu erkennen.[5])

### Zu § 97.

Anm. 1. Die Verpflichtung des Schiffers, für die gehörige Verproviantirung des Schiffes zu sorgen, beruht auf § 480 HGB., das Recht des Schiffsmanns auf ausreichende Beköstigung auf § 43 SO.; die dem Schiffsmann mindestens für den Tag zu verabreichenden Speisen und Getränke bestimmen sich im Zweifel nach dem örtlichen Rechte des Heimathshafens. § 45 SO. Preußen bestimmt in § 26 Gsz. vom 26. März 1864 (GS. S. 693) Nr. 3 der Allerh. Verordnung vom 24. Juni 1867 (GS. S. 1165), § 7 Gsz. vom 9. März 1870 (GS. S. 248) Nr. 45 der Dienstanweisung des Preuß. Ministers für Handel für die Preußischen Musterungsbehörden vom 24. Februar bezw. 11. Juni 1873 (amtlich nicht veröffentlicht, cit. in dem Kommentar eines Reichsbeamten zur SO. Berlin 1875, Fr. Kortkampf) das örtliche Recht des Hafens, wo der Schiffsmann geheuert ist, als maßgebend für die Bemessung der täglichen Rationen.

Anm. 2. Der Vorsatz ist darauf gerichtet, die für das Schiff vorgeschriebene Verproviantirung zu unterlassen und ohne diese in See zu stechen. Ob der Schiffer hierneben noch von anderen Absichten, insbesondere von der Gewinnsucht, geleitet wird, ist irrelevant und nur von Einfluß auf das Strafmaß. Das Delikt ist vollendet, wenn der Schiffer in See geht, ohne so viel Proviant mitgenommen zu haben, als zur Beköstigung der auf dem Schiff befindlichen Personen bis zu dem Zeitpunkt erforderlich ist, in welchem das Schiff voraussichtlich wieder einen bestimmten Hafen zur Aufnahme von Proviant anlaufen wird. Vgl. übrigens § 329 RStGB.

Anm. 3. Die fahrlässige Unterlassung der nöthigen Verproviantirung liegt dann vor, wenn der Schiffer bei der Verproviantirung (insbesondere für eine weite Reise) auf die Möglichkeit einer Verzögerung der Reise durch Wind und Wetter gar keine Rücksicht genommen, und sich nur mit soviel Proviant versehen hat, als für die direkte Fahrt nach dem Bestimmungshafen gerade ausreichend war.

Eine andere Interpretation ist für den Abs. 2 nicht denkbar, da die gänzliche Unterlassung der Versorgung des Schiffes mit dem nöthigen Proviant von der Fahrlässigkeit so weit entfernt ist, daß sie, wenn sie nicht vorsätzlich geschehen sein sollte, als culpa lata dem Dolus gleichzustellen und mit der Strafe des Abs. 1 § 97 zu bestrafen ist.

Anm. 4. Bei der fahrlässigen Begehung des Delikts wird im Gegensatz zur dolosen noch eine Voraussetzung der Strafbarkeit erfordert. Das fahrlässige Delikt ist nur dann strafbar, wenn auch der Erfolg wirklich eingetreten ist, wenn der Schiffsmannschaft in Folge der mangelhaften Verproviantirung die gebührende Kost nicht gewährt werden konnte. Wenn aber nicht wegen der mangelhaften Verproviantirung, sondern wegen anderer hinzutretender Umstände, z. B. des Verderbens eines Theils des Proviants durch den Einfluß des Wassers oder der Witterung, wegen des Verbrennens eines Theils der Waaren u. dgl. die gebührende Kost der Schiffsmannschaft nicht gewährt werden konnte, so ist der Schiffer straffrei, sofern ihm nicht selbst an dem Untergang des Proviants die Schuld beizumessen ist. Vgl. Mewes a. a. O. S. 490 ff.

Anm. 5. Zuständig ist das Landgericht. § 73 GVG.

## §. 98.

Mit Geldstrafe bis zu Einhundert Thalern (Dreihundert Reichsmark), mit Haft oder mit Gefängniß bis zu drei Monaten wird ein Schiffer bestraft, welcher einen Schiffsmann im Auslande ohne Genehmigung des Seemannsamtes zurückläßt (§. 71).[1])

### Zu § 98.

Anm. 1. Dieser Paragraph ist durch die Kommission eingeschaltet worden. § 71 verbietet dem Schiffer, einen Schiffsmann im Auslande ohne Genehmigung des Seemannsamtes zurückzulassen. Der Schiffer wird aber von dieser Pflicht für befreit zu erachten sein, wenn der Schiffsmann durch seine Anwesenheit an Bord dem Leben oder der Gesundheit der anderen Schiffsmannschaft durch ansteckende Krankheiten Gefahr zu bringen droht. Der Schiffer befindet sich einem solchen Schiffsmann gegenüber im Nothstand. Vgl. auch § 3 N. 2 Ges., betr. die Verpflichtung deutscher Kauffahrteischiffe zur Mitnahme hülfsbedürftiger Seeleute vom 27. Dezember 1872. (RGBl. 1872 S. 432.)

Als Ausland ist dasjenige Gebiet zu erachten, welches nicht zum deutschen Reichsgebiet gehört. Art. 1 der Reichsverfassung, also auch ein auf offener See unter nicht deutscher Flagge segelndes Schiff. Vgl. Mewes a. a. O. S. 493. Dagegen gelten die deutschen Konsulargerichtsbezirke im Ausland als Inland im Sinne des § 3 RStGB. ROHG. XXII. 398. Das Gleiche wird von den neu erworbenen Kolonieen so lange zu gelten haben, bis dieselben eine der Souverainetät des deutschen Reichs unterworfene Regierung erhalten haben, und somit Theile des deutschen Reichsgebiets geworden sind.

Mit Unrecht behauptet Mewes a. a. O., daß der Schiffer auch dann aus § 98 strafbar sei, wenn er den Schiffsmann auf Grund eines mit diesem geschlossenen Abkommens ohne Genehmigung des Seemannsamts im Ausland zurückgelassen hat. Das Rechtsverhältniß des Schiffers zum Schiffsmann ist im Wesentlichen ein vertragsmäßiges, welches auf freier Vereinbarung beruht, und dem Schutz der Behörde nur deshalb untersteht, um den in der schwächeren Position befindlichen Schiffsmann vor Ausschreitungen des die Dienstgewalt ziemlich unumschränkt handhabenden Schiffers zu wahren. Wenn nun der Schiffsmann selbst diesen Schutz des Staates, der ihm gegen die Zurücklassung im Ausland in § 71 SO. gewährt ist, nicht anrufen will, weil er auf Grund seines freien Entschlusses und seiner Vereinbarung mit dem Schiffer im Auslande bleiben will, so ist kein denkbarer Anlaß vorhanden, den Schiffer, der das zwischen ihm und dem Schiffsmann getroffene freie Abkommen erfüllt, ohne die Genehmigung der Behörde einzuholen, deshalb aus § 98 in Verbindung mit § 71 SO. zu bestrafen. Eine solche Gesetzesauslegung würde der ratio legis direkt widersprechen.

Zuständig ist das Schöffengericht. § 27 Nr. 2 GVG.

## §. 99.

Mit Geldstrafe bis zu Fünfzig Thalern (Hundertfünfzig Reichsmark) oder mit Haft wird bestraft ein Schiffer, welcher [1])

1) den ihm in Ansehung der Musterung obliegenden Pflichten nicht genügt (§. 10) [2]);
2) bei Verhandlungen, welche sich auf eine Musterung oder eine Eintragung in ein Seefahrtsbuch beziehen, wahre Thatsachen entstellt oder unterdrückt, oder falsche vorspiegelt, um ein Seemannsamt zu täuschen [3]);
3) bei Todesfällen die Beschaffung und Uebergabe des vorgeschriebenen Nachweises unterläßt [4]) oder die ihm obliegende Fürsorge für den Nachlaß verabsäumt. [5]) (§§. 52. 53.)
4) eine der in den §§. 77 und 80 vorgeschriebenen Eintragungen in das Schiffsjournal unterläßt [6]);
5) den ihm bei Vergehen und Verbrechen nach §§. 102, 103 obliegenden Verpflichtungen nicht genügt [7]);
6) dem Schiffsmann ohne dringenden Grund die Gelegenheit versagt, die Entscheidung des Seemannsamtes nachzusuchen (§§. 105, 106) [8]);
7) einem Schiffsmann grundlos [9]) Speise oder Trank vorenthält;
8) es unterläßt, dafür Sorge zu tragen, daß ein Exemplar dieses Gesetzes, sowie der maßgebenden Vorschriften [10]) über Kost und Logis im Volkslogis zugänglich ist. [11]) (§. 108.)

Durch die Bestimmung der Ziffer 2 wird die Vorschrift des §. 271 des Strafgesetzbuchs nicht berührt. [12])

### Zu § 99.

Anm. 1. Die hier aufgezählten Uebertretungen des Schiffers sind nicht, wie die des Schiffsmanns im §. 84, nur beispielsweise aufgezählt; der Schiffer ist vielmehr nur wegen der ausdrücklich erwähnten Handlungen strafbar; eine analoge Ausdehnung ist ausgeschlossen. Vgl. Mewes S. 495.

Anm. 2. Der Schiffer hat die An- und Abmusterung der Schiffsmannschaft zu veranlassen. § 10 ff. SO.

Anm. 3. Vgl. Anm. 3 zu § 93.

Anm. 4. Ueber die Beurkundung von Sterbefällen und die dem Schiffer bezw., falls dieser verstorben ist, dem Steuermann obliegenden Nachweisungen entscheidet jetzt § 61 ff. des Reichsgesetzes über die Beurkundung des Personenstandes u. s. w. vom 6. Februar 1875 (RGBl. 1875 S. 23), durch welche als lex posterior § 52 SO., soweit dieser über die Beurkundung von Sterbefällen disponirt, aufgehoben ist.

## Gesetz vom 6. Februar 1875.

§. 59. Die Eintragung des Sterbefalles soll enthalten:

1. Vor- und Familiennamen, Stand oder Gewerbe und Wohnort des Anzeigenden;
2. Ort, Tag und Stunde des erfolgten Todes;
3. Vor- und Familiennamen, Religion, Alter, Stand oder Gewerbe, Wohnort und Geburtsort des Verstorbenen;
4. Vor- und Familiennamen seines Ehegatten, oder Vermerk, daß der Verstorbene ledig gewesen sei;
5. Vor- und Familiennamen, Stand oder Gewerbe und Wohnort der Eltern des Verstorbenen.

Soweit diese Verhältnisse unbekannt sind, ist dies bei der Eintragung zu vermerken.

§. 61. Sterbefälle, welche sich auf Seeschiffen während der Reise ereignen, sind nach den Vorschriften dieses Gesetzes spätestens am nächstfolgenden Tage nach dem Todesfall von dem Schiffer, unter Zuziehung von zwei Schiffsoffizieren oder anderen glaubhaften Personen, in dem Tagebuch zu beurkunden. Bei Sterbefällen ist zugleich die muthmaßliche Ursache des Todes zu vermerken.

§. 62. Der Schiffer hat zwei von ihm beglaubigte Abschriften der Urkunden demjenigen Seemannsamte, bei dem es zunächst geschehen kann, zu übergeben.

Eine dieser Abschriften ist bei dem Seemannsamte aufzubewahren, die andere ist demjenigen Standesbeamten, in dessen Bezirk der Verstorbene seinen Wohnsitz hat, oder zuletzt gehabt hat, behufs der Eintragung in das Register zuzufertigen.

§. 63. Ist der Schiffer verstorben, oder verhindert, so hat der Steuermann die in den §§. 61 und 62 dem Schiffer auferlegten Verpflichtungen zu erfüllen.

§. 64. Sobald das Schiff in den inländischen Hafen eingelaufen ist, in welchem es seine Fahrt beendet, ist das Tagebuch der für den Standesbeamten des Hafenorts zuständigen Aufsichtsbehörde vorzulegen.

Diese hat beglaubigte Abschrift der in das Tagebuch eingetragenen Standesurkunde dem Standesbeamten, in dessen Register der Fall gehört (§. 62) behufs Kontrolirung der Eintragungen zuzustellen.

Anm. 5. Soweit der Nachlaß des verstorbenen Schiffsmanns sich an Bord befindet, hat ihn der Schiffer bezw. der Steuermann unter Zuziehung zweier Schiffsoffiziere oder anderer glaubhafter Personen aufzuzeichnen, aufzubewahren, und den dem Verderben ausgesetzten Theil desselben zu verkaufen; dem nächsten Seemannsamt, das er erreicht, hat er sodann den Nachweis, die Nachlaßgegenstände, den eventuellen Erlös und den Heuerrückstand des verstorbenen Schiffsmanns zu übergeben. § 52 SO.

Anm. 6. Diese Eintragungen betreffen die Verfügungen des Schiffers über die unerlaubter Weise an Bord gebrachten Güter.

Anm. 7. Vergl. S. 155, 156.

Anm. 8. In Streitigkeiten zwischen dem Schiffer und dem Schiffsmann ist letzterer zunächst zur Einholung der Entscheidung des Seemannsamtes befugt. (§§. 105, 106 SO.) Wenn er daher zu diesem Zweck von dem Schiffer die Erlaubniß an Land zu gehen nachsucht, so darf ihm der Schiffer die Erlaubniß nur dann verweigern, wenn gerade zur Zeit des erbetenen Urlaubs die Anwesenheit des Schiffsmanns auf dem Schiffe für das Interesse des Schiffs von wesentlicher Bedeutung ist.

Anm. 9. Berechtigt zur Kürzung der gewöhnlichen Rationen ist der Schiffer nur bei eingetretenen Unfällen oder bei ungewöhnlich langer Dauer der Reise (§. 46 SO.) oder zum Zwecke der Ertheilung einer Disciplinarstrafe (§. 79 SO.).

Anm. 10. des im Heimathshafen geltenden Rechts. Vgl. § 45 SO. und Anm. 1 zu § 97.

Anm. 11. Das betreffende Gesetzesexemplar nebst den in Anm. 10 erwähnten Vorschriften muß jederzeit zur Einsicht der Schiffsleute im Volkslogis zugänglich sein. (§. 108 SO.)

Anm. 12. Vgl. Anm. 7 zu §. 93.

## §. 100.

Die Bestimmungen der §§. 81—99 finden auch dann Anwendung, wenn die strafbaren Handlungen außerhalb des (Bundes-) Reichsgebietes begangen sind. [1])

Die Verjährung der Strafverfolgung beginnt in diesem Falle erst mit dem Tage, an welchem das Schiff, dem der Thäter zur Zeit der Begehung angehörte, zuerst ein Seemannsamt erreicht. [2])

### Zu §. 100.

Anm. 1. Die Vorschriften des Reichsstrafgesetzbuchs über die Bestrafung von im Auslande begangenen Verbrechen und Vergehen §. 4 ff. werden hierdurch für die §§. 81—99 der Seemannsordnung außer Anwendung gesetzt; auch hier tritt wieder der Grundsatz der lex posterior in Geltung. Die Frage, ob auch die von Ausländern im Ausland begangenen, gegen §§. 81—99 verstoßenden Delikte den Strafbestimmungen dieser Paragraphen unterstehen, ist zu bejahen. Es spricht hierfür nicht die strikte Rechtsauslegung, sondern das praktische Bedürfniß. Nach der strikten Interpretation wird das außerhalb des deutschen Reichs belegene Gebiet nicht dadurch zum Inland im Sinne des §. 3 RStGB., daß die Seemannsordnung auch die im Ausland begangenen Delikte der §§. 81—99 SO. für strafbar erklärt, und es würden aus diesem Grunde die Strafbestimmungen der §§. 81—99 wegen der im Ausland begangenen Delikte auf Ausländer nicht Anwendung finden können. Aber die Nothwendigkeit einerseits der Autorität des Schiffers über seine Mannschaft Schutz zu gewähren, der ihm während der Fahrt, wo er auf sich selbst angewiesen ist, nur durch das Strafgesetz gewährt werden kann, der Umstand andrerseits, daß der ausländische Schiffsmann, welcher auf einem deutschen Schiffe Dienste nimmt, freiwillig und bewußt in dieselben Bedingungen eintritt, denen seine deutschen Schiffsgenossen unterworfen sind, rechtfertigen die Ausdehnung der Strafvorschriften auch auf Ausländer. — Es wäre zu wünschen, daß bei einer Revision der Seemannsordnung §. 100 eine dementsprechende Aenderung erfahren möchte.

Anm. 2. Durch diese Bestimmung kann die Verjährung der Strafverfolgung zuweilen auf nicht absehbare Zeit hinaus verlängert werden, da ihr eine präkludirende endliche Zeitbestimmung ermangelt, und da ferner der Schiffer nach den Worten des Gesetzes keineswegs verpflichtet ist, sogleich nach begangener That das nächste Seemannsamt zum Zweck der Einleitung der Strafverfolgung anzulaufen. Vgl. auch Mewes S. 499. Die Wiederaufnahme der früheren preußischen Bestimmung, wonach für die Strafverfolgung des Kontraktbruchs beim Heuervertrage eine festbestimmte fünfjährige Verjährung angeordnet war (Gsß. vom 20. März 1854, GS. S. 137), wäre für die Verjährung aller im Ausland begangenen Delikte vorzuziehen gewesen.

## §. 101.[1])

In den Fällen der §§. 81 Abs. 1, 84, 93, 99 erfolgt die Untersuchung und Entscheidung durch das Seemannsamt. Dasselbe hat den Angeschuldigten verantwortlich zu vernehmen, um den Thatbestand summarisch festzustellen. Eine Vereidigung von Zeugen findet nicht statt. Nach Abschluß der Untersuchung ist ein mit Gründen versehener Bescheid zu ertheilen, welcher dem Angeschuldigten im Falle seiner Anwesenheit zu verkünden, im Falle seiner Abwesenheit in Ausfertigung zuzustellen ist. Wird eine Strafe festgesetzt, so ist die Dauer der für den Fall des Unvermögens an Stelle der Geldstrafe tretenden Haft zu bestimmen.

Gegen den Bescheid kann der Beschuldigte innerhalb einer zehntägigen Frist[2]) von der Verkündigung oder der Zustellung ab auf gerichtliche Entscheidung antragen. Der Antrag ist bei dem Seemannsamt zu Protokoll oder schriftlich anzubringen.[3])

Hat das Seemannsamt seinen Sitz im Auslande, so ist für das weitere Verfahren dasjenige Gericht örtlich zuständig, in dessen Bezirk der Heimathshafen und in Ermangelung eines solchen derjenige deutsche Hafen belegen ist, welchen das Schiff nach der Straffestsetzung zuerst erreicht.[4])

Der Bescheid des Seemannsamts ist in Betreff der Beitreibung der Geldstrafe vorläufig vollstreckbar.

### Zu §. 101.

Anm. 1. Die in den §§. 101 ff. enthaltenen strafprozeßrechtlichen Bestimmungen sind aufrecht erhalten durch §. 5 Abs. 1 Egstz. z. StPO., die Zuständigkeit der Seemannsämter als Verwaltungsgerichte durch §. 13 GVG.; das (Verwaltungs-) Strafverfahren ist das in den §§. 101 ff. SO. vorgeschriebene.

Anm. 2. Diese Bestimmung ist aufrecht erhalten; es gilt daher nicht die durch §. 453 Abs. 3 StPO. für die Anträge auf gerichtliche Entscheidung gegen polizeiliche Strafverfügungen gesetzte Frist von einer Woche. Vgl. Löwe, Kommentar zur Strafprozeßordnung S. 816 N. 1.

Anm. 3. Auf das weitere Verfahren finden die §§. 455—458 StPO. entsprechende Anwendung. §. 5 Abs. 2 E.G. z. StPO. Danach hat das durch §. 101 Abs. 3 bestimmte zuständige Schöffen-Gericht, wenn der Antrag rechtzeitig angebracht ist, zur Hauptverhandlung zu schreiten; einer Anklageschrift oder einer Entscheidung über die Eröffnung des Hauptverfahrens bedarf es nicht. Der Antrag selbst aber kann bis zum Beginn der Hauptverhandlung zurückgenommen werden. Das Gericht ist bei seiner Urtheilsfällung an den Ausspruch des Seemannsamtes nicht gebunden. Falls sich aber nach dem Ergebniß der Hauptverhandlung die That des Angeklagten als eine solche darstellt, bei welcher das Seemannsamt in Gemäßheit des §. 101 SO. zur Ertheilung des Bescheides nicht befugt war, so hat das Gericht den Bescheid des Seemannsamtes durch Urtheil aufzuheben, ohne in der Sache selbst zu entscheiden.

Ist der Antrag nicht rechtzeitig angebracht worden, so kann der Antragsteller gegen die Versäumung der Frist die Wiedereinsetzung in den vorigen Stand beanspruchen, wenn er durch Naturereignisse oder andere unabwendbare Zufälle, insbesondere weil er von der Zustellung ohne sein Verschulden keine Kenntniß erlangt hat, an der Einhaltung der Frist verhindert worden ist. Das Gesuch um Wiedereinsetzung in den vorigen Stand hat der Antragsteller binnen einer Woche nach Beseitigung des Hindernisses bei dem durch §. 101 SO. bestimmten zuständigen Gerichte, unter Angabe und Glaubhaftmachung der Versäumungsgründe anzubringen, und gleichzeitig den Antrag auf gerichtliche Entscheidung nachzuholen. Das in der Sache selbst zuständige Gericht entscheidet auch über die Wiedereinsetzung; die dem Gesuch stattgebende Entscheidung unterliegt keiner Anfechtung, die dasselbe verwerfende der sofortigen Beschwerde. §§. 44, 45, 46, 455 StPO.

Anm. 4. Durch diese Bestimmung sind die allgemeinen Zuständigkeitsgrundsätze der StPO. §§. 9, 10 aufgehoben. Vgl. Löwe a. a. O. S. 816 N. 2, S. 193 N. 6.

## §. 102.[1])

Begeht ein Schiffsmann, während das Schiff sich auf der See[2]) oder im Auslande befindet, ein Vergehen oder Verbrechen, so hat der Schiffer unter Zuziehung von Schiffs-Offizieren und anderen glaubhaften Personen alles dasjenige genau aufzuzeichnen, was auf den Beweis der That und auf deren Bestrafung Einfluß haben kann. Insbesondere ist in den Fällen der Tödtung und schweren Körperverletzung die Beschaffenheit der Wunden genau zu beschreiben, auch zu vermerken, wie lange der Verletzte etwa noch gelebt hat, ob und welche Heilmittel angewendet sind, und welche Nahrung der Verletzte zu sich genommen hat.

### Zu §. 102.

Anm. 1. Vgl. das frühere Preußische Gesetz betr. die Aufrechterhaltung der Mannszucht auf den Seeschiffen vom 31. März 1841. (GS. S. 64.)

Anm. 2. d. i. auf offener See, nicht wenn die That auf dem im Hafen liegenden Schiffe begangen wird; in letzterem Falle tritt die gerichtliche Untersuchungsbehörde sofort in Aktion.

## §. 103.

Der Schiffer ist ermächtigt, jederzeit die Effekten der Schiffsleute, welche der Betheiligung an einer strafbaren Handlung verdächtig sind, zu durchsuchen.[1])

Der Schiffer ist ferner ermächtigt, denjenigen Schiffsmann, der sich einer mit schwerer Strafe bedrohten Handlung (§. 57 Ziffer 3)[2]) schuldig macht, festzunehmen. Er ist hierzu verpflichtet, wenn das Entweichen des Thäters zu besorgen steht.

Der Thäter ist unter Mittheilung der aufgenommenen Verhandlungen an dasjenige Seemannsamt, bei welchem es zuerst geschehen kann, abzuliefern. Wenn im Auslande das Seemannsamt aus besonderen Gründen die Uebernahme ablehnt, so hat der Schiffer die Ablieferung bei demjenigen Seemannsamt zu bewirken, bei welchem es anderweit zuerst geschehen kann.

In dringenden Fällen ist der Schiffer, wenn im Auslande ein Seemannsamt nicht rechtzeitig angegangen werden kann, ermächtigt, den Thäter der fremden Behörde behufs dessen Uebermittelung an die zuständige Behörde des Heimathshafens zu übergeben. Hiervon hat er bei demjenigen Seemannsamt, bei welchem es zuerst geschehen kann, Anzeige zu machen.

### Zu §. 103.

Anm. 1. Die Vorschriften der §§. 105 ff. StPO. über die Durchsuchung finden hier keine Anwendung. §. 5 Abs. 1 Egsetz. z. StPO.

Anm. 2. Vergehen des Diebstahls, Betrugs, der Untreue, Unterschlagung, Hehlerei oder Fälschung, oder einer nach dem Strafgesetzbuch mit Zuchthaus bedrohten Handlung.

# Sachregister.

(Die Zahlen bedeuten die Seitenzahl.)

## A.

## B.

## F.



## G.

## H.



## J.

---

**Berichtigung.**

S. 128 Z. 9: „Maschinisten" fällt weg.

Druck von Troitzsch u. Ostertag in Berlin.

FSC
www.fsc.org
MIX
Papier | Fördert gute Waldnutzung
FSC® C083411

Kolibri 360 GmbH
Ferdinand-Jühlke-Straße 7
99095 Erfurt, Deutschland
produktsicherheit@kolibri360.de